Image Processing Based
Artificial Intelligence

JN485107

영상처리 기반의 인공지능 입문

고병철 저

도서출판 그린

머리말

4차 산업혁명이라는 용어는 2016년 1월 20일 스위스 다보스에서 열린 다보스 포럼 총회에서부터 사용되기 시작했습니다. 4차 산업혁명이란 IoT(Internet of Thing, 사물인터넷), 인공지능(AI), 로봇, 나노기술, 바이오, 드론, 자율주행차량, 3D프린터, 빅데이터 등 신기술이 기존 제조업과 융합해 생산능력과 효율을 극대화 하는 것을 말합니다. 4차 산업혁명의 여러 핵심 기술 중에서 인공지능(Artificial Intelligence)은 다른 핵심 기술을 뒷받침 할 수 있는 가장 중요한 원천 기술입니다.

1943년 미국의 워렌캑클록과 월터피츠가 'Model of neurons of brain'이라는 논문을 통해 인간 뇌의 신경세포(뉴런)를 모델로 하는 인경신경망을 제안한 이후에, 인공지능은 부단한 발전을 거듭해 왔습니다. 이러한 발전의 결과로 우리가 잘 알고 있는 알파고(AlphaGo)가 출현하여 일반인도 인공지능의 발전을 실감할 수 있는 수준에 까지 이르게 되었습니다.

인공지능은 머신러닝(기계학습)과 딥 러닝 (심층 신경망) 알고리즘을 포함하는 큰 개념에 해당합니다. 최근에는 딥 러닝 알고리즘이 인공지능과 동일시되어 호칭되는 경우가 많은데, 딥 러닝은 기존 인공신경망 모델의 몇 가지 단점을 크게 개선하여 성능을 높인 인공지능의 한 분야라고 이해하면 될 것입니다.

인공지능에서는 인간과 유사하게 학습을 하고 판단하기 위해 기본적으로 외부로부터 정보를 습득해야 합니다. 이러한 정보들은 인간의 오감에 해당하는 센서를 통해 얻게 되는데 오감 중에서 가장 많은 정보를 받아들이는 기관이 바로 눈입니다. 연구에 따르면 인간의 뇌는 사물의 인식 및 판단에 약 70% 정도를 시각정보에 의존한다고 합니다. 따라서 인공지능을 공부하는데 있어서 인공지능과 시각정보의 결합은 인간의 정보처리 과정과 학습과정을 보다 효과적으로 이해하는데 필수적이라고 할 수 있습니다.

최근 인공지능의 필요성에 따라 다양한 인공지능 교재가 쏟아지고 있습니다. 하지만 최근의 인공지능관련 교재들은 주로 딥 러닝 기술에 초점을 맞추어 작성되는 경향이 뚜렷한데, 딥 러닝은 인공지능이라는 큰 범주일 뿐이며, 실제 응용 분야에서는 딥 러닝 기술 이외에 다양한 머신러닝 기술이 활용되고 있습니다. 또한 기본적인 머신러닝이나 인공신경망 기술을 익히지 못하고 딥 러닝 기술을 배우게 되면 단순히 라이브러리를 동작시킬 수만 있고 내부 엔진을 변형하거나 설계할 수 없는 반쪽짜리 인공지능 기술을 학습하게 됩니다.

이러한 가운데 본 교재는 순전히 학부생들이나 초보 전공자들을 위해 인공지능의 기초 개념들을 영상처리 기술과 결합하여 설명하는데 초점을 두었습니다. 영상처리에서는 꼭 필요한 몇 가지 개념들을 함축하여 2장부터 4장 안에서 배우도록 구성하였습니다. 영상처리는 기존에 집필했던 'Visual C++기반의 의료영상처리' 교재에서 필요한 내용들을 요약했으며 실습과 병행할 수 있도록 프로그램 코드를 삽입하였습니다. 5장에서는 영상 정보로부터 특징을 선택, 추출 하고 인공지능 알고리즘에 적용하기 위한 정규화까지의 전처리 과정에 대해 배우도록 하였습니다. 6장에서는 비교사 학습의 대표적인 알고리즘인 군집화(clustering) 알고리즘에 대해 배우고, 7장 이후에서는 교사 학습 방법들에 대해 배울 것입니다. 7장에서는 기본적인 통계기법 기반의 패턴 분류 알고리즘에 대해 공부하고, 8장에서는 다양한 가전제품에서 많이 사용되어온 퍼지 로직에 대해 학습할 것입니다. 9장에서는 간단하면서도 실용적이며 높은 인식률을 보여주는 결정 트리에 대해 배우도록 합니다. 10장에서는 최근 인기를 끌고 있는 딥 러닝의 시초가 되는 퍼셉트론부터 오류역전파 알고리즘에 대해 배우고, 딥 러닝의 기초 알고리즘에 대해서도 공부할 것입니다. 11장에서는 주어진 정보로 앞으로의 패턴을 예측할 수 있는 회귀(regression) 알고리즘에 대해 공부할 예정입니다.

본 교재는 위에서 설명한 것과 같이 총 11장으로 구성됩니다. 15주 강의 중에서 1/3은 영상처리 교육에 할당 하였으며 나머지 2/3는 기본적인 머신러닝 기술과 인공신경망 기술에 할당 하였습니다. 교수님마다 적절하게 팀 프로젝트를 추가하여 15주로 교안을 만들기를 권합니다.

완성도 있는 교재 집필을 위해 한 학기를 초안으로 작성된 교재로 강의를 진행하였고, 결과를 바탕으로 교재를 수정하는데 시간을 보냈지만 여전히 오류가 있을 수 있습니다. 강의를 진행하시는 교수님들은 교재에서 발견되는 오류가 있을 때는 언제든지 수정내용을 출판사나 저자에게 문의해 주시기 바랍니다.

인공지능 기술은 날이 갈수록 발전하고 그 발전 속도 또한 연구자들도 따라가기 힘들 정도로 빠른 것이 현실입니다. 비록 본 교재는 전통적인 인공지능의 한 분야인 머신러닝과 인공신경망 기술에 초점을 두고 작성되었지만 본 교재를 통해 인공지능의 기본 개념을 충실히 익히고 나서 추가적으로 딥 러닝 기술이나 다른 인공지능 기술을 익힌다면 틀림없이 인공지능의 발전에 편승할 수 있는 인재가 될 것으로 확신합니다.

2018년 2월

교재에 대해 조언을 아끼지 않은 수강생들과, 아들 준휘에게 감사를 전합니다.

저 자 고 병 철

차 례

1. 인공지능 개요 / 11

1.1. 인공지능이란 ···· 11

1.2. 인공지능의 역사 ···· 13

1.3. 약한 인공지능 Vs. 강한 인공지능 ···· 14

1.4. 지도학습 Vs. 비지도 학습 ···· 15

1.5. 인공지능에서 사용되는 용어 정리 ···· 18

1.6. 인공지능의 응용 분야 ···· 20

참고문헌 ···· 27

2. 영상의 표현 / 29

2.1. 영상의 표현 ···· 29

- 2.1.1 RGB 색상 모델 ···· 29

2.2. 색상 히스토그램 만들기 및 임계값 적용하기 ···· 30

- 2.2.1 색상 히스토그램 만들기 ···· 30
- 2.2.2 영상 이진화(Binarization) ···· 33

2.3. 영상의 화질 향상 기법 (1) ···· 38

- 2.3.1 히스토그램 스트레칭(Histogram stretching) ···· 39
- 2.3.2 히스토그램 평활화(Histogram equalization) ···· 42

2.4. 영상의 화질 향상 기법 (2) 46
2.4.1 평균 필터링 (Mean Filtering) 47
2.4.2 중간값 필터링(Median Filtering) 49
참고문헌 54

3. 영상의 에지 특징 추출 / 55

3.1. 영상의 에지(edge) 특징 추출 55
3.1.1 소벨 에지 검출기(Sobel edge detector) 56
3.2. 영상의 기하학적 변환 59
3.2.1 크기 변환 60
3.2.2 회전 변환(Rotation) 63
3.2.3 이동 변환(Translation) 65
참고문헌 69

4. 영상의 모폴로지(Morphology) 기법 / 71

4.1. 영상의 모폴로지(Morphology) 기법 71
4.1.1 모폴로지 팽창 연산(Dilation) 72
4.1.2 모폴로지 침식 연산(Erosion) 75
4.1.3 모폴로지 열림 연산(Opening)과 닫힘(Closing) 연산 79
4.2. 영역 레이블링(Labeling) 81
4.2.1 순차적 레이블링 알고리즘(Sequential Labeling Algorithm) 82
참고문헌 92

5. 특징추출과 특징 선택 / 93

5.1. 특징추출 ········· 95

5.1.1 좋은 특징과 나쁜 특징 ········· 98

5.1.2 차원의 저주(curse of dimensionality) ········· 99

5.2. 영상 특징 추출 ········· 100

5.2.1 히스토그램(Histogram) 기반 특징 ········· 100

5.2.2 질감(Texture) 특징 ········· 102

5.2.3 모양(shape) 특징 ········· 105

5.2.4 주성분 분석(Principal Component Analysis) ········· 116

5.3. 특징 선택 ········· 118

5.4. 특징의 정규화(Feature normalization) 방법 ········· 119

참고문헌 ········· 124

6. 군집화 / 125

6.1. 군집화의 정의 ········· 125

6.1.1 분류(classification), 군집화(clustering)의 차이점 ········· 125

6.2. 군집화 알고리즘 ········· 127

6.2.1 K-mean 군집화 ········· 127

6.2.2 계층적 군집화(Hierarchical clustering) ········· 136

참고문헌 ········· 145

7. 확률, 통계기반의 패턴분류 / 147

7.1. 확률의 정의 147
7.1.1 확률 기초 147
7.2. 조건부 확률 149
7.3. 베이즈 정리(Bayes' theorem) 151
7.4. 정규분포와 확률밀도 함수 153
7.5. 최대우도와 최대사후 방법 158
7.6. 베이즈 정리(Bayes's theorem)의 종류 159
7.6.1 순수 베이즈 정리(pure Bayes's theorem) 159
7.6.2 나이브 베이즈 정리(naive Bayes's theorem) 160
7.6.3 세미-나이브 베이즈 정리(semi-naive Bayes's theorem) 160
7.6.4 로그 우도 구하기 161
참고문헌 166

8. 퍼지 로직(Fuzzy Logic) / 167

8.1. 퍼지 로직(Fuzzy Logic)의 소개 167
8.2. 퍼지 로직과 클래식(Classical)로직 167
8.2.1 클래식 로직과 집합 168
8.2.2 퍼지 집합 169
8.2.3 퍼지 집합 연산자(operator) 172
8.3. 퍼지화(Fuzzification) 174
8.3.1 삼각형 멤버십 함수 174
8.3.2 사다리꼴 멤버십 함수 177
8.4. 퍼지 추론과 암시(Fuzzy inference and implication) 179
8.4.1 클래식 추론 179

8.4.2 퍼지 추론 ······ 180
8.4.3 맘다니 최소 암시(Mamdani Min Implication) ······ 181
8.4.4 라슨 곱 암시(Larsen Product Implication) ······ 184

8.5. 역퍼지화(Defuzzification) ······ 186
8.5.1 최대 멤버십 역퍼지화 기술 ······ 186
8.5.2 중심 역퍼지화 기술 ······ 187
8.5.3 가중 평균 역퍼지화 기술 ······ 188

8.6. 다중 규칙 적용 ······ 190

8.7. 퍼지 로직을 이용한 발전소(power plant) 응용문제 ······ 190

참고문헌 ······ 200

9. 결정 트리 / 201

9.1. 결정 트리(Decision Tree)의 소개 ······ 201

9.2. 결정트리의 기초 개념 ······ 202

9.3. 결정트리 학습 알고리즘 ······ 202
9.3.1 이진 결정 트리(Binary Decision Tree) ······ 203
9.3.2 이진 결정 트리에서 결정함수 만들기 ······ 207
9.3.3 결정함수와 결정함수 임계값 정하기 ······ 209
9.3.4 이진 결정트리 생성하기 예제 ······ 210
9.3.5 결정 트리 멈춤조건 ······ 214
9.3.6 결정 트리 학습 알고리즘 ······ 214

9.4. 랜덤포레스트(Random Forest) 알고리즘 ······ 216

참고문헌 ······ 222

10. 인공신경망 / 223

10.1. 뉴런과 인공신경망 223
10.2. 인공신경망의 역사 224
10.3. 인공신경망의 구조 225
10.4. 퍼셉트론(Perceptron) 229
10.4.1 단층 퍼셉트론 학습 과정 230
10.4.2 다층 퍼셉트론 학습 과정 236
10.5. 다층 퍼셉트론 학습의 추가 고려 사항 246
10.6. 딥 러닝(Deep Learning)알고리즘 249
참고문헌 257

11. 회귀분석 / 259

11.1. 회귀 분석(regression analysis)의 정의 259
11.2. 선형 회귀함수 만들기 261
11.2.1 선형회귀 함수 262
11.3. 비선형 회귀함수 만들기 267
11.3.1 비선형회귀 함수 267
11.4. 회귀분석의 응용 예 271
11.4.1 인공위성 영상의 소개 271
11.4.2 비선형 회귀 다항식을 이용한 클로로필 측정 272
참고문헌 280

찾아보기 281

1. 인공지능 개요

1.1. 인공지능이란

2016년 3월, 구글 딥마이드(Google DeepMind)가 개발한 인공지능(人工知能, Artificial Intelligent, AI) 바둑 프로그램인 알파고(AlphaGo)와 이세돌 프로와의 공개 대국에서 5번의 대국 중 4번을 알파고가 승리하는 사건이 발생했다. 이 사건은 대중들에게 인공지능에 대한 관심과 동시에 인공지능 컴퓨터에 대한 막연한 두려움을 갖게 한 사건이기도 했다. 최근 들어 딥 러닝(Deep learning)이라는 인공지능 기술이 발전하면서 과거 수십 년 동안의 연구결과를 뛰어넘는 지능을 갖춘 컴퓨터가 등장하고 있지만 여전히 그 기술적 진보는 유아적 수준을 벗어나지 못하고 있다. 따라서 일반 대중이 걱정하듯이 인공지능이 인간의 모든 능력을 능가하는 현상은 우리 세대에서는 불가능하다고 생각해도 좋다.

그렇다면 인공지능이란 무엇인가? 위키 피디아에서는 인공지능을 "이상적인 지능을 갖춘 존재, 혹은 시스템에 의해 만들어진 지능, 즉 인공적인 지능"을 뜻한다고 정의하고 있다. 실제 인공지능은 학문적인 측면에서 봤을 때, '머신러닝(Machine Learning)', '패턴인식(Pattern Recognition)', '인공신경망(Artificial Neural Network)'을 모두 포함하는 광범위한 개념이다. 그림 1.1은 인공지능의 발전과정과 다른 연구 분야와의 관계를 잘 표현하고 있다.

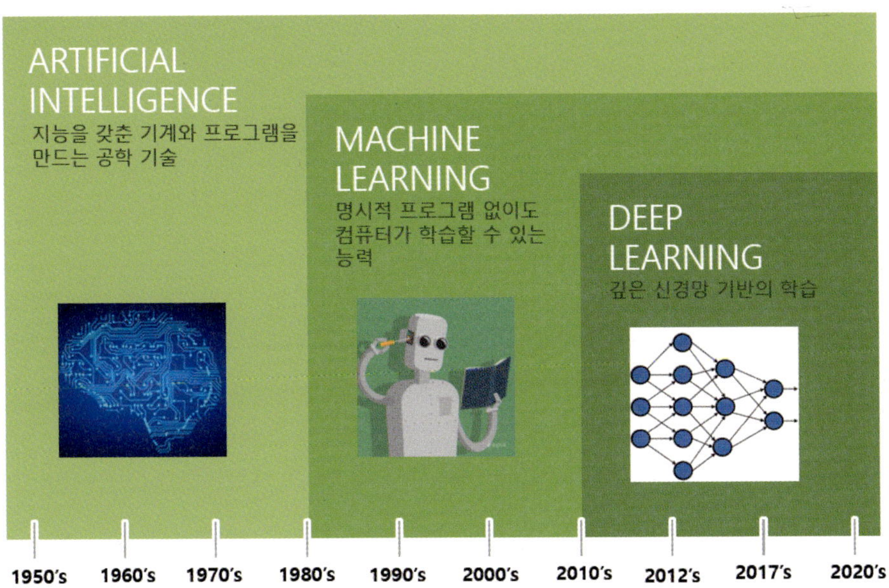

(그림 1.1) 인공지능의 발전과정 및 다른 연구 분야와의 관계

그림 1.1에 나열된 분야 말고도 통계, 데이터 마이닝(Data Mining), 뉴로 컴퓨팅(Neuro Computing)등도 일부 포함관계를 갖지만 이 교재에서는 인공지능과 보다 밀접한 관련이 있는 아래 3가지에 대해서만 세부적으로 정의해 보도록 한다.

- **머신러닝(기계학습)** : 머신러닝은 명시적인 프로그램 없이도 컴퓨터가 스스로 학습을 할 수 있도록 하는 학문 분야[1)]
- **패턴인식** : 패턴 인식은 데이터로부터 중요한 특징이나 속성을 추출하여 입력 데이터를 식별할 수 있는 부류로 분류하는 학문 분야[2)]
- **인공신경망** : 인간의 뇌가 패턴을 인식하는 방식을 모사한 알고리즘으로 시각, 청각 입력 데이터를 퍼셉트론이나 분류, 군집을 이용하여 해석하는데, 이렇게 해석한 결과를 이용하여 영상, 소리, 문자, 시계열 데이터에서 특정 패턴을 인식하는 학문 분야[3)]

그렇다면 최근 들어서 인공지능에 대한 연구가 급속도로 빨라지고 있는 이유는 무엇인가? 그 요인은 크게 3가지로 압축할 수 있다. 첫 번째는 강력한 병렬 및 분산처리 능력을 갖춘 컴퓨팅 능력이 향상된데 있다. 과거에도 지금과 같이 인공신경망을 여러 층으로 연결한 딥 러닝의 개념이 있었지만 실제 구현으로 이루어지지 못한 이유가 바로 하드웨어의 제약으로 인한 계산 능력의 한계 때문이었다. 또 다른 이유로는 인터넷, 사물인터넷(Internet of Things, IoT), 다양한 센서 등을 통한 정보수집 능력이 향상되었기 때문이다. 과거에는 정보의 수집이 한계가 있었음으로 인공지능 알고리즘을 학습시키는데 제약이 많았지만 지금은 인터넷을 통해 수집될 수 있는 데이터의 양이 무궁무진함으로 이러한 데이터 부족문제가 많이 해결되었다. 세 번째로 개방, 공개, 협업을 통한 공개 소프트웨어(open software)를 꼽을 수 있다. 최근에는 영상처리를 위한 OpenCV를 비롯하여 딥 러닝을 위한 Caffe, Theano, TensorFlow, Chainer, Keras 등의 다양한 프레임워크들이 공개되어 누구나 쉽게 인공지능 알고리즘을 구현하여 사용할 수 있는 환경이 조성되어 있다. 이러한 흐름은 앞으로도 계속될 것으로 예측되며 더 많은 연구자들이 도전적인 인공지능 연구에 뛰어들고 있음으로 인공지능의 발전가능성은 밝다고 할 수 있다.

튜링 테스트(Turing test)

우리는 컴퓨터 개론이나 기타 교과목에 튜링 머신과 튜링 테스트라는 용어에 대해 이미 한 번씩 학습한 경험이 있다. 튜링 테스는 앨런 튜닝이 1950년에 Mind라는 저널에 발표한 'Computing Machinery and Intelligence'라는 논문을 통해 '컴퓨터가 학습을 할 수 있는가?'와 '그렇다면 어떻게 컴퓨터가 생각할 수 있다는 것을 알아 낼 수 있는가?'라는 문제를 다루었다.

1) Arthur Samuel, 1959
2) 패턴인식의 원리, 이성환
3) 심층신경망 소개 https://deeplearning4j.org/kr/neuralnet-overview

이를 실험하기 위해서 빈 방에 각각 사람과 컴퓨터를 배치하고 제 3의 사람이 각 방에 있는 사람 및 컴퓨터와 모니터를 통해 대화를 시도하여 컴퓨터와 사람을 구분하지 못한다면 이때 사용된 컴퓨터는 지능을 가졌다라고 정의하였다. 초기에는 튜링 테스트를 통과하면 컴퓨터가 인간과 같은 지능을 가진 것으로 간주 했지만, 최근에는 단순한 튜링 테스트만으로는 컴퓨터가 인간과 같은 사고력과 감정을 가진 인공지능이라고 판단할 수 없다는 비판을 받고 있다.

1.2. 인공지능의 역사

그림 1.1에서 보듯이 인공지능의 역사는 1940년대부터 시작된다. 미국의 워렌맥클록(Warren McCulloch)과 월터피츠(Walter Pitts)는 1943년 'Model of neurons of brain'이라는 논문에서 인간 뇌의 신경세포(뉴런)를 모델로 하는 인경신경망을 제안하였다. 인공지능이라는 용어는 1956년 존맥카시(John McCarthy)가 머신러닝, 인공신경망, 오토마타 등을 연구하는 연구자들을 모아 개최한 워크숍에서 처음으로 사용되었다.

1950년대 인공지능 알고리즘의 토대는 Rosenblatt이 제안한 퍼셉트론(Perceptron)으로부터 출발한다. 초창기에는 퍼셉트론 인공신경망이 모든 복잡한 문제를 단번에 해결할 것처럼 관심을 받았지만 이후 단순한 문제에 대한 선형 분리만 가능하다는 한계에 봉착하면서 1970년대 이후에는 관심이 점차 시들해져갔다. 결국 인공신경망의 실용화는 불가능한 현실로 인식되어 투자가 줄어들었고 그렇게 거품과 환상이 사라지면서 한동안 침체기를 보냈다. 1970년대 후반, 연구자들은 인공신경망이 많은 양의 데이터가 필요하고 그에 따르는 계산능력이 필요한 컴퓨터가 필요함을 인식하고 해결 문제의 범위를 줄여 전문지식이 필요한 전형적인 영역으로 문제를 제한해야 원하는 결과를 얻을 수 있음을 깨닫고 퍼지(Fuzzy)등을 활용한 전문가시스템을 개발하여 다양한 사례에 적용하고 성공적으로 결과 이끌어 냄으로써 이론연구에만 머물던 인공지능을 실제 상업적인 제품으로 연결되도록 하는 성과를 이끌어 냈다.

이후 80년대에 들어서 Hopfield network, Boltzmann machines, Rumelhart가 제안한 다층 퍼셉트론과 오류 역전파 알고리즘을 통해서 다양한 비선형분리가 가능한 분류 문제를 해결할 수 있다는 연구가 발표되면서 인공지능은 다시 주목을 받기 시작한다. 다층 퍼셉트론의 등장과 함께 인공신경망은 여러 개의 층으로 구성되게 되었는데, 이러한 구조를 딥 러닝(deep learning, 심층신경망)연구의 시초라고 생각하면 된다. 80년대 후반에는 LeCun에 의해 컴퓨터 비전 분야에 적용 가능한 Convolutional neural network(CNN)이 개발되었다. 최근에는 CNN 기반의 딥 러닝 알고리즘이 컴퓨터 비전 분야에서 가장 주목받는 딥 러닝 알고리즘이지만 초창기에는 크게 주목을 받지 못하다가 2000년 중반 이후에 다시 연구자들

의 큰 관심을 받기 시작한다. 딥 러닝에 대한 보다 자세한 내용은 10장 후반에 다루기로 한다.[4)]

※ 인공신경망의 발전 과정

- 1958 Perceptron(Rosenblatt)
- 1980 Neocognitron(Fukushima)
- 1982 Hopfield network, SOM(Kohonen),
- 2982 Neural PCA(Oja)
- 1985 Boltzmann machines(Ackley et al.)
- 1986 Multilayer perceptrons and backpropagation(Rumelhart et al.)
- 1988 Restricted Boltzmann Machine(Broomhead&Lowe)
- 1989 Autoencoders(Baldi&Hornik)
- 1989 Convolutional neural network(LeCun)
- 1992 Sigmoid belief network(Neal)
- 1993 Sparse coding(Field)
- 2005 Loss Functions for Discriminative Training(LeCun)
- 2006 Fast Deep Belief Nets(Hinton)
- 2009 Deep Boltzmann machines(Hinton)
- 2010 Rectified Linear Units Improve Restricted Boltzmann Machines(Hinton)

1.3. 약한 인공지능 Vs. 강한 인공지능

인공지능은 학습 및 인지 능력에 따라 약한 인공지능과 강한 인공지능으로 나눌 수 있다. 약한 인공지능이란 특정 문제해결에만 뛰어난 것으로 인간 두뇌의 특정한 일부 기능을 모사하여 특정 목적에 맞는 유용한 제한된 기능만을 제공한다. 예를 들어 로봇의 제어, 얼굴 인식, 음성 인식, 불량품 판단 등등이 약한 인공지능에 해당한다. 이러한 약한 인공지능은 특정 분야의 문제에 있어서는 인간을 능가할 수 있다. 예를 들어 알파고의 경우 오직 바둑에서만 인간을 능가하도록 설계되었지만 다른 간단한 문제조차 해결 못하는 제한적인 알고리즘으로 구성된 인공지능이다. 이와는 반대로 강한 인공지능은 사람처럼 사고하고 지능을 가질 수 있도록 프로그래밍 된 것으로 인간 두뇌의 대체 가능한 수준으로 다목적 과제 수행이 가능한 범용적 지능을 갖추고 있으며, 빅 데이터를 기반으로 스스로 분석하여 깊은 학습을 하고 사고할 수 있는 능력을 지닌 인공지능을 의미한다. 이러한 강한 인공지능은 감성,

---

4) http://sanghyukchun.github.io/75/와 https://mathemedicine.github.io/deep_learning.html의 내용을 일부 발췌, 요약 정리한 것임

창조성, 예술성과 같이 인간이 갖는 고유한 학습능력을 갖출 수 있다. 우리가 공상과학 영화에서 보는 인간처럼 사고하고 행동하며 학습하는 로봇은 바로 강한 인공지능의 능력을 갖춘 로봇을 의미한다. 미래학자들은 향후 30년 이내에 강한 인공지능이 출현 할 가능성이 있다고 예측하고 있다. 하지만 강한 인공지능을 갖춘 컴퓨터를 개발하기 위해서는 지금과 같이 심층 신경망을 여러 겹 나열하는 형태의 알고리즘이 아니라 인간의 두뇌 작동 메커니즘을 보다 명확하게 연구하여 뇌의 메커니즘을 모방한 인공지능이 개발되어야 할 것이다.

이를 위해 미국에서는 2013년 브레인 이니셔티브(Brain Initiative)라는 거대 프로젝트를 시작하여 뇌 구조에 대한 메커니즘을 밝히고 이를 통해 두뇌의 뉴런 활동에 대한 뇌 활동지도(brain activity map)을 만들고 있으며, 빅 데이터 기술 등 첨단 IT기술을 뇌 과학기술과 접목하여 인간과 유사한, 혹은 인간을 뛰어 넘는 인공지능 기술 개발을 시도하고 있다. 유럽연합에서는 2014년부터 유럽 내 100여개의 연구기관이 참여하는 '휴먼브레인프로젝트(Human Brain Project)'를 시작하여 뇌 신경망 연구와 인공지능 플랫폼을 개발하고 있다. 이웃 일본에서도 2014년부터 이화학연구소에 뇌과학종합연구소를 설립하여 종합적인 뇌 연구를 수행하고 있다. 한국에서는 KIST 뇌과학연구소가 주도하는 '키위브레인(Korea Integrative Wikibrain)'[5]이라는 뇌 연구 메가 프로젝트를 2018년부터 10년간 1000억원의 예산을 투입하여 진행하고 있다. 이 연구에서는 신경망 연결을 한눈에 들여다보는 뇌지도 구축, 뇌질환의 근원적인 진단과 치료 연구, 뇌 신경망을 모사한 인공지능 개발 등을 추진 목표로 삼고 있다.

이렇듯 현재의 인공 신경망을 기반으로 하는 인공지능 기술은 조만간 한계에 부딪칠 가능성이 있음으로 현재 대부분의 IT선진국에서는 뇌 메커니즘을 근본적으로 분석하여 이를 새로운 인공지능 기술의 돌파구로 삼고 있다. 이러한 연구를 통해 뇌 활동지도 완성된다면 강한 인공지능을 갖춘 컴퓨터의 개발 시점을 더 빨라 질 수 있을 것으로 기대한다.

1.4. 지도학습 Vs. 비지도 학습

인공지능에서 가장 기본이 되는 개념이 학습 (learning, training)이다. 학습이라는 것은 무엇인가를 배워 이것을 기반으로 새로운 것을 구분해 내는 능력이다. 인공지능에서의 학습 방법은 크게 지도학습(supervised learning)과 비지도 학습(unsupervised learning)으로 나뉜다.

지도학습은 미리 훈련 데이터[6]를 클래스 별로 분류 시켜 놓고 분류 함수를 계산하여 새로운 데이터를 분류 함수에 따라 특정 클래스로 분류하는 방법이다. 대부분의 패턴인식 및

5) 조선 비즈, 한국판 브레인이니셔티브 '키위브레인' 뜬다. 뇌연구 메가프로젝트 추진 , 2018.1.4. 기사
6) training data는 주로 훈련 혹은 학습 데이터로 번역된다. 본 교재에서는 훈련/학습 데이터라는 용어가 혼용되어 사용되고 있다.

머신러닝 문제는 훈련데이터를 이용하여 분류함수를 미리 계산하여 인식에 활용하는 지도 학습에 기반을 두고 있다.

지도학습은 크게 분류(classification)과 회귀(regression)로 나누어 볼 수 있다.

① 분류(classification)

분류란 기존에 존재하는 데이터와 클래스와의 관계를 학습하여 새로 관측된 데이터의 클래스 레이블을 판별하는 알고리즘이다. 분류의 방법론은 아래 그림 1.2와 같다. 훈련 데이터와 훈련데이터의 클래스 레이블이 주어지면 훈련데이터로부터 특징을 선택하고 이를 기반으로 분류 알고리즘을 학습한다. 이렇게 학습된 데이터에 새로운 데이터가 추가되면 동일한 특징이 추출되고 학습된 분류 알고리즘에 따라 클래스 레이블을 할당 한다.

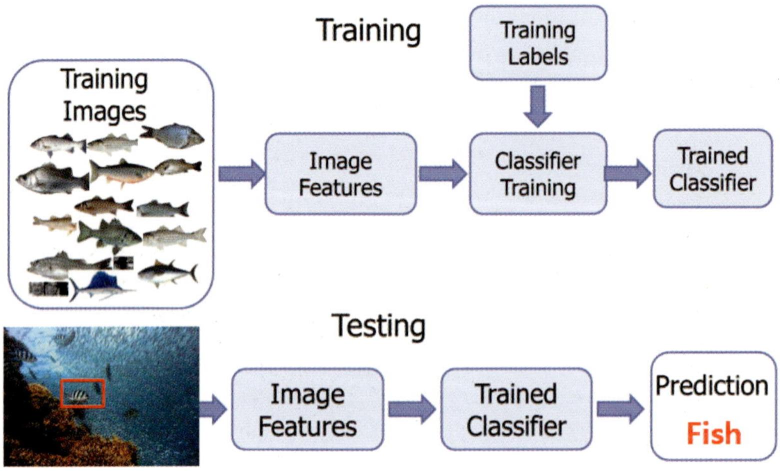

(그림 1.2) 지도학습에서 분류 학습 및 테스트 과정

대표적인 분류 방법에는 배울 베이즈 정리(추론), 최대우도 최대 사후, 퍼지로직, 결정트리, 인공 신경망 등의 방법이 있다.

비지도학습은 미리 훈련 데이터의 클래스를 분류시켜 놓지 않고 입력된 훈련 데이터의 특성을 분석하여 특성이 비슷한 몇 개 군집(클러스터, cluster)으로 분류한다. 학습이 끝난 뒤에 새롭게 입력되는 테스트 데이터를 K개의 군집 중 하나로 분류한다.

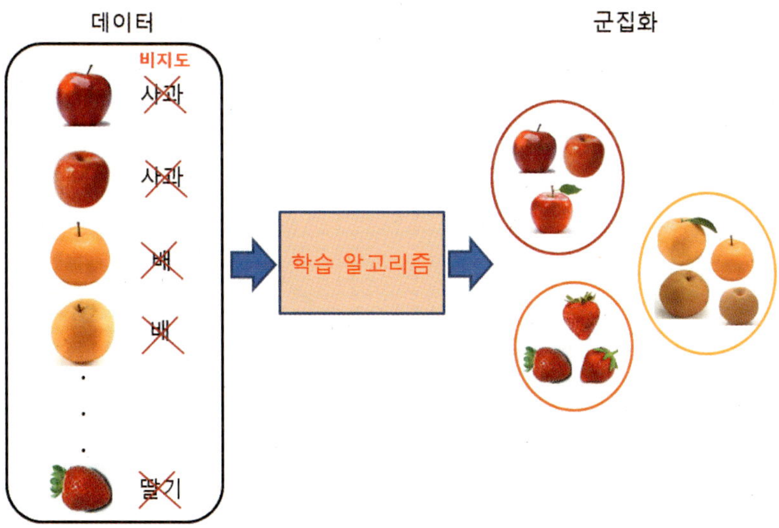

(그림 1.3) 비지도학습의 예

이 과정을 그림 1.3으로 설명하면 다음과 같다. 비지도 학습기반의 군집화 알고리즘은 주어진 훈련데이터의 특성(색상, 크기, 무게, 길이 등등)을 파악하여 유사성을 검사하고 훈련데이터의 유사성에 따라 자동으로 K개의 군집으로 분류하는 분류 함수를 만들어 낸다. 대표적인 군집화 알고리즘으로는 K-mean 군집화, 계층적 군집화, fuzzy C-mean 군집화, mean-shift 군집화 방법들이 있다.

지도 학습과 비지도 학습이 인공지능의 대표적인 학습 방법이지만 최근에는 강화학습(Reinforcement Learning)방법에 대해서도 연구가 많이 진행되고 있다. 강화학습은 로봇이나 게임 등에 많이 사용되는 학습방법으로 자신과 환경의 상호관계에 따라 자신의 행동을 개선해 나가는 학습방법이다. 예를 들어 로봇이 행동을 시행하고 나면 로봇의 다음 상태가 정의된다. 만약 성공적으로 행동을 했다면 +1 점을 주고(reward) 그렇지 않다면 -1점을 주는(penalty) 방식을 통해 매 행동에서의 보상(reward)을 정의할 수 있다. 지도학습 및 비지도학습과는 다르게 고정된 다량의 훈련 데이터 집합을 이용하여 학습하는 대신에, 직접 매 순간 행동을 실행해 보상 받으면서 최종적으로 맨 마지막에 모든 보상의 합이 가장 좋게 만드는 행동 규칙을 학습하는 방식이다.

② 회귀(regression)

회귀분석이란 둘 또는 그 이상의 변수들 간의 상관관계를 모델링하여 어떤 특정한 변수(종속변수, dependent variable) y의 값을 다른 하나 또는 그 이상의 변수(독립변수, independent variable) x 들로부터 설명하고 예측하는 통계적 기법이다. 예를 들어 몸무게 대비 신장에 대한 상관관계를 그림 1.4와 같이 회귀함수로 나타내 보자. 도표에서 가로축의 몸무게를 독립변수 x라 하고 세로축의 신장(키)을 종속변수 y할 경우 주어진 훈련데이터를 통해 y=2.5x+147과 같은 회귀식을 구할 수 있고 이 회귀식을 통해 새로운 입력 데이터에 대한 키를 예측 할 수 있다.

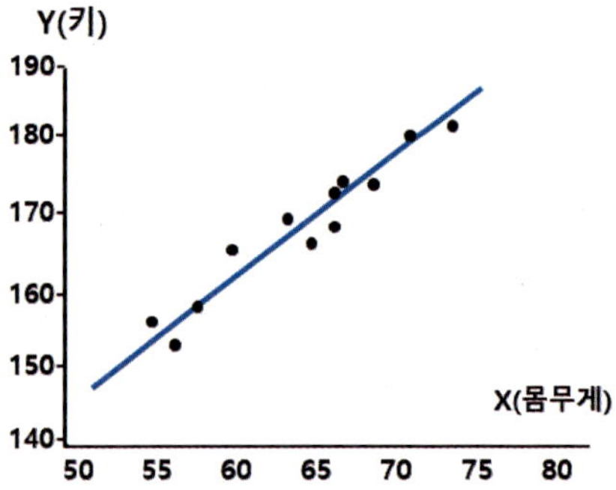

(그림 1.4) 몸무게에 대비, 키의 단순 회귀 직선

1.5. 인공지능에서 사용되는 용어 정리

본 장에서는 인공지능과 머신러닝 에서 사용되는 기본적인 용어들에 대해 간단하게 설명하도록 한다.

① **특징**(feature): 어떤 사물이나 대상체를 표현할 수 있는 두드러진 특성(형태, 질감, 색상, 소리 등등)을 말한다. 예를 들어 물고기로부터 특징을 추출한다고 한다면, 물고기 특성을 잘 나타낼 수 있는 '길이, 밝기, 색상, 지느러미 수, 지느러미 모양, 입의 위치'와 같은 성질들을 특징들로 뽑아 낼 수 있다. 이렇게 추출된 특징들은 벡터로 표현할 수 있는데 만약 특징의 수가 6개라고 하면 6차원의 특징벡터 **x**가 만들어질 수 있다.

② **좋은 특징과 나쁜 특징**: '좋은 특징'은 각 클래스들을 효과적으로(오류가 없도록) 분류할 수 있는 특징을 말하고, '나쁜 특징'이란 클래스 간에 변별력이 없이 특징들이 겹쳐서 나타나는 특징을 말한다. 예를 들어 자동차와 비행기를 분류하는 문제에서 '날개의 수'와 같이 확연히 구분되는 특징은 좋은 특징이며, '바퀴의 수'와 같이 유사한 숫자를 갖는 특징은 나쁜 특징이라고 할 수 있다.

③ **차원의 저주**(curse of dimensionality): 특징이 차원은 분류기의 성능과 밀접하게 연관되어 있다. 따라서 특징의 차원이 클수록 분류 성능이 향상되는데, 어느 차원까지는 급격하여 분

류 성능이 향상되다가 그 이후로는 분류성능이 완만하게 떨어지는 현상을 차원의 저주라고 한다. 따라서 분류 성능을 높이기 위해서는 적절한 특징 차원을 선택하는 작업이 필요하다.

④ **일반화 능력**(generalization): 지도학습에서 분류기는 훈련 데이터로 학습이 되는데 만약 훈련에 참여하지 않은 새로운 데이터가 주어졌을 경우에 대해서도 학습된 분류기가 정확하게 예측을 할 수 있으면 이를 일반화 되었다고 한다.

⑤ **과잉적합**(overfitting)**과 과소적합**(underfitting): 지도학습에서는 훈련 데이터로 분류 모델을 학습하게 되는데 분류 모델이 훈련 데이터의 각 샘플에 너무 가깝게 맞춰져서 새로운 데이터에 일반화되기 어려울 때(잘 분류하지 못할 때) 분류기가 훈련 데이터에 과잉적합 되었다고 부른다. 과잉적합은 훈련 데이터에 대해서는 정확도가 100%에 가깝게 수렴하지만 새로운 데이터에 대해서는 분류 성능이 현저히 떨어진다(그림 1.5 (a)). 반대로 과소적합은 훈련 데이터에 대해 학습이 부족하여 데이터의 다양성을 반영하지 못하는 분류 모델이 선택되는 현상을 말한다(그림 1.5 (b)).

인공지능에서 지향하는 학습은 과잉적합이나 과소적합이 아닌 일반화 능력이 우수한 적정 수준의 학습이다. 이를 위해서는 다양한 훈련 데이터를 충분히 확보하고 일반화 성능이 우수한 분류 알고리즘을 사용하여 분류기를 설계하도록 해야 한다.

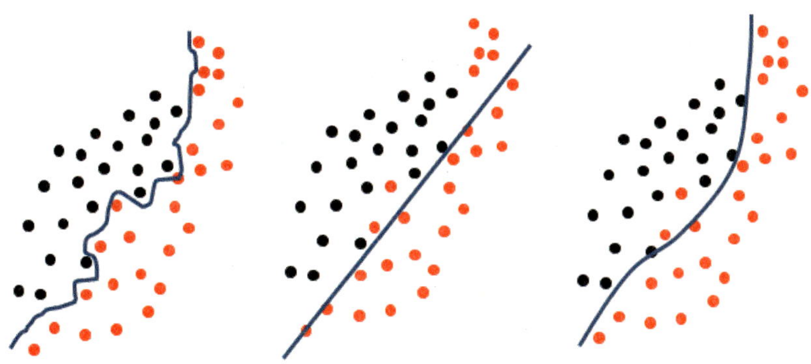

(a) 과잉적합 (b) 과소적합 (c) 일반화 성능이 우수한 적합

(그림 1.5) 과잉적합과 과소적합

1.6. 인공지능의 응용 분야

인공지능은 영상인식, 음성인식, 로봇제어, 자율주행 자동차, 의료분석 등 다양한 분야에서 적용되어 오고 있다. 인공지능 실생활 뿐 아니라 산업 분야에서 적용되는 사례에 대해 설명하도록 한다.

① 내용기반 영상 검색 기법(Content-Based Image Retrieval)

내용기반 영상 검색이란 영상에 포함된 내용(컬러, 질감, 모양 정보)등을 추출하여 수치화 하고 이를 데이터베이스에 저장하여 색인화 한 후에, 질의를 텍스트 기반으로 하는 것이 아니라 검색하고자 하는 영상을 선택하여 데이터베이스로부터 유사한 영상을 자동으로 검색해 주는 시스템을 의미한다. 내용기반 영상 검색 기법에서는 영상 내의 색상 분포에 대한 분석, 텍스쳐에 대한 분석, 모양 정보, 크기 정보 등의 다양한 특징들을 영상 처리 기법에 의해 추출하고 이를 검색을 위한 데이터베이스로 활용한다. 구글을 비롯한 네이버, 다음 등의 검색엔진회사에서는 과거 10여 년 동안 내용기반 검색엔진에 대한 꾸준한 연구를 진행해 왔으며 이를 기반으로 다양한 응용 서비스를 제공하고 있다. 또한 기존의 검색엔진이 일반화된 검색 기준에 의해 검색결과를 제시한 반면, 개인의 성향을 반영한 연관성 피드백(relevance feedback)에 기반을 두어 개인의 성향과 관심에 맞는 검색결과를 상위에 제시하는 인공지능 기법이 최근에 많이 연구되고 있다.

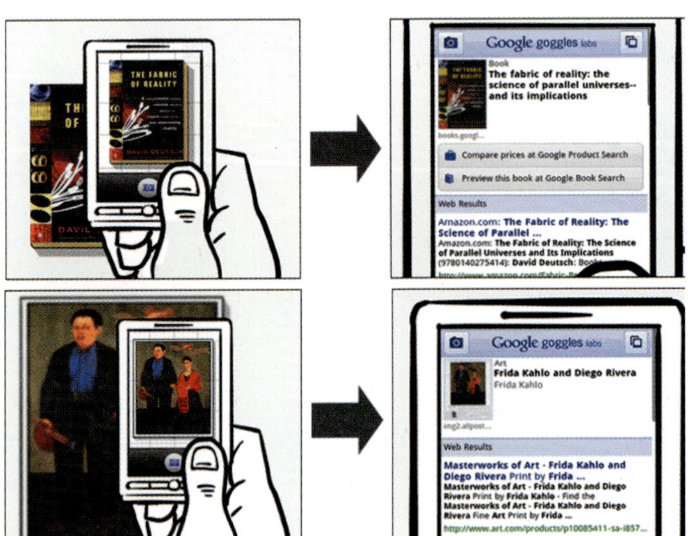

(그림 1.6) 카메라에서 촬영된 영상을 내용기반 검색 기법으로 검색하여 결과를 알려주는 Google Goggles 서비스

② 오프라인 매장 자동 판매 시스템, 아마존 고(Amazon Go)

2016년 아마존에서는 컴퓨터비전, 딥 러닝, 센서 융합 기술을 융합하여 오프라인 식료품 매장인 '아마존 고(Amazon Go)'를 오픈하였다. 아마존 고에서는 고객이 전용 앱을 동작시키고 선반에 서서 물건을 담아 계산대를 통과하면 자동으로 고객을 인식하여 계산이 이루어진다. 카메라와 센서로 고객이 진열대에 물건을 들어 올리는 동작을 인식하여 가상의 장바구니에 등록하고 만약 고객이 물건을 다시 내려놓으면 장바구니에서 삭제가 된다. 아마존 고에서 핵심 기술은 카메라와 센서만을 이용해 물건과 사람의 동작을 인식하는 인공지능, 머신러닝 기술이다. 아직은 직원들만을 대상으로 하는 베타테스트 과정에 있지만 조만간 일반인을 대상으로도 정식 서비스를 진행할 예정이다.

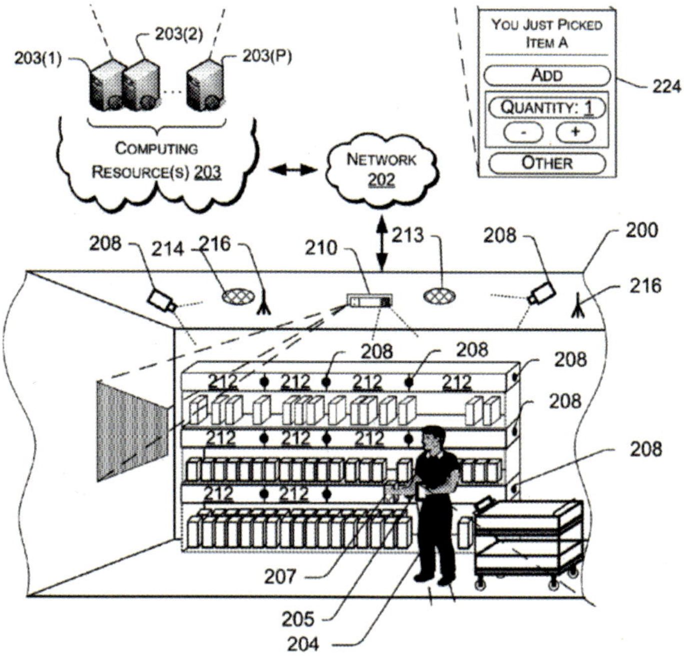

(그림 1.7) 아마존 고에 사용된 특허개념도[7)]

③ 음성인식 스피커

2000년도 초반까지는 음성인식 알고리즘의 한계가 있었지만, 최근에는 딥 러닝 기술의 개발과 대용량 음성 데이터베이스의 활용을 통해 음성인식 기술이 사람의 인식 능력을 능가하는 수준까지 도달 하였다. 음성인식 기술은 지능형 자동차, 스마트 홈, 스마트 오피스, 의료, 번역 서비스 등의 다양한 분야에서 활용되고 있다. 음성인식 소프트웨어의 선두주자는 애플의 'Siri'나 구글의 'Now'이었지만, 최근에는 세계 최대의 전자제품 전시회인 CES

7) Digital Retail Trend - 디지털 리테일 전략 및 트렌드, "아마존고(Amazon Go)는 어떤 기술이 적용되었나?", 2016.12.19

2017에서 선보인 아마존 음성인식 소프트웨어 'Alexa'의 음성인식 기술이 단연 돋보이고 있다. Alexa 음성인식 기술은 사람이 대화하는 것과 같은 자연어를 이해하고 처리하는 기능을 지원한다. 또한 클라우드 기반으로 음성인식 서버에 축적된 사람들 간의 대화패턴, 특이한 단어, 개인적 취향 등을 반영하여 스스로 학습해 나가는 과정에서 더욱 똑똑해지는 특성을 가지고 있다. Alexa는 아마존 에코(Echo) 스피커에 적용되어 2016년에만 500만대가 판매되었다. 에코의 주요 특징은 음성인식을 통한 음악재생 기능, 온라인 주문 기능, 스마트홈 기능 등이 있다. 아마존은 Alexa를 에코 스피커용으로만 사용하는 것이 아니라 Alexa 보이스 서비스(Alexa Voice Service)라는 클라우드 기반 서비스를 통해 인터넷에 연결되어 있는 모든 기기에서 Alexa음성인식 기술을 사용할 수 있도록 지원하고 있다. 이렇게 함으로써 가전, 자동차, 스마트폰 등 다양한 기기들에서 Alexa음성인식 응용프로그램인터페이스(API)를 자신의 목적에 맞춰 수정 및 재가공 하여 적용할 수 있다.

(그림 1.8) 다양한 음성인식 스피커
(아마존 'Alexa', 구글 '어시스턴트', SK텔레콤 '누구', KT '기가지니')

④ 자율주행 자동차

자율주행 자동차란 운전자가 차량을 조작하지 않아도 스스로 주행하는 자동차로, 컴퓨터 비전, 출돌 방지 및 거리 센서, GPS, 주행상황 인지 및 대응기술이 포함된 포괄적 기술이다. 초기에는 운전자 주행에 도움을 줄 수 있는 차선감지, 보행자 감지, 운전자 졸음감지와 같은 운전자 보조 시스템, ADAS(Advanced Driving Assistant System) 개발에 초점을 맞추었지만 최근에는 완전 자율 주행을 위한 연구가 구글을 비롯해 NVDIA와 같은 IT업체가 선도적으로 연구를 이끌고 있다. 그림 1.9는 미국교통안전국(NHTSA)에서 설정한 자율주행 자동차 기술 4단계이다. 1단계에서는 특정 기능만을 자동화 하는 선택적 능동제어 단계로 자선이탈 경보장치등의 간단한 운전자 보조 기능에 해당한다. 2단계는 통합적 능동제어 단계로 기존의 ADAS기술들이 통합되어 기능한다. 3단계는 운전자의 개인이 필요한 제한적 자율주행 단계에 해당하고 구글의 자율주행 자동차가 여기에 포함된다. 4단계는 운전자의 개입이 필요 없는 완전자율주행 단계를 의미한다.

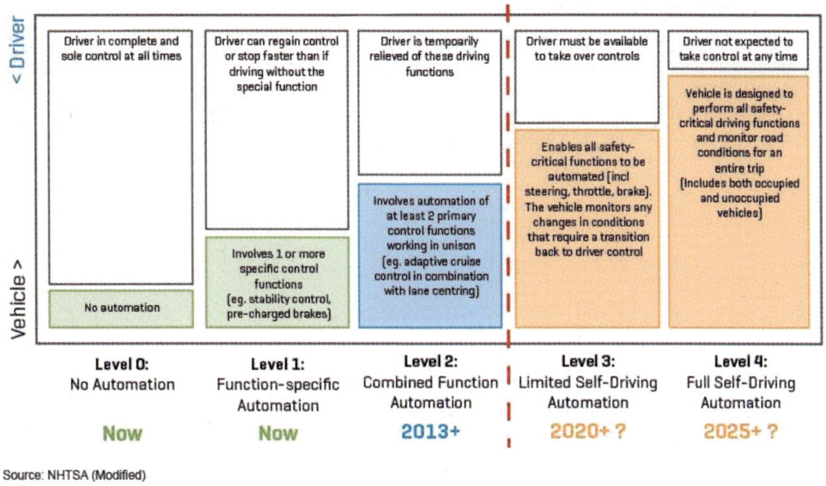

(그림 1.9) NHTSA에서 정의한 자율주행 자동차 기술 4단계[8)]

⑤ 생체인식 기술

생체인식(Biometrics)은 인간의 신체특성(생물학적 특성)이나 행동특성을 이용하여 자동적으로 신원을 인식하고자 하는 연구 분야이다. 인간의 신체적 특성정보를 이용하는 생체인식기술로는 지문인식, 얼굴인식, 홍채인식, 망막인식, 정맥인식, 귀모양 인식, 목소리 인식 등이 있으며, 생리학적 특성인 혈액DNA를 분석을 통해 신원을 인식하는 연구 또한 진행되고 있다. 행동특성을 이용한 생체인식기술로는 걸음걸이(gait) 인식, 음성인식, 서명인식 등이 활발히 연구되고 있다. 최근 생체인식연구가 진일보한 계기는 인공지능의 한 기술인 딥 러닝의 역할이 크다. 딥 러닝 기술은 뛰어난 인식 성능과는 달리 많은 양의 연산으로 인해 아직 소형화 되지 못하고 있다. 하지만 조만간 임베디드 기기에 적용 가능하도록 경량화 될 것이며 이를 통해 스마트폰뿐만 아니라 다양한 소형 전자장치에 적용되어 다양한 인식문제를 해결할 수 있을 것으로 기대한다.

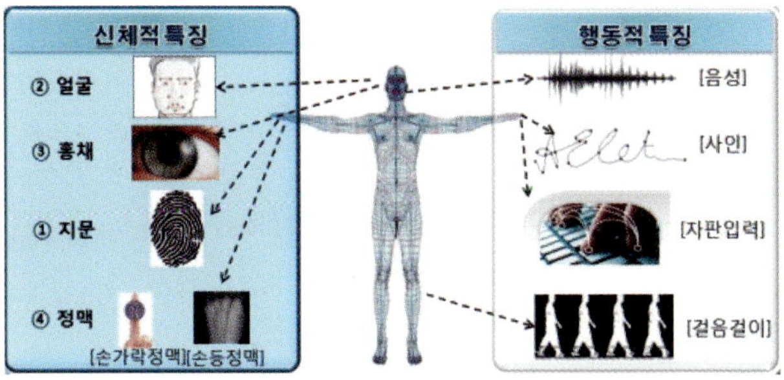

(그림 1.10) 생체인식 기술의 예(인터넷 진흥원)

8) 자율주행 자동차, https://namu.wiki/

⑥ 의료진단 시스템

의료진의 의사결정을 돕기 위한 인공지능 기반의 임상 의사결정 시스템 개발 또한 과거 수십 년 동안 꾸준히 연구되어온 분야이다. 의료진단 시스템 연구에서 가장 선두위치에 있는 시스템이 바로 IBM의 왓슨이다. 왓슨은 자연어 처리 기술과 인공지능 기술을 기반으로 개발되었으며 인간의 언어를 분석, 이해하고 방대한 양의 데이터베이스를 스스로 학습하고 분석할 수 있을 뿐만 아니라 이를 기반으로 복잡한 환자의 질환에 대한 치료 방법을 제시한다. 왓슨은 현재 암환자 진단, 유전정보 분석, 의료영상 판독, 임상시험 보조, 전자의무기록 분석, 건강보험 적용 여부를 판단하는 등 복잡하고 다량의 데이터를 다루어야 하는 분야에서 효과적으로 적용되고 있다. 하지만 앞으로 인공지능 기술이 더 발전한다면 의사의 진단 업무까지 대신할 수 있는 날도 멀지 않을 것이다.

그림 1.11은 IBM 왓슨을 IoT기술과 연동하여 개인 맞춤형 원격 진료가 가능하도록 개발된 헬스케어 시스템 개념도를 보여주고 있다.

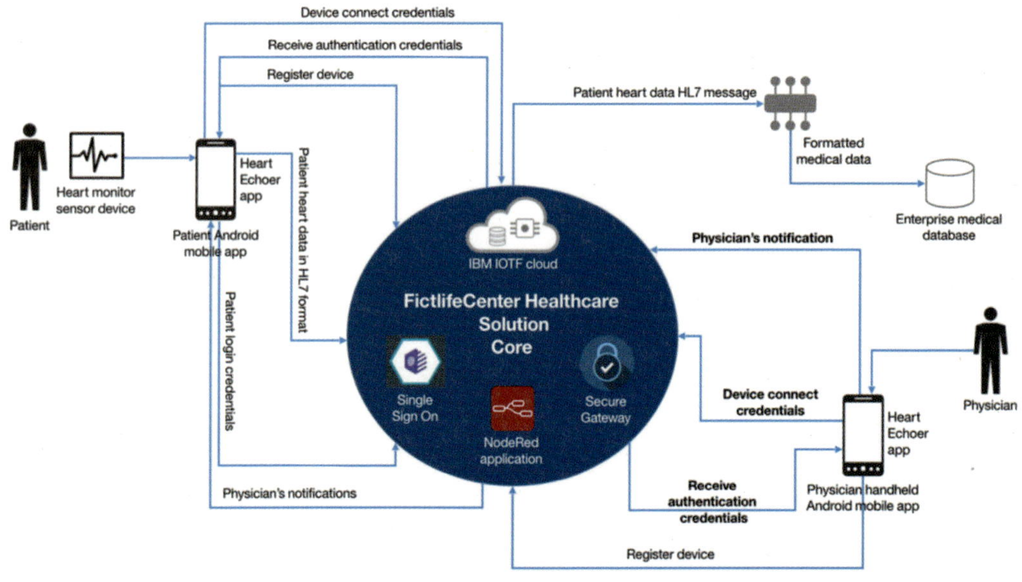

(그림 1.11) IBM 왓슨과 IoT센서 기술을 연동한 개인 맞춤형 헬스케어 시스템 개념도[9]

9) https://www.ibm.com/developerworks/websphere/library/techarticles/1603_chowdhury-bluemix-trs/1603_chowdhury.html

1장 정 리

1. 인공지능이란 "이상적인 지능을 갖춘 존재, 혹은 시스템에 의해 만들어진 지능, 즉 인공적인 지능"을 뜻한다.

2. 인공지능은 학문적인 측면에서 봤을 때, '머신러닝(Machine Learning)', '패턴인식(Pattern Recognition)', '인공신경망(Artificial Neural Network)'을 모두 포함하는 광범위한 개념이다.

3. 최근 인공지능에 대한 연구가 급속도로 빨라지고 있는 이유는 '강력한 병렬 및 분산처리 능력을 갖춘 컴퓨팅 능력이 향상', '인터넷, 사물인터넷(Internet of Things, IoT), 다양한 센서 등을 통한 정보수집 능력 향상', '개방, 공개, 협업을 통한 공개 소프트웨어(open software)'로 요약 할 수 있다.

4. 인공지능은 학습 및 인지 능력에 따라 약한 인공지능과 강한 인공지능으로 나눌 수 있다. 약한 인공지능이란 특정 문제해결에만 뛰어난 것으로 인간 두뇌의 특정한 일부 기능을 모사하여 특정 목적에 맞는 유용한 제한된 기능만을 제공한다. 강한 인공지능은 사람처럼 사고하고 지능을 가질 수 있도록 프로그래밍 된 것으로 인간 두뇌의 대체 가능한 수준으로 다목적 과제 수행이 가능한 범용적 지능을 갖추고 있으며, 빅 데이터를 기반으로 스스로 분석하여 깊은 학습을 하고 사고할 수 있는 능력을 지닌 인공지능을 의미한다.

5. 인공지능에서의 학습 방법은 크게 지도학습(supervised learning)과 비지도 학습(unsupervised learning)으로 나뉜다. 지도학습은 미리 훈련 데이터를 클래스 별로 분류 시켜 놓고 분류 함수를 계산하여 새로운 데이터를 분류 함수에 따라 특정 클래스로 분류하는 방법이다. 비지도학습은 미리 훈련 데이터의 클래스를 분류시켜 놓지 않고 입력된 훈련 데이터의 특성을 분석하여 특성이 비슷한 몇 개 군집(클러스터, cluster)으로 분류한다. 학습이 끝난 뒤에 새롭게 입력되는 테스트 데이터를 K개의 군집 중 하나로 분류한다.

6. 인공지능은 영상인식, 음성인식, 로봇제어, 자율주행 자동차, 의료분석 등 다양한 분야에서 적용되어 오고 있다.

연습문제

1. 1960년대 후반 인공지능이 어려움을 겪었던 주된 이유에 대해 조사해 보시오.

2. 미국의 브레인 이니셔티브(Brain Initiative) 프로젝트를 비롯하여 다양한 국가에서 뇌 지도를 만들기 위한 노력을 기울이는 이유를 찾아보시오.

3. 책에 소개된 인공지능 응용 분야 외에 2가지를 찾아보고 설명해 보시오.

4. 최근 활발히 연구되고 있는 딥 러닝 알고리즘에 대해 조사하시오.

5. 앨런 튜링이 제안한 '튜링 테스트'가 실제 인공지능 알고리즘의 능력을 검사 하는데 갖는 한계점을 구체적으로 조사하시오.

참고문헌

[1] 이성환, "패턴인식의 원리" 홍릉과학출판사, 1994

[2] 조선 비즈, 한국판 브레인이니셔티브 '키워브레인' 뜬다…뇌연구 메가프로젝트 추진, 2018.1.4 기사

[3] Digital Retail Trend - 디지털리테일 전략 및 트렌드, "아마존고(Amazon Go)는 어떤 기술이 적용되었나?", 2016.12.19

[4] 고병철, "인공지능 음성인식 기술 어디까지 왔나?", 계명대 신문, 2017.06.07

[5] 자율주행 자동차, https://namu.wiki/

[6] 고병철, "보안, 생체인식 기술이 답일까?," 계명대 신문, 2017.08.30

[7] The science times, "AI의사 왓슨, 정밀의료시대 열까," 2017.03.30

[8] IBM developerWorks, https://www.ibm.com/developerworks/websphere/library/techarticles/1603_chowdhury-bluemix-trs/1603_chowdhury.html

2. 영상의 표현

2.1. 영상의 표현

디지털 영상을 표현하기 위한 색상의 표현은 빨강(Red), 파랑(Blue), 녹색(Green)의 3가지 색상의 조합으로 표현된다. 컴퓨터에서는 영상을 표현하기 위해 이 3가지 색상을 조합한 RGB 색상 모델을 사용한다. 색상 모델에는 RGB 색상 모델 이외에도 프린터에서 인쇄를 위해 사용되는 CMY 색상 모델과 색상, 채도, 명도를 다루어야 하는 시스템에서 사용되는 HSI 색상 모델, TV방송을 위해 사용되는 YIQ, YCbCr 색상 모델 등이 있다. 본 교재에서는 컴퓨터에서 사용되고 있는 RGB색상 모델에 대해서만 간단히 알아보도록 한다.

2.1.1 RGB 색상 모델

RGB 색상 모델은 빛의 3원색인 빨간색(Red), 녹색(Green), 파란색(Blue)의 가산 조합으로 만들어진다. 아래 그림 2.1과 같이 RGB색상 모델은 모든 색을 길이 1인 정육면체 내부 좌표로 표시한다. 그림에서 (R=1, G=0, B=0)이면 빨간색을 나타내고, (R=0, G=1, B=0)이면 녹색을, (R=0, G=0, B=1)이면 파란색을 나타낸다. 좌표축의 원점(0, 0, 0)은 검은색을 나타내며, 대각선 끝점(1, 1, 1)은 흰색을 나타낸다.

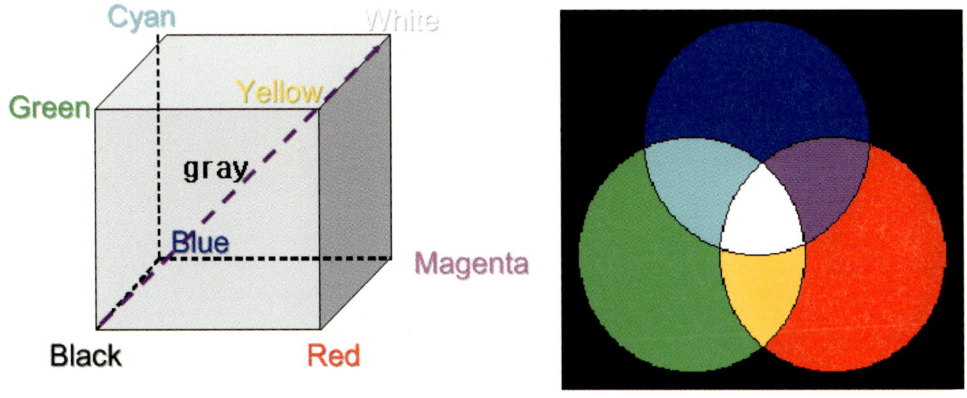

(그림 2.1) RGB 색상 모델 좌표(왼쪽)와 RGB 색상 모델의 가산조합(오른쪽)

그림 2.2는 RGB 색상 모델로 구성된 24비트 영상을 8비트의 R, G, B 채널로 각각 분할한 영상을 보여준다. 그림에서 가운데 빨간색 실타래의 경우, Red채널에서의 밝기 값이

Green과 Blue채널의 밝기 값보다 더 큰 것을 알 수 있다.

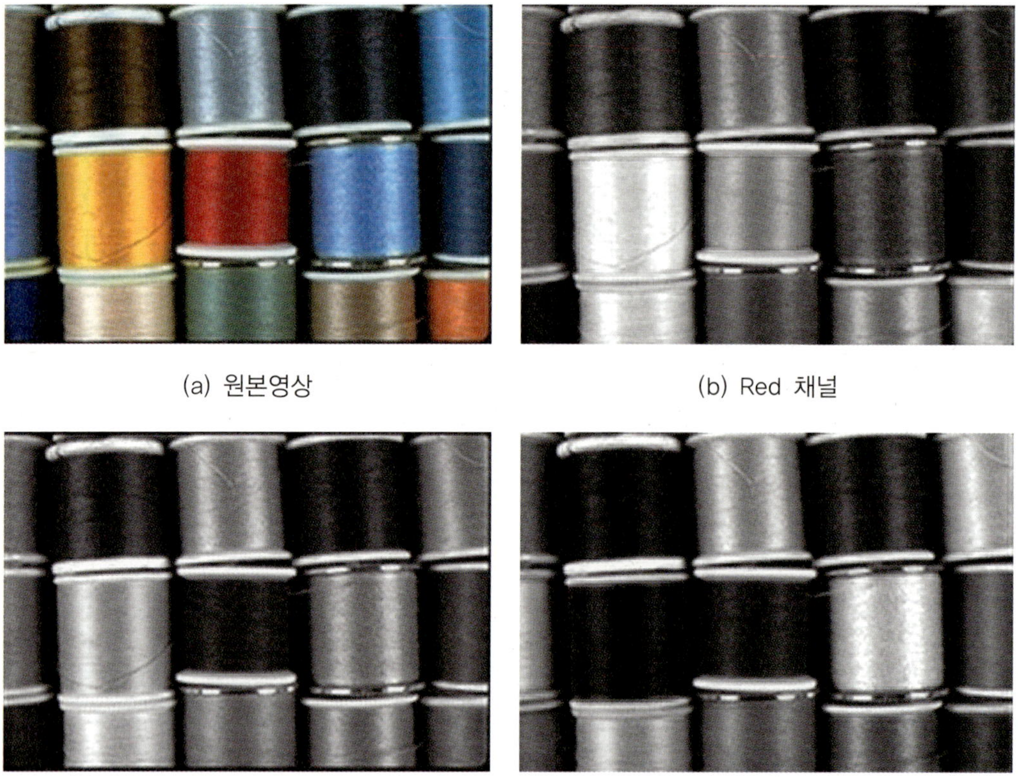

(a) 원본영상 (b) Red 채널

(c) Green 채널 (d) Blue 채널

(그림 2.2) R, G, B 각 채널로 분할된 영상

2.2. 색상 히스토그램 만들기 및 임계값 적용하기

2.2.1 색상 히스토그램 만들기

영상의 색상 분포를 분석하기 위한 가장 좋은 방법은 각 색상 성분별로 픽셀 개수를 누적하여 표현하는 방법이 있다. 색상 히스토그램(histogram)이란 영상 안에 포함된 각각 다른 색상 값을 갖는 픽셀들의 수(분포)를 보여주는 그래프를 의미한다. 그림 2.3과 같이 주어진 영상의 픽셀 값에서 각 픽셀의 색상 값을 가로 축의 도수로 표시하고 색상 값에 해당하는 도수의 수를 누적함으로써 히스토그램을 작성할 수 있다. 이렇게 작성된 색상 히스토그램을 통해 우리는 영상에서 어떤 색상이 상대적으로 많이 분포하는지를 알 수 있다.

3	3	4	4
2	2	0	0
3	4	1	2
6	5	5	1

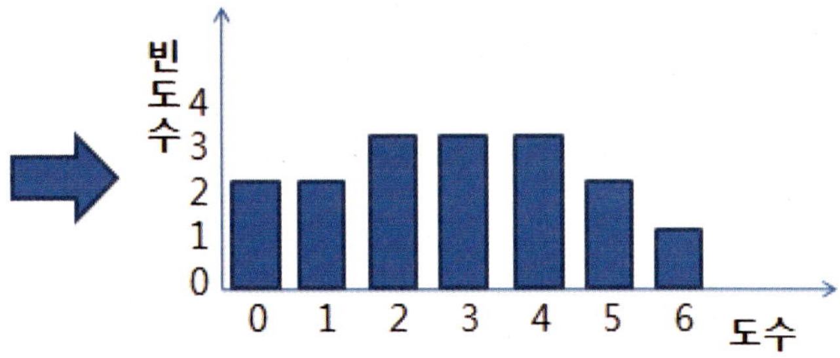

(그림 2.3) 색상 히스토그램 작성 방법

영상으로부터 히스토그램을 구하는 주요 코드는 아래와 같다.

(연습 2.1) 색상 히스토그램 구하기

```
 void CImageProToolView::OnHistogram()
{
   // 코드 중간 생략  ...........
   //색상별 히스토그램 누적을 위한 임시 저장 공간
   int tempR[256], tempG[256], tempB[256], tempgray[256];

    //정규화된 히스토그램 저장 공간
   float histoR[256]={0.f,},histoG[256]={0.f,},histoB[256]={0.f,}
         ,histogray[256]={0.f,};

    // Red, Green, Blue 색상 나누기
    Seperate_RGB(pData,ptr1);
    for( i = 0 ; i < height ; i++ )
       for( j = 0 ; j < width ; j++ )
       {
            //그레이 영상 만들기
            int value = Saturation((ptr1[i][j].r+ptr1[i][j].g+ptr1[i][j].b)/3);
            //각 색상별 픽셀 누적
             tempgray[ value ]++;
             tempR[ptr1[i][j].r]++;
             tempG[ptr1[i][j].g]++;
             tempB[ptr1[i][j].b]++;
       }
```

```
    // 히스토그램 정규화(histogram normalization)
    float area = (float)width*height;
    for( i = 0 ; i < 256 ; i++ )
    {
            histogray[i] = tempgray[i] / (float)area;
            histoR[i] = (float)tempR[i] / (float)area;
            histoG[i] = (float)tempG[i] / (float)area;
            histoB[i] = (float)tempB[i] / (float)area;
    }

    //히스토그램 화면 출력
    CHistogram dlg;
    dlg.SetImage(histogray, histoR, histoG, histoB);
    dlg.DoModal();
}

void CHistogram::SetImage(float histogray[256],float histoR[256],float
histoG[256],float histoB[256])
{
    // 히스토그램 배열의 최대값을 구하기
    register int i;
    float max_valuegray = histogray[0];
    float max_valueR = histoR[0];
    float max_valueG = histoG[0];
    float max_valueB = histoB[0];

    for( i = 1 ; i < 256 ; i++ )
    {
            if( histogray[i] > max_valuegray )
              max_valuegray = histogray[i];
            if( histoR[i] > max_valueR )
              max_valueR = histoR[i];
            if( histoG[i] > max_valueG )
              max_valueG = histoG[i];
            if( histoB[i] > max_valueB )
              max_valueB = histoB[i];
    }
```

```
    // m_Histogram 배열의 최대값이 100이 되도록 전체 배열의 값을 조절
    for( i = 0 ; i < 256 ; i++ )
    {
            m_Histogram_gray[i] =
            (int)(histogray[i]*100/max_valuegray);
            m_HistogramR[i] =
            (int)(histoR[i]*100/max_valueR);
            m_HistogramG[i] =
            (int)(histoG[i]*100/max_valueG);
            m_HistogramB[i] =
            (int)(histoB[i]*100/max_valueB);
    }
}
```

(a) 입력 영상

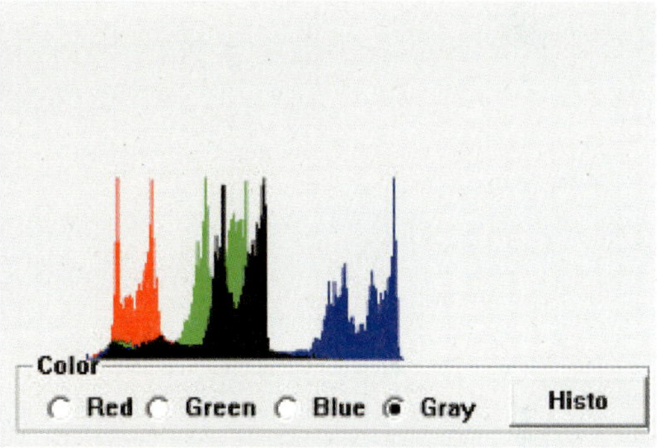

(b) 색상 히스토그램

(그림 2.4) 각 색상별 히스토그램 출력 결과

2.2.2 영상 이진화(Binarization)

영상 이진화는 영상의 배경으로부터 전경 영역을 분리하는 방법으로, 주로 전경 영역과 배경 영역의 밝기 차이나 색상 차이를 이용한다.

영상을 이진화 하는 방법은 여러 알고리즘이 있지만 본 교재에서는 간단한 2가지 방법에 대해서만 공부하도록 한다.

① 고정 임계값(Fixed thresholding)

고정 임계값 방식은 프로그래머가 한 개의 고정된 임계값(threshold)을 부여하여 전경과 배경을 구분하는 것으로 아래 수식에 의해 실시된다.

$$s = \begin{cases} 0 & \text{if } r < T \\ 255 & \text{if } r \geq T \end{cases} \tag{2.1}$$

수식에서 T는 프로그래머가 임의로 부여한 고정 임계값, r은 픽셀값, s는 임계값에 따른 출력 픽셀 값을 의미한다. 수식 (2.1)이 적용된 영상은 검은색과 흰색으로 구성된 바이너리 영상으로 전경은 흰색, 배경은 검은색으로 표현 된다. 이진화를 위한 임계값은 경험에 의해 결정될 수도 있지만, 영상으로부터 히스토그램을 생성하여 봉우리가 최소화 되는 구간으로 결정할 수도 있다.

② 전역 임계값 적용하기(Global thresholding)

고정 임계값 방식처럼 영상으로부터 적절한 임계값을 매번 인위적으로 결정한다는 것은 자동화 작업에서는 비효율적인 방법이므로 임계값을 자동으로 결정해 주는 방법이 필요하다. 임계값을 자동으로 결정하기 위한 여러 방법 중에서 영상에 포함된 전경 객체가 비교적 유사한 색상을 갖고 배경과 구분될 경우 빠른 시간 내에 임계값을 결정할 수 있는 전역 임계값 적용(global thresholding) 방법이 있다. 전역 임계값 적용 방법은 영상을 두 개의 그룹으로 분할하고 각 그룹마다 평균값을 계산하여 임계값을 결정하고 오차가 가장 작을 때까지 반복하는 방법을 사용한다. 구체적인 전역 임계값 적용 알고리즘은 다음과 같다.

알고리즘 2.1 전역임계값 결정하기

1) 초기 임계값 T를 랜덤 하게 결정

2) 임계값 T를 이용하여 영상을 분할. 분할 결과로 2개의 그룹이 생성되는데, 임계값 T보다 큰 픽셀로 이루어진 그룹을 G1, 반대의 그룹을 G2로 표시.

3) 그룹 G1과 G2의 색상 평균(mean1, mean2)을 계산.

4) 두 그룹의 평균값으로 임계값을 갱신.

   T=(1/2)(mean1 +mean2)

5) 이전 임계값과 새로운 임계값의 차이가 미리 정의된 파라미터 T0 보다 작을 동안 단계 2부터 단계 4를 반복.

전역 임계값 알고리즘에서는 종료 조건에 해당하는 T0에 따라 영상 분할 속도가 달라질 수 있다. 즉, T0값이 작을 경우 최적의 임계값을 추정할 수 있는 장점이 있지만 많은 연산이 필요하므로 실행 속도가 느려질 수 있다.

연습 2.2를 통해 전역 임계값 적용 알고리즘을 프로그램으로 구현해 보자

(연습 2.2) 전역 임계값 알고리즘 구현

```
void CImageProToolView::OnGlobalThresholding()
{
  // 코드 중간 생략
  // Red, Green, Blue 색상 나누기
  Seperate_RGB(pData,ptr1);

   //초기 임계값, 이전 임계값 저장 변수, 종료 조건 임계값 설정
  int I, j,T1=80,T2=0,T0=1;

   //그레이 영상과 임계값 적용 후 이진 영상을 담을 기억 장소 생성
  int* Y =  new int [height*width];
   int* Bi = new int [height*width];
  memset(Y,0,height*width);
  memset(Bi,0,height*width);

  for( i=0;i<height;i++)
     for(j=0;j<width;j++)
     {
        //컬러 영상을 그레이 영상으로 변환
        Y[i*width+j]=Saturation((ptr1[i][j].r+ptr1[i][j].g+ptr1[i][j].b)/3);

         // 초기 임계값 적용
         if(Y[i]>T1) Bi[i]=255;
          else Bi[i]=0;
   }

  while(1) // 종료 조건을 만족할 때 까지 계속 반복
  {
              //새로운 임계값 생성을 위한 함수 호출
              int T2=Thresholding_Update(height, width, Y, Bi, T1);
```

```
            //새로운 임계값과 이전 임계값의 변화 측정
            if(abs(T1-T2)<T0)
          {
            //종료 조건을 만족하면 새로운 임계값으로 영상 이진화 후 출력
            for( i=0;i<height;i++)
              for(j=0;j<width;j++)
                {
                    If(Y[i*width+j]>T2) Bi[i*width+j]=255;
                  else Bi[i*width+j]=0;
                }
                break;

          }
          else //종료 조건을 만족하지 않는다면
          {
                //새로운 임계값으로 다시 이진화 작업
                T1=T2;

                for( i=0;i<height;i++)
                  for(j=0;j<width;j++)
                {
                        if(Y[i*width+j]>T2) Bi[i*width+j]=255;
                        else Bi[i*width+j]=0;
                }
          }
    }   //end of while

    //이진 영상 출력
    for( i=0;i<height;i++)
      for(j=0;j<width;j++)
      {
          ptr1[i][j].r = Bi[i*width+j];
          ptr1[i][j].g = Bi[i*width+j];
          ptr1[i][j].b = Bi[i*width+j];
       }

    SetRGBptr(pData, ptr1,width,height); //이진화된 영상을 다시 원영상에 넣어주기

     for(i=0;i<height;i++)
     {
```

```
            delete [] ptr1[i];
        }
        delete [] ptr1;
        delete [] Y;
        delete [] Bi;
        Invalidate();        // 영상 화면에 뿌리기
}

// 각 그룹별 평균값으로 새로운 임계값 계산하는 함수
int CImageProToolView::Thresholding_Update
                              (int height, int width, int* Y, int* B, int T)
{
    int i,count1=0, count2=0,sum1=0,sum2=0;

    for( i=0;i<height*width;i++)
    {
            //그룹별 픽셀 총합 계산
            if(B[i]==255) { sum1 += Y[i];count1++;}
            else {sum2 +=Y[i];count2++;}
    }

    //그룹별 픽셀 평균 계산
    int ave1=sum1/count1;
    int ave2=sum2/count2;

    // 평균으로 새로운 임계값 계산
    int T2 = (ave1+ave2)/2;

    return T2;
}
```

그림 2.5는 전역 임계값 적용 후 결과를 보여주고 있다. 그림 2.5 (a)의 경우 전경 객체가 단순한 배경과 확연히 구분됨으로 전역 임계값 알고리즘을 적용한 결과 전경과 배경이 잘 이진화된 것을 알 수 있다. 하지만 그림 2.5 (c) 영상은 전경 객체가 여러 가지 색상으로 구성되어 있고, 빛에 배경 색이 다양하게 존재함으로 한 개의 전역 임계값으로는 전경과 배경이 정확하게 이진화 하지 못한다. 따라서 이런 경우에는 영상의 색상 히스토그램을 분석하여 여러 개의 임계값을 적용할 수 있는 알고리즘을 적용 하여야 한다.

(a) (b) (c) (d)

(그림 2.5) 전역 임계값을 적용한 이진화 결과의 예, (a) 전경이 배경과 잘 구분되어 이진화된 경우, (b) 다양한 색상과 빛에 의해 전경과 배경이 잘못 이진화 된 경우

2.3. 영상의 화질 향상 기법 (1)

영상의 화질 저하는 대비의 불균형, 어두운 조명과 같이 빛과 카메라 노출에 관련된 것과 카메라 렌즈의 노이즈 또는 영상을 디지털로 변환하는 과정에서 생성되는 잡음 등에 의한 화질 저하로 나눌 수 있다. 빛의 노출에 의한 밝기 대비를 개선할 수 있는 방법은

> 히스토그램 스트레칭(Histogram Stretching)
> 히스토그램 평활화(Histogram Equalization)
> 등이 있고 잡음 제거를 통한 영상 화질 개선 방법은
> 평균 필터링(Mean Filtering)
> 중간값 필터링(Median Filtering)

등이 있다.

2.3.1 히스토그램 스트레칭(Histogram Stretching)

히스토그램 스트레칭 방법은 영상의 밝기(색상)값 범위를 확장(또는 축소) 시킴으로써 영상의 대비(contrast)를 향상시키는 방법을 말한다. 히스토그램 측면에서 색상이나 밝기 분포가 히스토그램의 특정 부분이나 가운데에 집중되었을 경우 히스토그램을 모든 영역으로 인위적으로 확장시켜서 디지털 영상이 모든 범위의 화소 값을 포함 하도록 한다. 히스토그램 스트레칭은 영상 픽셀들에 대해 선형 확장 함수(linear scaling function)를 적용하여 구현 할 수 있는데 이를 수식으로 표현하면 수식 (2.2)와 같다.

$$I(x,y)' = (I(x,y) - \min)\left(\frac{N\max - N\min}{\max - \min}\right) + N\min \tag{2.2}$$

수식에서 새로운 픽셀 값 $I(x,y)'$은 원래 픽셀 값 $I(x,y)$와 현재 영상에 포함된 픽셀의 최고 밝기 값(max)과 최소 밝기 값(min), 밝기를 확장 시키고 싶은 상한 값(Nmax)과 하한 값(Nmin)의 범위를 설정하여 계산할 수 있다.

히스토그램 스트레칭에 대한 주요 알고리즘 코드는 연습 2.3과 같다.

(연습 2.3) 히스토그램 스트레칭 알고리즘 구현

```
void CImageProToolView::OnHistogramStretching()
{
   // 코드 중간 생략
   // Red, Green, Blue 색상 분할
    Seperate_RGB(pData,ptr1);
    int i,j;

     // 컬러 영상을 그레이 영상으로 변환
     for(i=0; i<height; i++ )
        for (j=0; j<width; j++ )
        {
                image[i][j] = Saturation((ptr1[i][j].r+ptr1[i][j].g+ptr1[i][j].b)/3);
         }

        int max,min, Nmax, Nmin;
         Nmax=255, Nmin=0;
```

```
int histogram[256]={0};

// 영상의 그레이 히스토그램 생성
for(i=0;i<height;i++)
        for(j=0;j<width;j++)
                histogram[image[i][j]]++;

 //히스토그램의 하위 (min), 상위 (max)에 해당하는 히스토그램 빈 찾기
 int count=0;
 for(i=0;i<256;i++)
 {
          count+=histogram[i];
          if(count>1)
          {
                   min = i;
                   break;
          }
 }
 count=0;
 for(i=255;i>=0;i--)
 {
          count+=histogram[i];
          if(count>1)
          {
                   max = i;
                   break;
          }
 }

 //히스토그램 스트레칭 값 계산
 image[i][j] = (int)((float)(image[i][j]-min)*((float)(Nmax-Nmin)/
                         (float)(max-min))+Nmin);
          }
 //변경된 밝기 값을 원래 영상에 넣어주기
 for( i=0;i<height;i++)
     for(j=0;j<width;j++)
     {
         ptr1[i][j].r = image[i][j];
         ptr1[i][j].g = image[i][j];
         ptr1[i][j].b = image[i][j];
```

```
        }

        SetRGBptr(pData, ptr1,width,height);
        //이하 생략...

}
```

그림 2.6은 히스토그램 스트레칭 적용 후 결과를 보여주고 있다. 그림과 같이 히스토그램 스트레칭 후에 가운데 꽃 영역의 밝기가 밝아 진 것을 알 수 있다. 히스토그램 측면에서도 처음 영상에 대한 히스토그램은 왼쪽 부분에 몰려 있지만 히스토그램 스트레칭 후에 기본 히스토그램 형태는 유지되면서 전체적으로 퍼져 분포한 것을 알 수 있다.

(그림 2.6) 히스토그램 스트레칭 결과의 예, (a) 히스토그램 스트레칭이 적용되기 전의 영상과 히스토그램 분포, (b) 히스토그램 스트레칭이 적용된 후의 영상과 히스토그램 분포 (히스토그램 하위 1%, 상위 99% 픽셀에 해당하는 부분을 min과 max로 결정)

히스토그램 스트레칭은 히스토그램 분포가 한쪽 부분에 몰려 있는 경우 이를 골고루 분산되도록 해 줌으로써 밝기 값을 개선하는 효과가 있지만 히스토그램 분포 자체는 그대로 유지됨으로 영상의 화질을 개선하는 데에는 한계가 있다. 이러한 한계점을 극복하기 위해 히스토그램 평활화(Histogram equalization)가 사용된다.

2.3.2 히스토그램 평활화(Histogram Equalization)

히스토그램 평활화는 히스토그램 스트레칭이 기존의 히스토그램 분포를 그대로 유지한 채 확장한 것과는 다르게 비선형적인 함수를 이용, 영상으로 하여금 균일 분포(uniform distribution) 형태의 히스토그램을 갖도록 하여 화질을 개선하는 방법이다.

히스토그램 평활화의 알고리즘은 다음과 같다.

알고리즘 2.2 히스토그램 평활화

1) 그레이 입력 영상으로부터 정규 분포 히스토그램을 갖는 출력 영상을 생성하는 변환 함수를 T라고 하자.

2) 영상으로부터 히스토그램을 구하고 이를 누적 히스토그램으로 변환하자.

원 영상

2	2	3	5
4	2	3	3
4	3	5	1
0	3	2	5

(a)

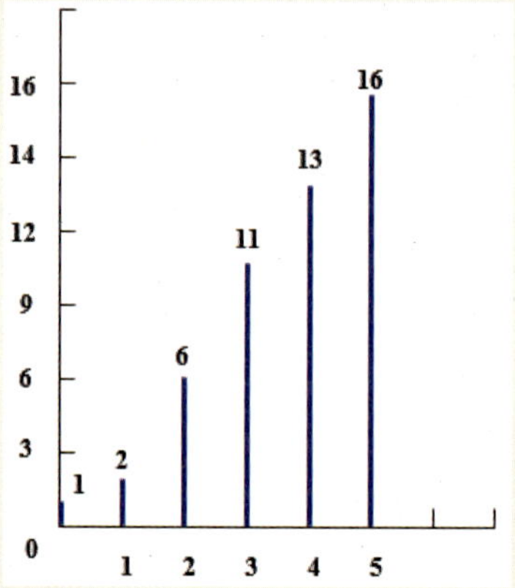

(b)

(그림 2.7) (a) 원 영상의 픽셀 값과 (b) 원 영상의 누적 히스토그램 분포

3) 변환 함수 T에 의해 입력 영상의 픽셀 값 r은 s의 출력 값으로 변환된다.

$$s = T(r) \tag{2.3}$$

수식에서 변환함수 T는 전체 픽셀 개수 N과 히스토그램에서 i번째 도수의 누적 값 n_i를 이용하여 아래와 같이 표현 할 수 있다.

$$T(r) = \sum_{i=0}^{k} \frac{n_i}{N} \tag{2.4}$$

실제 프로그램에서는 픽셀이 특정 값 사이에 표현 되도록 식 (2.5)를 사용한다.

$$s = T(r) = Round(D_m \cdot T(r_i)) \tag{2.5}$$

수식에서 D_m은 영상에 표현하고자 하는 최대 픽셀값이다. 따라서 입력 영상의 한 픽셀 r=3이고 D_m의 값이 6인 경우 히스토그램 변환 함수 T가 적용된 최종 s의 값은 round (11/16 x 6)=4의 값을 갖게 된다. D_m이 255이라면 0~255 사이의 값으로 표현이 가능 하다.

4) 위 수식을 이용하여 입력 영상에 대해 최종적으로 다음 표와 같은 값을 얻을 수 있다.

r	누적합	Dm*T (r)	Round
0	1	0.37	0
1	2	0.75	1
2	6	2.25	2
3	11	4.12	4
4	13	4.87	5
5	16	6.00	6
6	16	6.00	6
7	16	6.00	6

5) 각 픽셀 r에 대해 변환 함수 T가 적용된 표를 이용하여 입력 영상을 변환하면 아래와 같이 픽셀값이 변화하고 히스토그램의 분포도 전체 범위에 걸쳐 골고루 나타나게 된다.

2	2	4	6
5	2	4	4
5	4	6	1
0	4	2	6

(a)

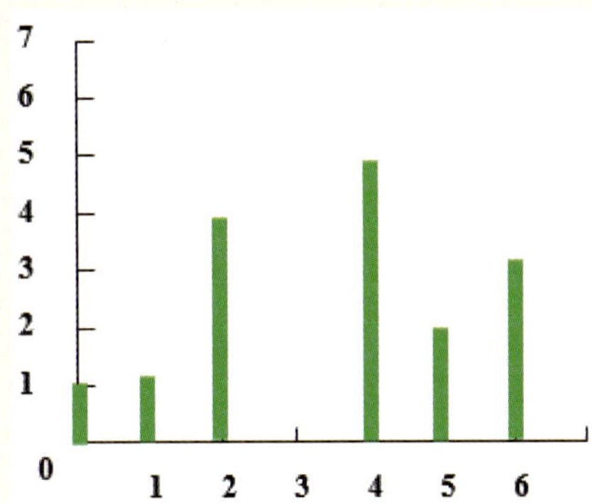

(b)

(그림 2.8) (a) 히스토그램 평활화 영상의 픽셀값과 (b) 변화된 영상의 히스토그램 분포

지금까지 배운 히스토그램 평활화 알고리즘을 토대로 아래와 같이 프로그램을 코딩하고 그 결과를 확인해 보자.

(연습 2.4) 히스토그램 평활화 알고리즘 구현

```
void CImageProToolView::OnHistogramEqual()
{
   // 코드 중간 생략
   // 색상 분할 하기
    Seperate_RGB(pData,ptr1);
    int i,j,index;

    for(i=0; i<height; i++ )
     for (j=0; j<width; j++ )
     {
        image[i][j] = Saturation((ptr1[i][j].r+ptr1[i][j].g+ptr1[i][j].b)/3);
     }

     float cumulation=0.0;
     int histogram[256]={0};

     // 히스토그램 생성
     for(i=0;i<height;i++)
       for(j=0;j<width;j++)
         histogram[image[i][j]]++;

     for(index=0;index<256;index++)
     {
      // 히스토그램 누적
      cumulation +=(float)histogram[index];

      // 누적 히스토그램에 대한 정규화(0~1) 및 255로 확장
      histogram[index]
                    = (int)((cumulation/(float)(width*height))*255.0+0.5);
      }

     for(i=0;i<height;i++)
        for(j=0;j<width;j++)
```

```
    {
      // 입력 픽셀에 대응되는 T(r)값 적용
       index = image[i][j];
       image[i][j] = histogram[index];
     }

     for( i=0;i<height;i++)
      for(j=0;j<width;j++)
      {
          ptr1[i][j].r = image[i][j];
          ptr1[i][j].g = image[i][j];
          ptr1[i][j].b = image[i][j];
       }

    SetRGBptr(pData, ptr1,width,height);
    //이하 생략...
}
```

그림 2.9는 히스토그램 평활화의 결과와 히스토그램 스트레칭의 결과 비교 영상을 보여준다. 히스토그램 평활화의 경우 영상 전체가 밝아지면서 히스토그램 분포도 원래 히스토그램과 다르게 고르게 분포함을 알 수 있다. 히스토그램 스트레칭은 영상의 한쪽 면만 밝게 변하고 전체적인 히스토그램의 분포는 그대로 유지된다.

영상의 화질 개선을 위해서는 영상의 종류와 히스토그램 분포를 고려하여 히스토그램 스트레칭을 사용할지, 아니면 히스토그램 평활화를 사용할지를 결정하면 된다.

(a)

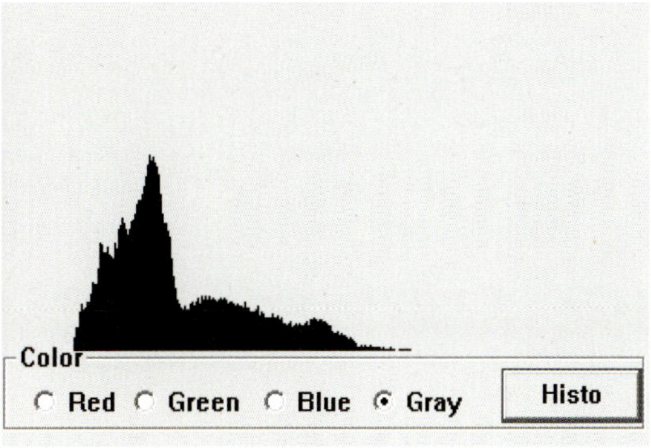

(b)

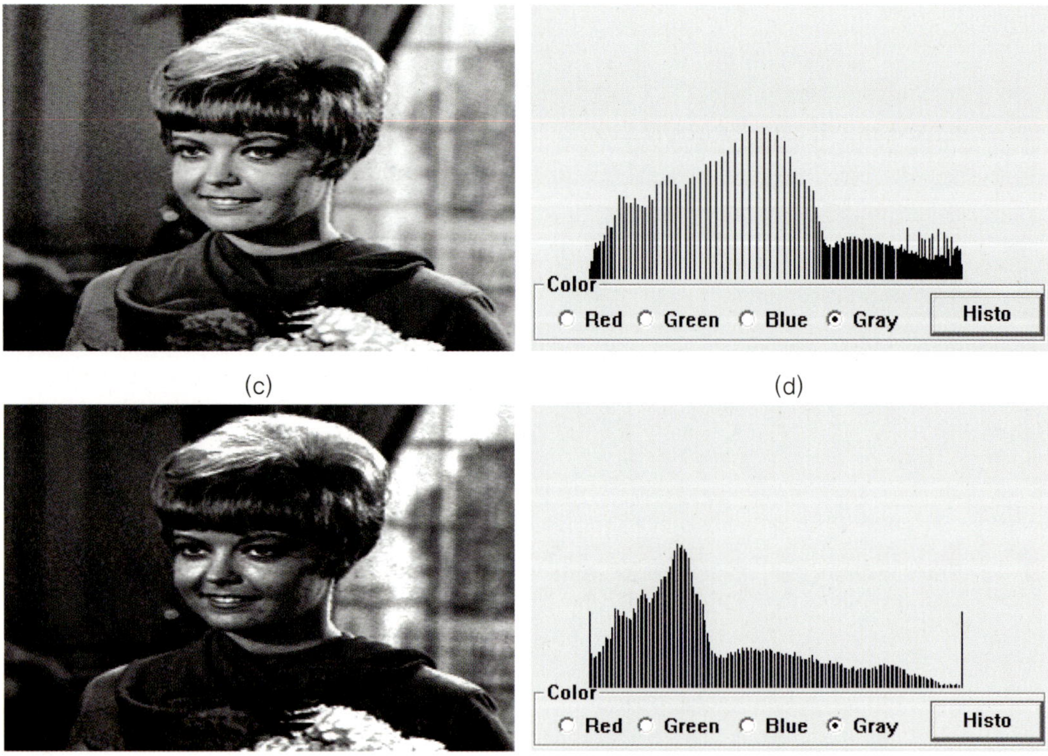

(c) (d)

(e) (f)

(그림 2.9) 히스토그램 평활화와 스트레칭의 결과 비교 (a) 원 영상 (c) 히스토그램 평활화 영상 (e) 히스토그램 스트레칭 결과 (히스토그램 하위 1%, 상위 99% 픽셀에 해당하는 부분을 min과 max로 결정)

2.4. 영상의 화질 향상 기법 (2)

2.4절에서는 영상에서 잡음을 제거하여 영상의 화질을 향상시키기 위한 2가지 공간적 필터링 기법들을 배워보도록 한다. 공간적 필터링 기법은 각각의 목적에 따라 적절한 커널(kernel) 혹은 필터(filter)를 설계하고 원본 영상과 곱 연산 혹은 컨볼루션(convolution) 연산을 수행한다. 컨볼루션 연산은 커널을 입력 영상에 씌우고 동일한 위치에서 대응되는 픽셀값과 커널 계수를 1:1로 곱하는 연산이다. 이렇게 각각 대응되는 픽셀과 커널 계수를 곱한 값의 합을 계산하여 영상의 픽셀 값으로 대체시킨다. 커널은 영상 전체에 대해 슬라이딩 윈도우 방식으로 차례차례 컨벌루션 작업을 진행한다. 영상에 대해 커널을 컨볼루션하여 잡음이 제거된 새로운 값을 얻는 과정을 필터링(filtering)이라고 한다.

2.4.1 평균 필터링 (Mean Filtering)

평균 필터는 입력 영상의 픽셀 밝기 값을 주변 픽셀들의 밝기 값의 평균으로 대체하여 영상을 스무딩(smoothing)시키는 방법으로 잡음을 줄이는 필터링 기법이다. 컨볼루션 연산을 위한 평균 커널은 그림 2.10과 같이 정의할 수 있다.

$\frac{1}{9}$	$\frac{1}{9}$	$\frac{1}{9}$
$\frac{1}{9}$	$\frac{1}{9}$	$\frac{1}{9}$
$\frac{1}{9}$	$\frac{1}{9}$	$\frac{1}{9}$

(a) 3x3 평균 커널

$\frac{1}{25}$	$\frac{1}{25}$	$\frac{1}{25}$	$\frac{1}{25}$	$\frac{1}{25}$
$\frac{1}{25}$	$\frac{1}{25}$	$\frac{1}{25}$	$\frac{1}{25}$	$\frac{1}{25}$
$\frac{1}{25}$	$\frac{1}{25}$	$\frac{1}{25}$	$\frac{1}{25}$	$\frac{1}{25}$
$\frac{1}{25}$	$\frac{1}{25}$	$\frac{1}{25}$	$\frac{1}{25}$	$\frac{1}{25}$
$\frac{1}{25}$	$\frac{1}{25}$	$\frac{1}{25}$	$\frac{1}{25}$	$\frac{1}{25}$

(b) 5x5 평균 커널

(그림 2.10) 다양한 크기의 평균 커널들

커널의 크기에 따라 영상의 스무딩의 정도가 결정되며, 커널의 크기가 클수록 스무딩 효과가 커지는 특성이 있다. 평균 커널을 이용하여 영상의 잡음을 필터링 하는 코드는 다음과 같다.

(연습 2.5) 평균 필터링 알고리즘 구현

```
void CImageProToolView::OnMeanfilter()
{
    ......
   // 색상 분할하기
   Seperate_RGB(pData,ptr1);

   for(i=0;i<height;i++)
       for(j=0;j<width;j++)
     image[i][j]= (BYTE)Saturation((ptr1[i][j].r+ptr1[i][j].g+ptr1[i][j].b)/3);

   float mean = 0;

   // 3 x 3 평균 커널
   float mean3x3[3][3] = {1.0f/9.0f, 1.0f/9.0f, 1.0f/9.0f,
```

```
        1.0f/9.0f, 1.0f/9.0f, 1.0f/9.0f,
        1.0f/9.0f, 1.0f/9.0f, 1.0f/9.0f};

    // 5 x 5 평균 커널
    float mean5x5[5][5] = {1.0f/25.0f, 1.0f/25.0f, 1.0f/25.0f, 1.0f/25.0f,
1.0f/25.0f,
        1.0f/25.0f, 1.0f/25.0f, 1.0f/25.0f, 1.0f/25.0f, 1.0f/25.0f,
        1.0f/25.0f, 1.0f/25.0f, 1.0f/25.0f, 1.0f/25.0f, 1.0f/25.0f,
        1.0f/25.0f, 1.0f/25.0f, 1.0f/25.0f, 1.0f/25.0f, 1.0f/25.0f,
        1.0f/25.0f, 1.0f/25.0f, 1.0f/25.0f, 1.0f/25.0f, 1.0f/25.0f};

    int margin // 컨볼루션을 위한 여백

    // 3x3 평균 필터의 경우
    margin = sqrt( (float)(sizeof( mean3x3 ) / sizeof( mean3x3[0][0])) ) / 2;

    // 5x5 평균 필터의 경우
    //margin = sqrt( (float)(sizeof( mean5x5 ) / sizeof( mean5x5[0][0])) ) / 2;

    // 커널 컨볼루션 연산
    for(i=margin;i<height-margin;i++)
        for(j=margin;j<width-margin;j++)
    {
            mean = 0.0f
        for(m=-margin;m<=margin;m++)
            for(n=-margin;n<=margin;n++)
                mean += (int)image[i+m][j+n]*mean3x3[m+margin][n+margin];

        // 픽셀 밝기값 설정
        out_image[i][j] = (unsigned char)Saturation(mean);
        }

    //화면 출력
    for(i=0;i<height;i++)
        for(j=0;j<width;j++)
        ptr1[i][j].r=ptr1[i][j].g=ptr1[i][j].b=out_image[i][j];

    SetRGBptr(pData, ptr1,width,height);
    //이하 생략..
}
```

(a) 원본 잡음 영상　　(b) 3x3 평균필터링 결과　　(c) 5x5 평균필터링 결과

(그림 2.11) 20% 랜덤 잡음이 포함된 영상에서 커널 크기에 따른 평균 필터 결과

그림 2.11은 20% 랜덤 잡음이 포함된 영상에 대하여 크기가 각각 3x3과 5x5인 평균 커널을 이용하여 필터링 한 결과이다. 그림에서 볼 수 있듯이 잡음이 감소되었으나 영상이 전체적으로 스무딩 되어 영상의 테두리 부분이 무뎌진 것을 볼 수 있다. 특히 그림 2.11 (c)와 같이 커널의 크기가 커짐에 따라 스무딩 효과가 더 크게 나타남을 볼 수 있다.

2.4.2 중간값 필터링(Median Filtering)

중간값 필터링은 입력 영상의 현재 픽셀을 중심으로 커널을 씌우고, 커널 안에 포함된 주변 픽셀들을 밝기 값 기준으로 정렬하여 중간에 위치한 값으로 대체하는 기법이다. 중간값을 계산하는 방법을 예를 들어 간략하게 설명하면 다음과 같다.

59	20	16	30	45
69	**110**	**90**	**87**	50
70	**90**	**60**	**98**	74
80	**88**	**79**	**85**	83
81	89	100	110	90

주변 픽셀의 밝기 값:
60, 79, 85, 87, 88
90, 90, 98, 110

중간 값 : 88

(그림 2.12) 중간값 필터 계산의 예

중간값 필터는 비선형 필터로 평균 필터에서처럼 컨볼루션 연산에 의해 새로운 값을 생성하는 것이 아니라, 기존에 있는 주변 픽셀의 밝기값을 그대로 이용함으로써 영상의 선명도가 유지된다는 장점이 있다. 그러나 중간값을 계산하기 위하여 주변 픽셀들을 밝기값을 기준으로 정렬하는 과정에서 연산 시간이 더 필요한 것이 단점이다.

중간값 필터링의 프로그램 코드는 다음과 같다.

(연습 2.6) 중간값 필터링 알고리즘 구현

```
void CImageProToolView::OnMedianfilter()
{
    .....
    // 색상 분할하기
    Seperate_RGB(pData,ptr1);

    for(i=0;i<height;i++)
        for(j=0;j<width;j++)
         image[i][j]= (BYTE)Saturation((ptr1[i][j].r+ptr1[i][j].g+ptr1[i][j].b)/3);

    int median;

    int NUM = 9;                        // 주변 픽셀의 수
    int* pixel = new int[ NUM ];        // 주변 픽셀 임시 저장
    int pidx;                           // 픽셀 인덱스

    // 커널 컨볼루션 연산
    for(i=1;i<height-1;i++)
        for(j=1;j<width-1;j++)
        {
            pidx = 0;

            // 주변 픽셀 가져오기
            for(m=-1;m<=1;m++)
                for(n=-1;n<=1;n++)
                    pixel[pidx++]= (int)image[i+m][j+n];

            int subi, subj, tmp;

            // 밝기값 기준 정렬(선택 정렬)
```

```
            for ( subi = 0 ; subi < NUM-1 ; subi++ )
                for ( subj = subi+1 ; subj < NUM ; subj++ )
                    if ( pixel[subi] > pixel[subj] )
                    {
                        tmp = pixel[subi];
                        pixel[subi] = pixel[subj];
                        pixel[subj] = tmp;
                    }

            if ( NUM % 2 != 0 )                // 홀수인 경우
                median = pixel[NUM/2];
            else                               // 짝수인 경우
                median = (pixel[NUM/2-1]+pixel[NUM/2])/2;

            // 픽셀 밝기값 설정
            out_image[i][j] = (unsigned char)Saturation(median);
        }
    //화면 출력을 위한 과정
     .....
}
```

(a) 원본 잡음 영상

(b) 중간값 필터링 적용 결과

(그림 2.13) 20% 랜덤 잡음에 대한 중간값 필터링 적용 결과

그림 2.13은 20% 랜덤 잡음이 포함된 영상에 대하여 3x3 크기의 중간값 필터링을 적용한 결과이다. 결과를 살펴보면 평균 필터링에 비해 영상의 선명도가 유지되며 적절하게 잡음이 제거되었음 알 수 있다.

2장 정 리

1. 디지털 영상을 표현하기 위한 색상의 표현은 빨강(Red), 파랑(Blue), 녹색(Green)의 3가지 색상의 조합으로 표현된다. 컴퓨터에서는 영상을 표현하기 위해 이 3가지 색상을 조합한 RGB 색상 모델을 사용한다.

2. RGB 색상 모델은 빛의 3원색인 빨간색(Red), 녹색(Green), 파란색(Blue)의 가산 조합으로 만들어진다. RGB색상 모델은 모든 색을 길이 1인 정육면체 내부 좌표로 표시한다.

3. 색상 히스토그램(histogram)이란 영상 안에 포함된 각각 다른 색상 값을 갖는 픽셀들의 수(분포)를 보여주는 그래프를 의미한다.

4. 고정 임계값을 이용한 이진화 방식은 프로그래머가 한 개의 고정된 임계값(threshold)을 부여하여 전경과 배경을 구분하는 방법이다.

5. 전역 임계값 적용 방법은 영상을 두 개의 그룹으로 분할하고 각 그룹마다 평균값을 계산하여 임계값을 결정하고 오차가 가장 작을 때까지 반복하는 방법을 사용한다.

6. 영상의 화질 저하는 대비의 불균형, 어두운 조명과 같이 빛과 카메라 노출에 관련된 것과 카메라 렌즈의 노이즈 또는 영상을 디지털로 변환하는 과정에서 생성되는 잡음 등에 의한 화질 저하로 나눌 수 있다.

7. 히스토그램 스트레칭 방법은 영상의 밝기(색상)값 범위를 확장(또는 축소) 시킴으로써 영상의 대비(contrast)를 향상시키는 방법을 말한다. 히스토그램 측면에서 색상이나 밝기 분포가 히스토그램의 특정 부분이나 가운데에 집중되었을 경우 히스토그램을 모든 영역으로 인위적으로 확장시켜서 디지털 영상이 모든 범위의 화소 값을 포함 하도록 한다.

8. 히스토그램 평활화는 히스토그램 스트레칭이 기존의 히스토그램 분포를 그대로 유지한 채 확장한 것과는 다르게 비선형적인 함수를 이용하여 영상으로 하여금 정규 분포 형태의 히스토그램을 갖도록 하여 화질을 개선하는 방법으로 히스토그램 평활화 진행 후의 히스토그램 분포는 균일 분포(uniform distribution) 형태로 변하게 된다.

9. 공간적 필터링 기법은 각각의 목적에 따라 적절한 커널(kernel) 혹은 필터(filter)를 설계하고 원본 영상과 곱 연산 혹은 컨볼루션(convolution) 연산을 수행한다. 컨볼루션 연산은 커널을 입력 영상에 씌우고 동일한 위치에서 대응되는 픽셀값과 커널 계수를 1:1로 곱하는 연산이다.

10. 평균 필터는 입력 영상의 픽셀 밝기 값을 주변 픽셀들의 밝기 값의 평균으로 대체하여 영상을 스무딩(smoothing)시키는 방법으로 잡음을 줄이는 필터링 기법이다.

11. 중간값 필터링은 입력 영상의 현재 픽셀을 중심으로 커널을 씌우고, 커널 안에 포함된 주변 픽셀들을 밝기 값 기준으로 정렬하여 중간에 위치한 값으로 대체하는 기법이다.

연습문제

1. 히스토그램 스트레칭과 평활화를 R ,G, B 세 채널에 각각 적용한 뒤 결합하여 그 결과를 확인하시오. 영상이 비정상적으로 스트레칭 및 평활화 되었다면 어떤 방법을 사용하여 가장 선명한 영상을 만들 수 있는지 생각해 보자.

2. 히스토그램 스트레칭을 위해 영상으로 부터 히스토그램을 구한 뒤 히스토그램에서 하위 m%(예, 5%)와 상위 n%(예, 95%)에 해당하는 부분을 min과 max로 결정하고 히스토그램 스트레칭을 적용해 보자. %에 따라 스트레칭 결과가 어떻게 달라지는지 비교해 보자.

3. 여러 잡음의 종류 중 'Salt & Pepper'잡음 영상에 대해 평균 필터링과 중간 값 필터링 방법을 적용해 보고 그 결과를 비교 분석하시오. 어떤 필터링 방법이 더 효율적으로 잡음을 제거하는지 알아보고 그 이유를 서술하시오.

참고문헌

[1] 고병철, 'Visual C++기반의 의료영상처리 프로그래밍' 그린출판사, 2011

3. 영상의 에지 특징 추출

3.1. 영상의 에지(edge) 특징 추출

영상의 특징에는 색상, 에지(edge, 경계선), 질감(texture) 등이 있다. 색상은 2.1에서 다루었고, 질감은 영상 픽셀의 균일성을 나타내는 것으로 영상 내에서 에지 정보를 분석하면 영상의 질감 정보를 알아 낼 수 있다. 일반적으로 에지는 영상 내 물체와 배경 간의 밝기 값 차이(gradient, 기울기)가 갑자기 변하는 지점으로, 이러한 지점을 검출하기 위해서는 수학적으로 미분 연산자를 이용하면 된다. 따라서 대부분의 에지 검출기들은 1차 미분, 2차 미분의 연산을 통해 에지를 검출하게 된다. 미분 연산자를 통해 영상 내 픽셀 밝기 값의 기울기인 그래디언트(gradient)를 구할 수 있으며, 에지 영역은 그래디언트가 급한 영역이기 때문에 그래디언트 크기 값이 큰 곳을 에지로 검출할 수 있다.

G_x를 x축 방향으로의 그래디언트 값, G_y를 y축 방향으로의 그래디언트 값이라고 할 때, 그래디언트 크기(magnitude)는 다음 식을 통해 구할 수 있다.

$$|G| = \sqrt{G_x^2 + G_y^2} \tag{3.1}$$

그러나 위 식을 계산하는 것은 복잡도가 크기 때문에, 복잡도를 낮추고 프로그래밍을 간결하게 하기 위해 보통 아래의 식을 이용하여 근사화된 그래디언트 크기를 구한다.

$$|G| \approx |G_x| + |G_y| \tag{3.2}$$

에지 검출 알고리즘을 구현할 때는 직접 미분 값을 계산하기 보다는 미분 역할을 하는 커널(kernel)을 정의하여 컨볼루션(convolution) 연산을 하는 것이 일반적이다. 컨볼루션 연산은 입력 영상의 픽셀 밝기값을 커널의 동일한 위치에 해당하는 픽셀값과 곱하고 모든 값들을 더하면 된다. 다음 그림 3.1은 컨볼루션 연산을 통해 그래디언트를 구하는 방법을 보여준다.

I_1	I_2	I_3
I_4	I_5	I_6
I_7	I_8	I_9

(a) 입력 영상

m_1	m_2	m_3
m_4	m_5	m_6
m_7	m_8	m_9

(b) 컨볼루션 커널

$$G = \sum_{i=1}^{9} m_i I_i$$

(c) 그래디언트 계산식

(그림 3.1) 컨볼루션 연산 방법

에지 검출기들은 커널의 계수 값(coefficient)에 따라 각각 다른 에지 검출기로 정의되며, 계수 값에 따라 에지 검출 결과가 다양하다. 따라서 본 장에서 다루는 에지 검출기 이외에도 계수 값을 조정하여 다른 에지 검출 결과를 얻는 것이 가능하다.

에지 검출 알고리즘에는 기본적으로 많이 사용되는 로버트 크로스 에지 검출기(Roberts Cross Edge Detector), 소벨 에지 검출기(Sobel Edge Detector), 프르윗 에지 검출기(Prewitt Edge Detector), 캐니 에지 검출기(Canny Edge Detector), 라플라시안 에지 검출기(Laplacian Edge Detector)등이 있지만 본 교재에서는 가장 많이 사용되는 소벨 에지 검출기에 대해서만 공부 하도록 한다.

3.1.1 소벨 에지 검출기(Sobel edge detector)

소벨 에지 검출기는 여러 에지 검출기에서 가장 많이 사용되는 방법이다. 컨벌루션 연산을 위한 커널의 계수는 그림 3.2와 같다. 소벨 커널은 1차 미분 연산자로 x축 방향의 미분을 수행하는 G_x커널과 y축 방향의 미분을 수행하는 G_y커널을 동시에 적용한다. 따라서 소벨 에지 검출기는 가로 방향과 세로 방향의 에지를 검출하는 데 유용하며, 커널의 계수 분포에서 알 수 있듯이 가운데에 위치한 픽셀을 강조하는 특성이 있다.

−1	0	+1
−2	0	+2
−1	0	+1

G_x

90도 회전 ⇨

+1	+2	+1
0	0	0
−1	−2	−1

G_y

(그림 3.2) 소벨 컨볼루션 커널

소벨 에지 검출기는 빠르면서도 좋은 에지 검출 성능을 보여주지만 잡음에 민감한 특성을 가지고 있다. 소벨 컨볼루션 커널을 이용하여 에지를 검출하는 코드와 결과는 다음과 같다.

(연습 3.1) 소벨 에지 검출기를 이용한 에지 검출

```
void CImageProToolView::OnSobel()
{
	.....
	//색상 분할
	Seperate_RGB(pData,ptr1);

	for(i=0;i<height;i++)
		for(j=0;j<width;j++)
		image[i][j]= (BYTE)Saturation((ptr1[i][j].r+ptr1[i][j].g+ptr1[i][j].b)/3);

	int g1, g2, gradient;
	g1 = g2 = gradient = 0;

	// 소벨 Gx 커널 정의
	int gx[3][3] = {-1, 0, 1,
			-2, 0, 2,
			-1, 0, 1};

	// 소벨 Gy 커널 정의
	int gy[3][3] = {1, 2, 1,
			0, 0, 0,
			-1, -2, -1};

	// 커널 컨볼루션 연산
	for(i=1;i<height-1;i++)
	{
		for(j=1;j<width-1;j++)
	{
		for(m=-1;m<=1;m++)
		{
			for(n=-1;n<=1;n++)
			{
				g1 += (int)image[i+m][j+n] * gx[m+1][n+1];
```

```
                    g2 += (int)image[i+m][j+n] * gy[m+1][n+1];
                }
            }

            // 그래디언트 크기 계산
            gradient = Saturation(abs(g1) + abs(g2));
            out_image[i][j] = (unsigned char)gradient;
            g1 = g2 = 0;
        }
    }

    //화면 출력
    ......
}
```

그림 3.3은 잡음이 포함되지 않은 일반영상에 대해 소벨 에지 검출기를 적용한 결과이다. 그림에서 보듯이 픽셀 밝기 값이 차이가 많이 나는 부분 일수록 그래디언트의 크기가 커짐으로 선이 굵고 밝게 나오는 것을 알 수 있다. 에지 결과 영상에 임계값을 적용하여 이진화 시키면 그림 3.3 (c)과 같은 경계선만 검출된 영상을 얻을 수 있다.

(a) 입력 영상 (b) 에지 검출 결과 (c) 임계값 적용 결과(100)

(그림 3.3) 소벨 에지 검출 결과

그림 3.4는 가우시안 잡음을 추가한 영상에 대해 소벨 에지를 검출한 결과이다. 그림에서 볼 수 있듯이 잡음에 굉장히 민감한 것을 볼 수 있다. 이것은 잡음 또한 주변 색상이나 밝기 값과 구분되는 픽셀 값을 가지므로 동일하게 큰 그래디언트를 갖게 되어 에지로 검출되기 때문이다.

(a) 입력 영상　　(b) 에지 검출 결과　　(c) 임계값 적용 결과(150)

(그림 3.4) 잡음이 있는 영상에 대한 소벨 에지 검출 결과

3.2. 영상의 기하학적 변환

영상의 기하학적 변환에는 크기확대 및 축소, 회전, 반사, 이동 변환 등이 있으며, 기하학적 변환의 목적은 픽셀 좌표들의 위치를 변경하여 공간을 재배치함으로써 영상의 해석을 용이하게 하기 위함이다. 즉, 기하학적 변환을 통해 영상을 해석하기에 알맞은 기하학으로 바꿈으로써 영상의 의미를 더 잘 파악할 수 있다.

영상의 기하학적 변환은 수식 3.3과 같이 입력 영상의 픽셀 좌표인 (x_1, y_1)을 결과 영상의 픽셀 좌표인 (x_2, y_2)로 행렬 연산을 통해 매핑(mapping)하고, 입력 영상 좌표에서의 픽셀 값을 구해진 결과 영상 좌표의 픽셀 값으로 복사함으로써 획득된다.

$$\begin{vmatrix} x_2 \\ y_2 \end{vmatrix} = \begin{vmatrix} a_{11} & a_{12} \\ a_{21} & a_{22} \end{vmatrix} \times \begin{vmatrix} x_1 \\ y_1 \end{vmatrix} + \begin{vmatrix} b_1 \\ b_2 \end{vmatrix} \tag{3.3}$$

이 때, (x_1, y_1)에 곱해지는 행렬을 A라 하고 더해지는 벡터를 B라고 할 때, A와 B를 어떻게 정의하느냐에 따라 기하학적 변환 결과가 달라진다.

기하학적 변환 시, 입력 영상의 좌표에 따라 결과 영상의 좌표가 결정되기 때문에 이를 전방향(forward) 매핑이라고 한다. 그러나 전방향 매핑은 홀(hole)과 오버랩(overlap) 문제를 가진다. 홀 문제는 입력 영상의 매핑 결과 좌표가 결과 영상에 존재하지 않는 경우이고, 오버랩 문제는 입력 영상의 다른 두 개의 픽셀 좌표가 결과 영상의 같은 좌표로 매핑 되는 경우이다. 따라서 전방향 매핑의 문제를 해결하기 위해, 결과 영상의 각 픽셀 좌표에 대응되는 입력 영상의 좌표를 역으로 구함으로써 결과 영상을 생성하는 역방향(backward) 매핑이 사용된다. 그림 3.5는 전방향 매핑과 역방향 매핑의 개념을 보여준다.

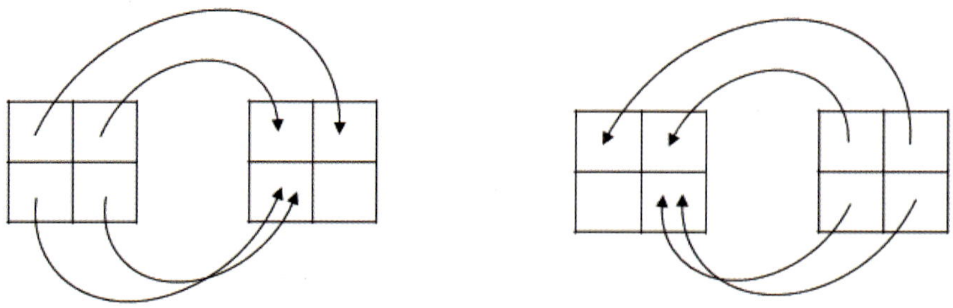

(a) 전방향 매핑 (b) 역방향 매핑

(그림 3.5) 전방향 매핑과 역방향 매핑의 개념

그림 3.5의 (a)는 전방향 매핑으로써, 왼쪽의 입력 영상의 각 픽셀마다 오른쪽 결과 영상으로 매핑을 하게 된다. 이 경우 앞서 설명한 것처럼 결과 영상에 매핑 되는 픽셀이 없는 홀이 발생한다. 따라서 (b)의 역방향 매핑에서는 결과 영상의 각 픽셀마다 입력 영상으로 역매핑 함으로써 전방향 매핑의 문제점을 해결하는 것을 볼 수 있다.

그러나 역방향 매핑 시 좌표값이 소수로 계산되는 경우가 발생하게 된다. 예를 들어, 영상의 크기를 2배로 확대하는 변환의 경우, 결과 영상의 (1,1) 좌표는 입력 영상의 (0.5,0.5) 좌표에 대응되게 된다. 이 경우 어느 좌표로 대응시켜야 할지 문제가 발생한다. 이 문제를 해결하기 위해 주변의 픽셀값들을 분석하여 대응되지 않은 픽셀에 대해 새로운 픽셀값을 생성하는 보간법(interpolation)이 사용된다. 대표적인 보간법으로 최근접 이웃 픽셀 보간법(nearest neighbor interpolation)이 있다.

3.2.1 크기 변환

영상의 기하학적 크기 변환은 영상의 크기를 원 영상보다 축소하거나 확대하는 변환이다. 크기 변환 시 사용되는 행렬 연산은 다음과 같다.

$$\begin{vmatrix} x_2 \\ y_2 \end{vmatrix} = \begin{vmatrix} a & 0 \\ 0 & a \end{vmatrix} \times \begin{vmatrix} x_1 \\ y_1 \end{vmatrix} \tag{3.4}$$

a값에 따라 축소/확대 여부가 결정되는데, a값이 1보다 크면 확대 변환, 1이면 변화가 없으며, 1보다 작으면 축소 변환을 수행한다. a값의 크기에 따라 축소/확대 정도가 결정될 수 있다.

영상 크기 변환방법 중에서 최근접 이웃 픽셀 보간법은 대응되지 않은 결과 영상의 픽셀에 대해, 그 픽셀과 가장 가까운 입력 영상의 픽셀 값으로 복사해서 할당한다. 그림 3.6은 이를 알기 쉽게 보여준다.

2	7
2	7

입력 영상

2	2	7	7
2	2	7	7
2	2	7	7
2	2	7	7

결과 영상

(그림 3.6) 최근접 이웃 픽셀 보간법

이 보간법은 단순히 이웃에 있는 픽셀값을 복사하는 방법으로 처리 속도가 빠르나, 결과가 계단과 같이 보이는 계단 현상(aliasing)이 발생할 수 있는데, 그 이유는 이웃 블록 단위로 밝기값 차이가 급변하기 때문이다. 이를 보완하기 위해 양선형 보간법(bilinear interpolation) 등이 사용된다.

최근접 이웃 픽셀 보간법을 이용하여 크기 변환을 수행하는 코드를 연습해 보자.

(연습 3.2) 최근접 이웃 픽셀 보간법을 이용한 크기 변환

```
void CImageProToolView::OnNearestScaling()
{
    // 영상 읽어오기, 색상 분할하기
    ............
    int i,j,x,y;
    double scale = 2; // 영상 크기 변환 비율(2배 확대)
    int new_height = (int)(height*scale);
    int new_width = (int)(width*scale);

    // 결과 영상 생성
    RGBptr** ptr2= new RGBptr*[new_height];
    for(i = 0 ; i < new_height ; i++ )
   ptr2[i]= new RGBptr [new_width];

    // 크기 변환
    for(i=0;i<new_height;i++)
```

```
    {
    for(j=0;j<new_width;j++)
    {
        x = (int)width*j/new_width;
        y = (int)height*i/new_height;
        ptr2[i][j] = ptr1[y][x];
    }
    }

    //화면 출력을 위한 과정
    .......
}
```

그림 3.7 (b)는 축소 변환을, 3.7 (c)는 확대 변환의 결과를 보여주고 있다. 최근접 이웃 픽셀 보간법은 변환 속도는 매우 빠르지만 확대 비율이 커질수록 계단 현상이 나타나는 단점이 있다.

(a) 입력 영상

(b) 1/2 축소 변환된 영상

(c) 2배 확대 변환된 영상

(그림 3.7) 크기 변환 결과

3.2.2 회전 변환(Rotation)

회전 변환은 일정 각도로 영상을 회전시키는 변환으로써, 기울어진 영상을 보기 좋게 바꾸는데 주로 사용되며 영상의 전처리로 많이 사용되는 변환이다. 회전 변환을 수행하기 위한 유도 과정을 그림 3.8에 나타내었다. 그림에서 보듯이 회전 변환은 (1) 입력 영상을 원점 좌표로 이동시키고, (2) 원점 좌표를 중심으로 θ 각도만큼 회전한 뒤, (3) 다시 원래 좌표로 이동 시키는 과정을 포함한다.

$$\begin{vmatrix} x_{1'} \\ y_{1'} \end{vmatrix} = \begin{vmatrix} x_1 \\ y_1 \end{vmatrix} - \begin{vmatrix} x_0 \\ y_0 \end{vmatrix}$$

$$\begin{vmatrix} x_2 \\ y_2 \end{vmatrix} = \begin{vmatrix} \cos\theta & -\sin\theta \\ \sin\theta & \cos\theta \end{vmatrix} \times \begin{vmatrix} x_{1'} \\ y_{1'} \end{vmatrix}$$

$$\begin{vmatrix} x_{2'} \\ y_{2'} \end{vmatrix} = \begin{vmatrix} x_2 \\ y_2 \end{vmatrix} + \begin{vmatrix} x_0 \\ y_0 \end{vmatrix}$$

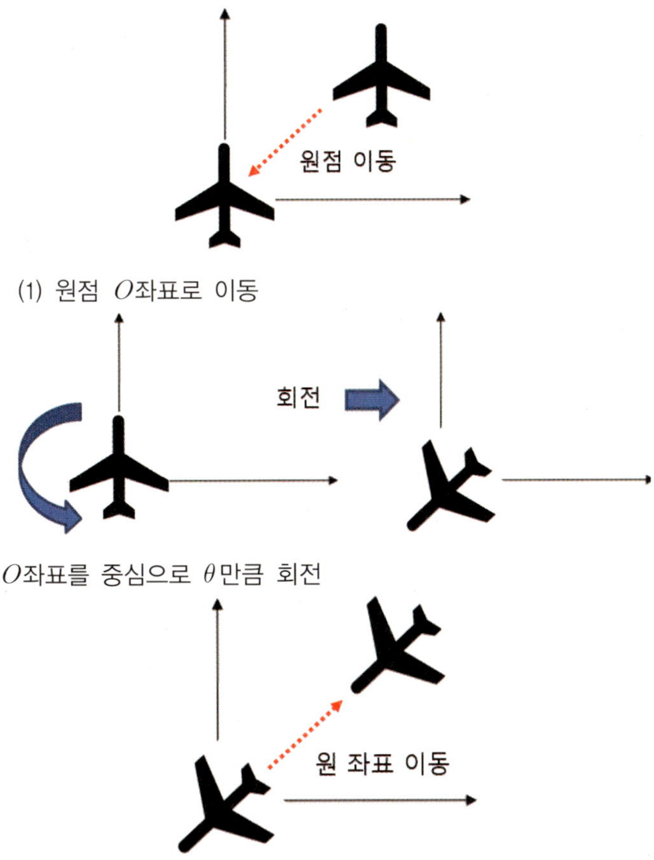

(그림 3.8) 회전 변환의 유도과정

그림 3.8의 3단계 과정을 정리하면 회전 변환을 위한 연산식은 다음과 같이 쓸 수 있다.

$$\begin{aligned} x_2 &= \cos(\theta)\times(x_1 - x_0) - \sin(\theta)\times(y_1 - y_0) + x_0 \\ y_2 &= \sin(\theta)\times(x_1 - x_0) + \cos(\theta)\times(y_1 - y_0) + y_0 \end{aligned} \quad (3.5)$$

위 식에서, (x_0,y_0)는 회전 중심의 좌표이고, (x_1,y_1)은 입력 영상의 좌표이며, (x_2,y_2)는 결과 영상의 좌표이다. θ는 회전 각도이다. 회전 변환 역시 대응되지 않는 픽셀 좌표가 생성되는 것이 가능하다. 따라서 적절한 보간법을 선택하여 회전 변환 시 생기는 홀들을 채워야 한다.

(연습 3.3) 회전 변환

```
void CImageProToolView::OnRotation()
{
    // 영상 읽어 오기, 색상 변환하기
        .........
    // 회전 중심 좌표 설정
    int center_x, center_y;
    center_x = width/2;
    center_y = height/2;

    // 회전 각도 설정(45도)
    double angle = 3.14159265/180*45;
    double x1,y1,x2,y2,a,b;
    int x,y;

    for(i=0;i<height;i++)
    {
            for(j=0;j<width;j++)
            {
                    x1=(j-center_x)*cos(angle);
                    y1=-1*((i-center_y)*sin(angle));
                    x=(int)(x1+y1+center_x);

                    x2=((j-center_x)*sin(angle));
                    y2=(i-center_y)*cos(angle);
                    y=(int)(x2+y2+center_y);

                    if(y < 0 || y >= (height-1) || x < 0 || x >= (width-1))
                            ptr2[i][j].r = ptr2[i][j].g = ptr2[i][j].b = 0;
                    else
                    {
                        ptr2[i][j].r = (double)ptr1[y][x].r;
```

```
                    ptr2[i][j].g = (double)ptr1[y][x].g;
                    ptr2[i][j].b = (double)ptr1[y][x].b;

                }
            }
        }

        //화면 출력을 위한 과정
            ......
    }
```

그림 3.9는 연습 3.3 코드를 이용하여 회전 변환을 수행한 결과이다.

(a) 입력 영상 (b) 45도 회전 결과 (c) 180도 회전 결과

(그림 3.9) 회전 변환 결과

3.2.3 이동 변환(Translation)

이동 변환은 입력 영상의 각 요소들을 결과 영상의 새로운 위치로 매핑 시키는 변환이다. 이동 변환을 수행하는 행렬 연산은 다음과 같다.

$$\begin{vmatrix} x_2 \\ y_2 \end{vmatrix} = \begin{vmatrix} 1 & 0 \\ 0 & 1 \end{vmatrix} \times \begin{vmatrix} x_1 \\ y_1 \end{vmatrix} + \begin{vmatrix} b_1 \\ b_2 \end{vmatrix} \quad (3.6)$$

위 식에서 b_1은 x축 방향으로의 이동 정도를, b_2는 y축 방향으로의 이동 정도를 나타내는 파라미터다.

이동 변환을 통한 새로운 좌표값이 결과 영상의 바깥에 존재할 경우, 이동된 픽셀은 더 이상 원 위치에 존재하지 않으므로 대부분 원 위치의 픽셀값은 검은색으로 채운다.

연습 3.4를 통해 이동 변환을 구현해 보자.

(연습 3.4) 이동 변환

```
void CImageProToolView::OnTranslation()
{
    // 영상 읽어오기, 색상 변환
    ......
    // 이동량 정의(x축 방향으로 50, y축 방향으로 50 이동)
    int b1,b2;
    b1=b2=50;

    for(i=0;i<height;i++)
    {
    for(j=0;j<width;j++)
    {
        // 좌표값을 이동량 만큼 변경
        y=i+b1;
        x=j+b2;

        if ( y < height && x < width )
            ptr2[i][j] = ptr1[y][x];
    }
    }
    //화면 출력을 위한 과정
    .....
}
```

그림 3.10은 x축 방향으로 50, y축 방향으로 50 픽셀만큼 이동한 이동 변환 결과를 보여준다.

(a) 입력 영상

(b) (+50, +50) 만큼 이동한 결과

(그림 3.10) 이동 변환 결과

3장 정 리

1. 에지는 영상 내 물체와 배경 간의 밝기 값 차이(gradient, 기울기)가 갑자기 변하는 지점으로, 이러한 지점을 검출하기 위해서는 수학적으로 미분 연산자를 이용하면 된다. 따라서 대부분의 에지 검출기들은 1차 미분, 2차 미분의 연산을 통해 에지를 검출하게 된다.
2. 미분 연산자를 통해 영상 내 픽셀 밝기 값의 기울기인 그래디언트(gradient)를 구할 수 있으며, 에지 영역은 그래디언트가 급한 영역이기 때문에 그래디언트 크기 값이 큰 곳을 에지로 검출할 수 있다.
3. 에지 검출 알고리즘을 구현할 때는 직접 미분 값을 계산하기 보다는 미분 역할을 하는 커널(kernel)을 정의하여 컨볼루션(convolution) 연산을 하는 것이 일반적이다.
4. 에지 검출 알고리즘에는 기본적으로 많이 사용되는 로버트 크로스 에지 검출기(Roberts Cross Edge Detector), 소벨 에지 검출기(Sobel Edge Detector), 프르윗 에지 검출기(Prewitt Edge Detector), 캐니 에지 검출기(Canny Edge Detector), 라플라시안 에지 검출기(Laplacian Edge Detector)등이 있다.
5. 소벨 에지 검출기는 여러 에지 검출기에서 가장 많이 사용되는 방법으로 소벨 커널은 1차 미분 연산자로 축 방향의 미분을 수행하는 커널과 축 방향의 미분을 수행하는 커널을 동시에 적용한다.
6. 소벨 에지 검출기는 가로 방향과 세로 방향의 에지를 검출하는 데 유용하지만, 잡음에 민감한 특성을 가지고 있다.
7. 영상의 기하학적 변환에는 크기, 회전, 반사, 이동 변환 등이 있으며, 기하학적 변환의 목적은 픽셀 좌표들의 위치를 변경하여 공간을 재배치함으로써 영상의 해석을 용이하게 하기 위함이다. 즉, 기하학적 변환을 통해 영상을 해석하기에 알맞은 기하학으로 바꿈으로써 영상의 의미를 더 잘 파악할 수 있다.
8. 전방향 매핑은 홀(hole)과 오버랩(overlap) 문제를 가진다. 따라서 전방향 매핑의 문제를 해결하기 위해, 결과 영상의 각 픽셀 좌표에 대응되는 입력 영상의 좌표를 역으로 구함으로써 결과 영상을 생성하는 역방향(backward) 매핑이 사용된다.
9. 영상의 기하학적 크기 변환은 영상의 크기를 원 영상보다 축소하거나 확대하는 변환이다.
10. 영상 크기 변환방법 중에서 최근접 이웃 픽셀 보간법은 대응되지 않은 결과 영상의 픽셀에 대해, 그 픽셀과 가장 가까운 입력 영상의 픽셀 값으로 복사해서 할당한다.
11. 회전 변환은 일정 각도로 영상을 회전시키는 변환으로써, 기울어진 영상을 보기 좋게 바꾸는 데 주로 사용되며 영상의 전처리로 많이 사용되는 변환이다. 이동 변환은 입력 영상의 각 요소들을 결과 영상의 새로운 위치로 매핑 시키는 변환이다.

연습문제

1. 컬러 영상에 대해 소벨 에지 검출 알고리즘을 적용하고 다음의 결과를 비교/분석 하시오.

1) 그레이 영상으로 변환하여 수행한 경우와 RGB 각 색상 성분에 대해 각각 수행 하고 다시 원래 영상으로 복원한 경우 비교

2. 전방향 매핑으로 영상을 확대 시 킨 후, 홀(hole)문제나 오버랩(overlap) 문제가 발생하는지 확인해 보고 그 원인을 분석하여 보시오.

3. 영상에 대해서 다음 조건을 만족시키도록 이동, 크기 변환, 회전을 적용하는 프로그램을 작성하시오.

- 변환은 "회전 -> 이동 -> 크기 축소" 순으로 진행하시오.

- 영상의 회전은 영상의 중심점 좌표를 기준으로 회전하시오.

참고문헌

[1] 고병철, 'Visual C++기반의 의료영상처리 프로그래밍' 그린출판사, 2011

4. 영상의 모폴로지(Morphology) 기법

4.1. 영상의 모폴로지(Morphology) 기법

영상에서 모폴로지(Morphology, 형태학)기법이란 특정한 형태의 모폴로지 구조 요소(structuring element)를 이용하여 영상 안에 포함된 객체의 영역을 팽창(dilation)시키거나 침식(erosion)시키는 등의 형태 변화를 이끌어 낼 수 있는 영상처리 기법을 말한다.

모폴로지 연산은 이진(혹은 그레이)영상과 구조 요소를 입력으로 받고 연산 집합(교집합, 합집합, 포함, 여집합)을 이용하여 이진 영상과 구조요소를 결합하는 방식을 취한다. 연산의 대상이 되는 영상은 일반적으로는 이진 영상이지만 그 외에도 그레이 스케일 영상이 사용된다.

모폴로지 연산에서 구조 요소(structuring element)는 종종 커널(kernel)이라고도 불린다. 그러나 본 장에서는 컨볼루션(convolution)에서 사용되는 커널의 개념과의 혼동을 피하기 위해서 구조 요소라는 용어만을 사용하기로 하겠다. 구조 요소는 그림 4.1과 같이 특정 구조를 지닌 마스크 형태로, 원으로 표시된 화소는 각 구조 요소의 원점(origin)을 나타낸다. 구조 요소가 영상에 적용되는 방식은 커널의 방식과 유사하다.

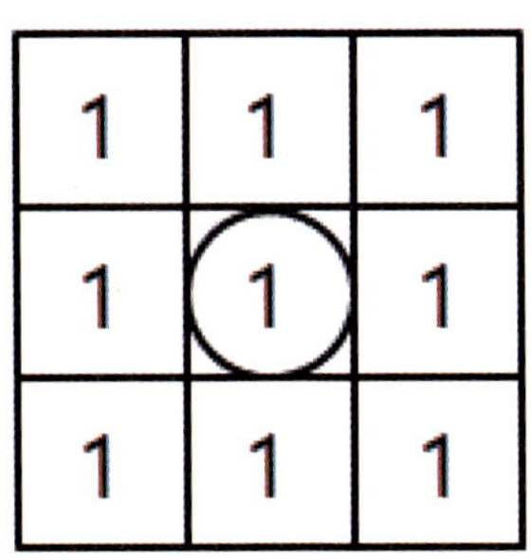

(그림 4.1) 3 × 3 크기 구조 요소의 예

모폴로지 연산은 이진화 영상과 그레이 영상에 적용 가능하다. 하지만 이진화 영상에 적용되는 알고리즘과 그레이 영상에 적용되는 알고리즘이 다름으로 주의해야 한다. 본 교재에서는 이진화 영상에 대한 모폴로지 기법에 대해서만 알아보도록 한다.

4.1.1 모폴로지 팽창 연산(Dilation)

이진영상에서 팽창 연산(dilation)은 모폴로지(mathematical morphology)에 쓰이는 대표적인 기본적 연산 중 하나로 그림 4.2 와 같이 객체의 전경 영역을 테두리 외각 방향으로 확장시키는 기능을 한다.

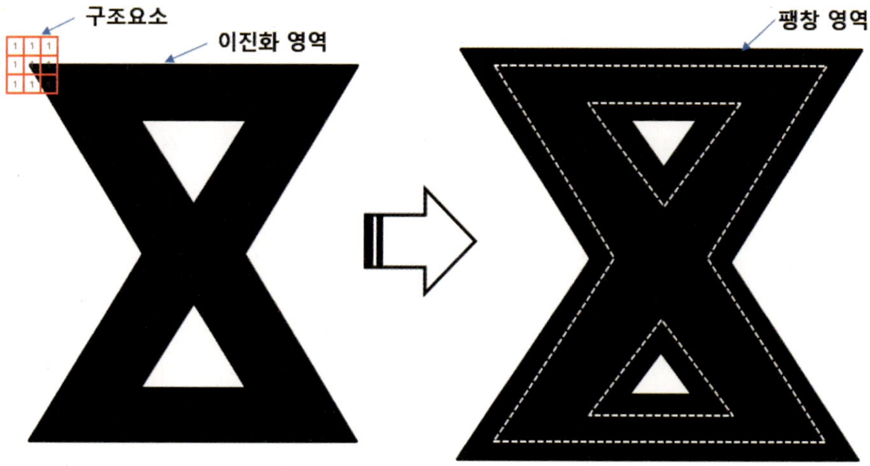

(그림 4.2) 이진 영상에 대한 팽창 연산

이를 수학적으로 표현하면 다음과 같다.

$$X \oplus S = \{x | S_x \cap X \neq \varnothing\} \tag{4.1}$$

X는 입력되는 영상에 해당하는 유클리디안(euclidean) 좌표들을 표시하며, S는 구조 요소의 좌표 집합을 표시하고 있다. S_x는 구조 요소의 원점의 좌표가 x가 되도록 이동(translation)시킨 S를 뜻한다. 따라서 팽창 연산의 결과는 S를 이동시켰을 때 X의 전경 영역과 겹치는 부분이 존재하는 S의 원점들의 집합이 된다.

그림 4.3을 통해 간단한 예를 들어보자. 입력 영상 (a)에 간단한 3×3 구성 요소 (c)를 적용하면 (b)와 같이 전경이 모든 방향으로 한 화소씩 증가하는 것을 확인할 수 있다. 이 같은 결과는 구성 요소의 크기나 각 좌표에서의 값, 원점 등이 바뀌면 다른 결과가 나오게 된다.

0	0	0	0	0	0	0	0	0	0	0
0	0	0	1	1	1	1	0	0	0	0
0	1	1	1	1	1	1	1	0	0	0
0	1	1	0	0	1	1	1	0	0	0
0	1	1	0	0	0	0	1	1	0	0
0	1	1	0	0	0	1	1	1	0	0
0	0	1	1	0	0	1	1	0	0	0
0	0	1	1	1	1	1	1	0	0	0
0	0	0	1	1	1	0	0	0	0	0
1	0	0	0	0	0	0	0	0	0	0
1	0	0	0	0	0	0	0	0	0	1

(a)

0	0	1	1	1	1	1	1	0	0	0
1	1	1	1	1	1	1	1	1	0	0
1	1	1	1	1	1	1	1	1	0	0
1	1	1	1	1	1	1	1	1	1	0
1	1	1	1	1	1	1	1	1	1	0
1	1	1	1	1	1	1	1	1	1	0
1	1	1	1	1	1	1	1	1	1	0
0	1	1	1	1	1	1	1	1	0	0
1	1	1	1	1	1	1	1	1	0	0
1	1	1	1	1	1	1	0	0	1	1
1	1	0	0	0	0	0	0	0	1	1

(b)

1	1	1
1	1	1
1	1	1

{ (-1, -1), (0, -1), (1, -1),
(-1, 0), (0, 0), (1, 0),
(-1, 1), (0, 1), (1, 1) }

(c)

(그림 4.3) 팽창 연산의 예. (a) 원 영상 (b) 구성 요소를 적용한 결과 영상 (c) 구조 요소

그림 4.4는 실제 이진 영상을 이용한 팽창 연산 결과를 나타내고 있다. 팽창 연산은 그림 4.4 (d)의 결과와 같이 반복적으로 적용할 수 있는데 반복됨에 따라 전경의 테두리 영역이 확장되면서 동시에 내부의 홀(hole)들이 채워지는 것을 알 수 있다. 이 때 주의해서 볼 점은 구조 요소의 모양이 정사각형이므로 팽창 연산이 반복될수록 전경 객체 모양이 완만한 곡선에서 모서리가 각진 모양으로 변화되어간다는 것이다. 따라서 전경 객체의 모양을 부드럽게 유지하기 위해서는 각 객체의 특성에 맞는 구조 요소를 설계하는 것이 중요하다.

(a)

(b)

(c)

(d)

(그림 4.4) 모폴로지 팽창 연산 적용의 예 (a) 원 영상, (b) 임계값 적용(red>190) 후 이진화 영상, (c) 팽창 연산 1회 적용 결과, (d) 팽창 연산 3회 적용 영상

지금까지 배운 내용을 토대로 아래와 같이 이진 영상에 대한 모폴로지 팽창 연산 프로그램을 코딩하고 그 결과를 확인해 보자.

(연습 4.1) 이진 영상에 대한 모폴로지 팽창 연산하기

```
void CImageProToolView::OnBinaryDilation()
{
    //영상 읽어오기
    //영상 색상 분할하기
      ......
     for(i=0;i<height;i++)
         for(j=0;j<width;j++)
             image[i][j]=
                       (BYTE)Saturation((ptr1[i][j].r+ptr1[i][j].g+ptr1[i][j].b)/3);

     for(i=0; i<height; i++ )//이진 영상화
     {
         for (j=0; j<width; j++ )
         {
             if(image[i][j]>150)
                tmp_image[i][j] = 255;
             else
                tmp_image[i][j]=0;
         }
     }
```

```
      for(i=1; i<height-1; i++ )//3×3 구성 요소를 이용한 팽창 연산
   {
      for (j=1; j<width-1 ; j++ )
      {
         if( tmp_image[i-1][j-1]==0 && tmp_image[i-1][j]==0 &&
                   tmp_image[i-1][j+1]==0 && tmp_image[i][j-1]==0 &&
                   tmp_image[i][j+1]==0 && tmp_image[i+1][j-1]==0 &&
                   tmp_image[i+1][j]==0 && tmp_image[i+1][j+1]==0 )
                image[i][j]=0;
         else
                   image[i][j]=255;
      }
   }

   // 출력 파일로 복사
      .....
   //화면 출력을 위한 과정
      .....
}
```

4.1.2 모폴로지 침식 연산(Erosion)

이진 영상에 대한 모폴로지 침식 연산(erosion)은 그림 4.5와 같이 이진 영상에 구조 요소를 적용하여 전경 영역을 테두리에서부터 내부 방향으로 침식 시키는 역할을 한다.

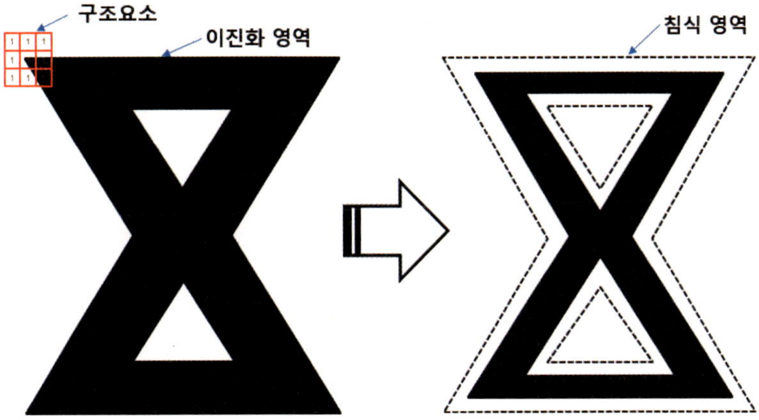

그림 (4.5) 이진 영상에 대한 침식 연산

이진 영상에 대한 침식 연산을 수식으로 표현하면 다음과 같다.

$$X \ominus S = \{x | S_x \subseteq X\} \tag{4.2}$$

X는 입력된 이진 영상의 좌표 집합을 뜻하며 S는 구조 요소의 좌표 집합을 뜻한다. S_x는 S의 원점을 x로 이동시킨 좌표 집합을 뜻한다. 따라서 침식 연산의 결과는 S_x의 모든 좌표가 X에 포함되도록 이동시킨 x들의 집합이 된다.

침식 연산에 대한 간단한 예가 그림 4.6에 나타나있다. 그림 4.6의 (c)와 같은 구조 요소를 사용하여 침식 연산을 한 결과 팽창 연산과는 반대로 전경 영역이 모든 방향에 대하여 한 화소씩 줄어든 것을 확인할 수 있다.

0	0	1	1	1	1	0	0	0	0	0
1	1	1	1	1	1	1	1	1	0	0
1	1	1	1	1	1	1	1	1	1	0
1	1	1	0	0	1	1	1	1	1	1
1	1	1	0	0	0	0	1	1	1	1
1	1	1	0	0	0	1	1	1	0	1
1	1	1	1	0	0	1	1	1	0	0
0	1	1	1	1	1	1	1	1	0	0
0	1	1	1	1	1	1	0	0	0	0
1	0	0	1	1	1	1	0	0	0	0
1	0	0	0	0	1	1	1	0	0	0

(a)

0	0	0	0	0	0	0	0	0	0	0
0	0	0	1	1	0	0	0	0	0	0
0	1	0	0	0	0	1	1	0	0	0
0	1	0	0	0	0	0	0	1	0	0
0	1	0	0	0	0	0	0	0	0	0
0	1	0	0	0	0	0	0	0	0	0
0	0	0	0	0	0	0	1	0	0	0
0	0	1	0	0	0	0	0	0	0	0
0	0	0	0	1	1	0	0	0	0	0
0	0	0	0	0	0	0	0	0	0	0
0	0	0	0	0	0	0	0	0	0	0

(b)

1	1	1
1	1	1
1	1	1

{ (-1, -1), (0, -1), (1, -1),
(-1, 0), (0, 0), (1, 0),
(-1, 1), (0, 1), (1, 1) }

(c)

(그림 4.6) 침식 연산의 예. (a) 원 영상 (b) 구성 요소를 적용한 결과 영상 (c) 구조 요소

이것을 실제 이진 영상에 적용해보면 그림 4.7과 같은 결과를 얻는다. 그림 4.7에서 (c)는 임계값 적용 후 이진 영상에 대해서 침식 연산을 1회 적용한 결과이고, (d)는 침식 연산을 3회 적용한 영상이다. 결과 그림에서 보듯이 (c) 결과에서는 객체의 외부 영역이 줄어듦과 동시에 내부에 있는 구멍의 크기도 증가하는 것을 확인할 수 있다.

(a) (b)

(c) (d)

(그림 4.7) 모폴로지 침식 연산 적용의 예 (a) 원 영상, (b) 임계값 적용(red〉190) 후 이진화 영상, (c) 침식 연산 1회 적용 결과, (d) 침식 연산 3회 적용 영상

침식 연산은 여러 물체가 접해있는 경우, 각각의 물체들을 분리하는데 유용하게 사용될 수 있다. 그림 4.8의 (a)와 같이 원형의 물체들이 서로 접해있을 경우, 전경 영역에 침식 연산을 수행하면 그림 4.8 (b)와 같이 분리할 수 있다. 이 때 침식 연산의 구조 요소의 크기에 따라 전경 물체의 형태에 왜곡이 발생할 수 있음을 주의해야 한다.

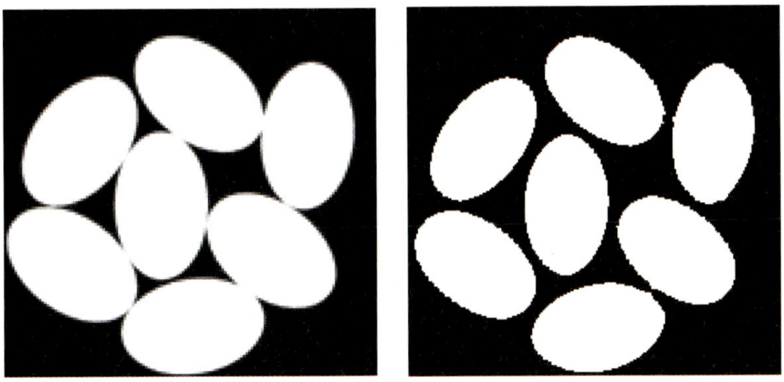

(a) (b)

(그림 4.8) 원 영상 (a)에 3x3 크기의 정사각형 구조 요소를 적용 시킨 결과 (b)

침식 연산을 프로그램 코드로 구현하여 그 결과를 확인해보자.

(연습 4.2) 이진 영상에 대한 모폴로지 침식 연산하기

```
void CImageProToolView::OnBinaryErosion()
{
   // 영상 읽어 오기
       ....
    // 색상 분할 하기

   for(i=0;i<height;i++)
       for(j=0;j<width;j++)
           image[i][j]=
                       (BYTE)Saturation((ptr1[i][j].r+ptr1[i][j].g+ptr1[i][j].b)/3);

   for(i=0; i<height; i++ )//이진 영상화
   {
       for (j=0; j<width; j++ )
       {
           if(image[i][j]>150)
              tmp_image[i][j] = 255;
           else
              tmp_image[i][j] = 0;
       }
   }

    for(i=2; i<height-2; i++ )
    {
     for (j=2; j<width-2; j++ )
     {
      if( tmp_image[i-1][j-1]==255 && tmp_image[i-1][j]==255 &&
                tmp_image[i-1][j+1]==255 && tmp_image[i][j-1]==255 &&
                tmp_image[i][j+1]==255    && tmp_image[i+1][j-1]==255 &&
                tmp_image[i+1][j]==255 && tmp_image[i+1][j+1]==255   )
             image[i][j]=255;
        else
             image[i][j]=0;
       }
   }
```

```
    // 출력 파일로 복사
    .....

    //화면 출력을 위한 과정
    .....
}
```

4.1.3 모폴로지 열림 연산(Opening)과 닫힘(Closing) 연산

이진 영상에 대한 열림 연산(opening)은 침식 연산을 먼저 적용하고 다시 팽창 연산을 적용하는 방법으로 전경 영역을 깎아내기 위하여 사용한다. 그러나 단순히 전경영역을 깎아내는 침식 연산과는 다르게 구조 요소와 유사한 형태의 전경을 선택적으로 보존하면서 나머지 부분을 깎아내는데 사용된다.

이진 영상에 대한 열림 연산은 수학적으로 다음과 같이 표현할 수 있다.

$$X \circ S = (X \ominus S) \oplus S \tag{4.3}$$

열림 연산의 결과 전경의 테두리가 구조 요소의 특징에 따라 변화되었다. 이 경우 특별한 성질을 확인할 수 있는데 열림 연산의 결과로 새롭게 얻어진 전경의 테두리는 열림 연산을 반복적으로 적용하여도 변하지 않는 것을 확인할 수 있다. 이러한 성질을 멱등성(idempotence)이라고 한다.

그림 4.9는 실제 이진 영상에 대해서 3x3 크기의 구조요소를 이용하여 열림 연산을 적용한 예이다. 그림에서 보는 것과 같이 이진 영상에서 발생하는 잡음들이 효과적으로 제거되면서 동시에 원 영역의 형태가 유지된 것을 알 수 있다.

(a)

(b)

(c)

(d)

(그림 4.9) 모폴로지 열림 연산 적용의 예 (a) 원 영상, (b) 임계값 적용(red>150) 후 이진화 영상, (c) 열림 연산 1회 적용 결과, (d) 열림 연산 3회 적용 영상

열림 연산과 마찬가지로 이진 영상에 대한 모폴로지 닫힘 연산(closing)은 열림 연산과는 반대로 팽창 연산(⊕) 이후에 침식 연산(⊖)을 진행한다. 닫힘 연산은 전경 영역을 확장하는 결과를 가져오지만 모든 전경의 경계 영역을 확장하는 것이 아니라 구조 요소의 특징에 따라 확장되는 영역에 변화가 생길 수 있다. 이진 영상에 대한 닫힘 연산을 적용 하면, 영역의 외부에는 변화가 없지만 내부 영역은 구조 요소에 따라 채워진 결과를 볼 수 있다.

그림 4.10의 결과에서 볼 수 있듯이, 이진 영상에 대한 닫힘 연산은 이진 영상에서 작은 구멍을 채우고자 하는 경우에 효과적으로 사용될 수 있다. 이때 사용되는 구성 요소의 크기는 제거하고자하는 전경의 구멍 크기보다 크고 보존하고자 하는 구멍의 크기보다 작아야한다. 하지만 (c)의 결과에서 독립된 두 개의 객체 영역이 구조요소의 크기에 의해 팽창 연산되는 과정에서 붙어 버리는 결과를 가져 올 수도 있으므로, 목적에 맞게 적절한 크기의 구조 요소를 설계하여야 한다.

(a)

(b)

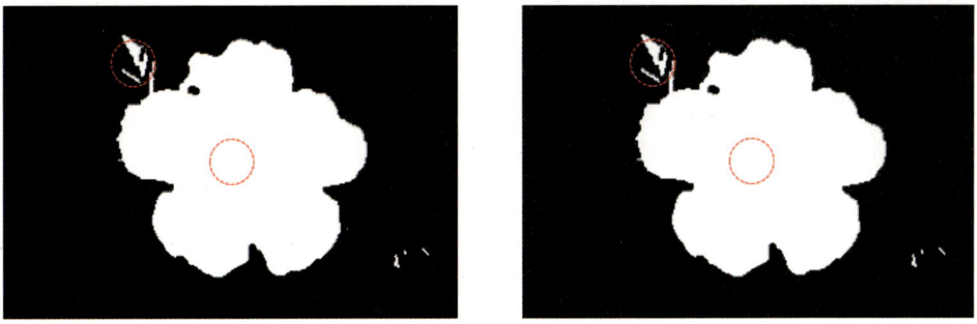

(c) (d)

(그림 4.10) 모폴로지 닫힘 연산 적용의 예 (a) 원 영상, (b) 임계값 적용(red>120) 후 이진화 영상, (c) 닫힘 연산 1회 적용 결과, (d) 닫힘 연산 3회 적용 영상

4.2. 영역 레이블링(Labeling)

우리는 지금까지 잡음이 섞여 있는 영상을 개선시키고 영상으로부터 영역(region, area)을 임의의 임계값이나 전역 이진화 방법으로 분할(segmentation)하는 방법을 배웠다. 각각 세그멘테이션 된 영역에 대해서 모폴로지 연산을 통해 영역 내에 포함된 홀을 채우거나 주변에 남아 있는 잡음성 영역들도 제거 할 수 있었다. 이제는 각 영역이 어떤 의미 있는 객체인지를 판단할 필요가 있다. 이러한 판단을 위해서는 아래와 같은 추가적인 작업이 필요하다.

① 영역을 구분하여 판단하기 위한 영역 레이블링(region labeling)
② 각 영역에서 영역을 대표하는 특징 벡터 추출
③ 특징 벡터를 유사한 단위 범위로 한정시키기 위한 특징 정규화(feature normalization)
④ 패턴 분류 알고리즘, 인공 신경망 알고리즘을 이용한 영역 분류(예, 꽃, 나무, 사람 등)

영상을 이진화 시키고 모폴로지 연산을 적용한 상태에서 각 영역이 어떤 클래스에 속하는지를 판단하기 전에 먼저 각 영역을 의미 있는 하나의 객체로 구분 짓는 필수적인 작업이 바로 영역 레이블링이다.

영역(혹은, connected component)이란 각 픽셀들이 서로 다른 픽셀들과 연결되어 있는 픽셀들의 집합을 의미하는 것으로, 영상을 스캔하여 픽셀 간의 연결성을 살펴보고 연결되어 있는 픽셀들을 같은 영역으로 그룹화 한 것을 말한다. 이렇게 그룹화 된 영역의 수를 세어 영상 안에 포함된 영역의 개수를 알 수 있다. 그림 4.11에서 보는 것과 같이 영역 (혹은 connected component) 레이블링 알고리즘은 픽셀들의 연결성을 체크하여 모든 연결된 영역을 찾고, 같은 영역에 해당하는 모든 픽셀에 각각 다른 레이블 값을 설정하는 방법이다.

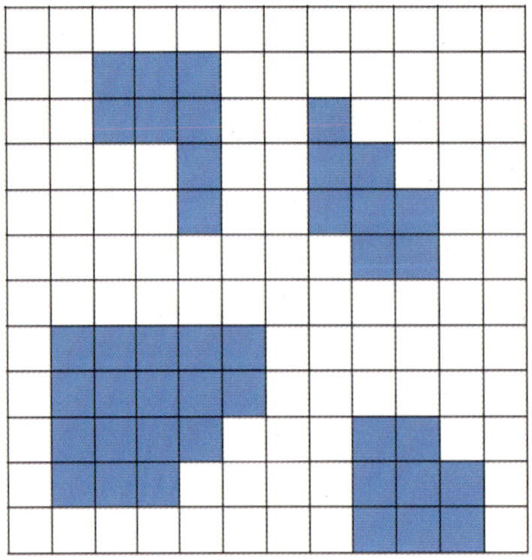

		1	1	1							
		1	1	1			2				
				1			2	2			
				1			2	2	2		
								2	2		
	3	3	3	3	3						
	3	3	3	3	3						
	3	3	3	3				4	4		
	3	3	3					4	4	4	
								4	4	4	

(그림 4.11) 이진 영상과 (좌) 영역 레이블링 결과 (우)

영역 레이블링을 위해 가장 많이 사용되는 방법은 순차적 레이블링(sequential labeling) 알고리즘이다. 4.2.1에서 순차적 레이블링 알고리즘에 대해 보다 자세히 알아보도록 하자.

4.2.1 순차적 레이블링 알고리즘(Sequential Labeling Algorithm)

순차적 레이블링 알고리즘은 그림 4.12와 같이 현재 픽셀을 기준으로 4개의 이웃하는 점들의 레이블을 고려하여 현재 자신의 레이블 값을 결정한다. 하지만 실제로 현재 픽셀의 레이블을 결정하기 위해 참고하는 픽셀은 좌측(i) 픽셀과 위쪽 (ii) 픽셀이다.

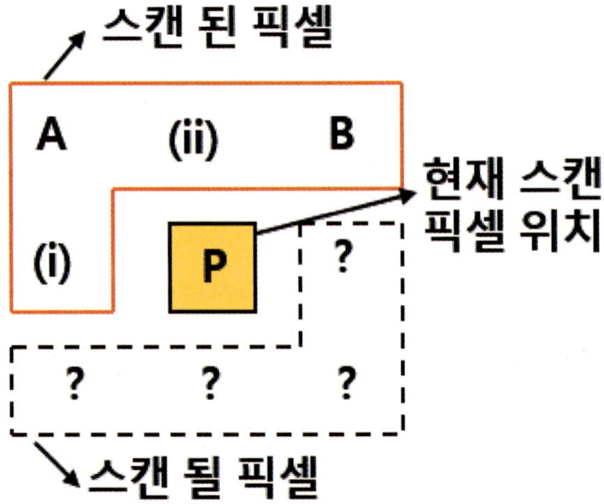

(그림 4.12) 4 이웃을 이용한 순차적 레이블링 알고리즘

순차 레이블링 알고리즘의 구현 순서는 다음과 같다.

알고리즘 4.1 순차 레이블링 알고리즘

1) 영상을 좌측에서 우측으로, 위에서 아래로 스캔

2) 만약 현재 픽셀이 0이 아니면
   2-1) 현재 픽셀의 위 또는 왼쪽 이웃 픽셀 중 하나만 레이블을 가졌다면 현재 픽 셀은 레이블을 가진 픽셀과 같은 값으로 설정
   2-2) 만약 두 픽셀 모두 같은 레이블을 가졌다면 해당 레이블로 설정
   2-3) 만약 두 픽셀 모두 다른 레이블을 가졌다면,
      ① 두 레이블 중에서 작은 번호의 레이블을 지정하고
      ② 두 레이블 중에서 큰 번호의 레이블이 작은 번호의 레이블을 가리키도록 등가 테이블(Equivalence Table)을 조정 (그림 4.13) (b)~(g)

3) 등가 테이블의 번호와 레이블이 일치하지 않을 경우 등가 테이블을 수정 (그림 4-13) (h)

4) 수정된 등가 테이블에 따라 레이블 영상을 수정 (그림 4.13) (i)

5) 등가 테이블을 레이블이 순차적으로 증가하도록 재 정렬 (그림 4.13) (j)

6) 정렬된 최종 등가 테이블에 맞게 레이블 영상을 최종 수정 (그림 4.13) (k)

입력 영상

0	1	1	0	1
0	1	0	0	1
0	0	0	1	1
1	0	1	1	1

(a)

0	1	1	0	?
0	*	0	0	*
0	0	0	*	*
*	0	*	*	*

등가 테이블

1	1

(b)

0	1	1	0	2
0	1	0	0	2
0	0	0	?	*
*	0	*	*	*

등가 테이블

1	1
2	2

(c)

0	1	1	0	2
0	1	0	0	2
0	0	0	3	?
*	0	*	*	*

등가 테이블

1	1
2	2
3	3

(d)

0	1	1	0	2
0	1	0	0	2
0	0	0	3	2
*	0	*	*	*

등가 테이블

1	1
2	2
3	2

(e)

0	1	1	0	2
0	1	0	0	2
0	0	0	3	2
4	0	5	?	*

등가 테이블

1	1
2	2
3	2
4	4
5	5

(f)

0	1	1	0	2
0	1	0	0	2
0	0	0	3	2
4	0	5	3	2

등가 테이블

1	1
2	2
3	2
4	4
5	3

(g)

등가 테이블 재조정(1)

1	1
2	2
3	2
4	4
5	2

(h)

0	1	1	0	2
0	1	0	0	2
0	0	0	2	2
4	0	2	2	2

새로운 등가 테이블로 레이블 번호 재 설정

(i)

등가 테이블 재조정(2)

1	1
2	2
3	2
4	3
5	2

(j)

0	1	1	0	2
0	1	0	0	2
0	0	0	2	2
3	0	2	2	2

최종 등가 테이블로 레이블 번호 재 설정

최종 등가 테이블

1	1
2	2
3	2
4	3
5	2

(k)

(그림 4.13) 순차적 레이블링 알고리즘 단계

위 알고리즘을 이용하여 순차적 레이블링 알고리즘의 프로그램 코드를 작성해보자.

(연습 4.3) 순차적 레이블링

```
void CImageProToolView::OnConnectedLabeling()
{
    // 영상 불러오기
        .....
```

```
// 색상 분할하기
     .....
//레이블링에서 제거할 최소 영역(잡음)의 크기
int minRegionCount=10;

int** Label = new int*[height];
for( i = 0 ; i < height ; i++ )
{
     Label[i] = new int[width];
     memset(Label[i], 0, sizeof(int)*width);
}

int num, left, top, k;
int *r, *area;
r = new int[height*width];
area = new int[width*height];
memset(r, 0, sizeof(int)*height*width);
memset(area, 0, sizeof(int)*height*width);

//임의의 값으로 이진화
//영상 이진화 결과를 바탕으로 레이블링 메모리 초기화
for(i = 0 ; i < height ; i++)
          for(j = 0 ; j < width ; j++)
                    if(image[i][j]>128){ Label[i][j] = 0;}
                    else {Label[i][j] = -1;}

//영상의 가장자리는 레이블링하지 않도록 설정
for (j = 0 ; j < width ; j++) {
          Label[0][j] = -1;
          Label[height-1][j] = -1;
}
for (i = 0 ; i < height ; i++) {
          Label[i][0] = -1;
          Label[i][width-1] = -1;
}

num = 0; //최초 레이블링 값
for (i = 0; i < height; i++) {
  for (j = 0; j < width; j++) {
    if (i > 0 && j > 0) {
```

```
        // 스캔하여 0보다 큰 값이 나오면
        if (Label[i][j] >= 0) {
         left = Label[i][j-1]; //왼쪽과
         top = Label[i-1][j];  //위쪽 레이블을 살펴봄
         if (left == -1 && top != -1) {  //위쪽만 레이블이 있다면
                //해당 픽셀을 위쪽 레이블 값으로 설정
           Label[i][j] = r[top];
        }
        //왼쪽만 레이블이 있다면
        else if (left != -1 && top == -1) {
             //해당 픽셀을 왼쪽 레이블 값으로 설정
              Label[i][j] = r[left];
        }
        //둘 다 값이 없다면
        else if (left == -1 && top == -1) {
                num++;  //레이블 번호를 하나 증가
                //레이블 번호를 등가 테이블에 저장
                r[num] = num;
                //등가 테이블의 값으로 레이블링
                Label[i][j] = r[num];
                  }

//둘 다 값이 있다면 1) 같은 값이면 좌측의 값으로, 2) 아니면 작은 쪽의 값으로
// 변경
    else if (left != -1 && top != -1) {
           if (r[left] == r[top]) {
                  Label[i][j] = r[left];
            }
           else if (r[left] > r[top]) {
                  Label[i][j] = r[top];
                  r[left] = r[top];
           }
           else {
                  Label[i][j] = r[left];
                  r[top] = r[left];
                  }
        }
  }
}
  }
```

```
}
for (k = 0; k <num; k++) { //레이블 재정리
//k와 해당 레이블링 번호가 같지 않다면 새롭게 설정
        if (k != r[k]) r[k] = r[r[k]];
        area[k] = 0;
}

for(i = 0 ; i < height; i++)
        for(j = 0 ; j < width ; j++) {
                if(Label[i][j] > -1) {
                        //새로운 레이블 값으로 다시 설정
                          Label[i][j] = r[Label[i][j]];

                        // 각 레이블 영역의 개수 구하기
                          area[Label[i][j]]++;
                }
        }

int cnt=0;
for (k = 0; k < num; k++) {
        //영역의 개수가 임계값 이하인 영역은 제거하고 레이블 번호 다시 부여
         if (area[k] >= minRegionCount) r[k] = cnt++;
         else r[k] = -1;
}

for(i = 0 ; i < height; i++)
        for(j = 0 ; j < width ; j++) {
                if(Label[i][j] >= 0)
                          //각 영역에 레이블 번호 다시 부여하기
                          Label[i][j] = r[Label[i][j]];
        }

//화면 출력을 위한 과정
//메모리 삭제하기
.......
//레이블 개수 출력
CString str;
str.Format(_T("레이블 개수 = %d"),cnt);
AfxMessageBox(str);
//화면에 결과 출력하기
```

```
    .....
}
```

그림 4.14 (c)는 연습 4.3의 코드를 실행하여 얻은 결과이다. 작은 영역은 제거하고 영역의 크기가 10 픽셀 이상인 12개의 영역들에 대해서만 색상을 달리하여 표시 하였다.

(a)

(b)

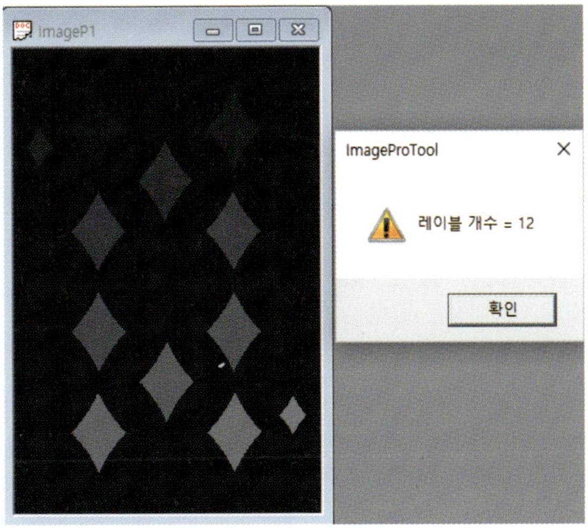

(c)

(그림 4.14) 순차적 레이블링 알고리즘 결과 (a) 입력 영상, (b) 이진화 결과, (c) 레이블링 결과

4장 정 리

1. 영상에서 모폴로지(Morphology, 형태학)기법이란 특정한 형태의 모폴로지 구조 요소(structuring element)를 이용하여 영상 안에 포함된 객체의 영역을 팽창(dilation)시키거나 침식(erosion) 시키는 등의 형태 변화를 이끌어 낼 수 있는 영상처리 기법을 말한다.
2. 이진영상에서 팽창 연산(dilation)은 모폴로지(mathematical morphology)에 쓰이는 대표적인 기본적 연산 중 하나로 전경 영역을 테두리의 외각 방향으로 확장시키는 기능을 한다.
3. 팽창 연산은 반복적으로 적용할 경우전경의 테두리 영역이 확장되면서 동시에 내부의 홀(hole)들이 채워지는 효과를 얻을 수 있다.
4. 이진 영상에 대한 모폴로지 침식 연산(erosion)은 이진 영상에 구조 요소를 적용하여 전경 영역을 테두리에서부터 내부 방향으로 침식 시키는 역할을 한다.
5. 침식 연산은 여러 물체가 접해있는 경우, 각각의 물체들을 분리하는데 유용하게 사용될 수 있다.
6. 이진 영상에 대한 열림 연산(opening)은 침식 연산을 먼저 적용하고 다시 팽창 연산을 적용하는 방법으로 전경 영역을 깎아내기 위하여 사용한다. 그러나 단순히 깎아내는 침식 연산과는 다르게 구조 요소와 유사한 형태의 전경을 선택적으로 보존하면서 나머지 부분을 깎아내는데 사용된다.
7. 이진 영상에 대한 모폴로지 닫힘 연산(closing)은 열림 연산과는 반대로 순서적으로 팽창 연산 이후에 침식 연산을 진행한다.
8. 닫힘 연산은 전경 영역을 확장하는 결과를 가져오지만 모든 전경의 경계 영역을 확장하는 것이 아니라 구조 요소의 특징에 따라 확장되는 영역에 변화가 생길 수 있다. 이진 영상에 대한 닫힘 연산을 적용 하면, 영역의 외부에는 변화가 없지만 내부 영역은 구조 요소에 따라 채워진 결과를 볼 수 있다.
9. 영상을 이진화 시키고 모폴로지 연산을 적용한 상태에서 각 영역이 어떤 클래스에 속하는지를 판단하기 전에 먼저 각 영역을 의미 있는 하나의 객체로 구분 짓는 작업이 바로 영역 레이블링이다.
10. 순차적 레이블링 알고리즘은 현재 픽셀을 기준으로 4개의 이웃하는 점들의 레이블을 고려하여 현재 자신의 레이블 값을 결정한다.

연습문제

1. 주어진 영상에 대해서 이진화 하고 (red>190) 이진화 모폴로지 연산을 이용하여 에지를 구하는 프로그램을 작성하시오.

(힌트, 이진 영상에 대해 먼저 팽창 연산을 적용하고, 다시 이진영상에 대해 침식 연산을 적용한다. 두 영상에 대해 차 영상을 구한다.)

2. 그림 4.14예제 영상에 대해 10% 랜덤 잡음을 넣고 다음과 같은 연산이 동시에 일어나는 프로그램을 작성해 보자.

1) 잡음제거, 2) 전역 임계값 적용, 3) 영상 1/2 축소, 4) 모폴로지 침식 연산 2회, 5) 영역 레이블링

레이블링의 결과가 10으로 그림 4.14의 예제와 다른 이유를 분석해 보자.

(a) 10% 랜덤 노이즈가 포함된 원본영상

(b) 영역 레이블링 된 결과 영상

참고문헌

[1] 고병철, 'Visual C++기반의 의료영상처리 프로그래밍' 그린출판사, 2011

5. 특징추출과 특징 선택

2~4장에서 우리는 간단한 영상처리 기법을 살펴보았다. 이렇게 처리된 영상데이터는 이후 특정 클래스로 분류되기 위한 작업을 거친다. 이때 클래스분류단계 직전에 반드시 처리되어야 할 중요한 단계중의 하나가 바로 데이터의 특징 추출(feature extraction) 과 특징 선택(feature selection)이다. 특징이라는 것은 어떤 사물이나 대상 체를 표현할 수 있는 두드러진 특성(형태, 질감, 색상, 소리 등등)을 말한다. 예를 들어 물고기로부터 특징을 추출한다고 한다면, 물고기 특성을 잘 나타낼 수 있는 '길이, 밝기, 색상, 지느러미 수, 지느러미 모양, 입의 위치'와 같은 특징들로 뽑아 낼 수 있다. 이렇게 추출된 특징들은 벡터로 표현할 수 있는데 만약 특징의 수가 6개라고 하면 6차원의 특징벡터 **x**가 만들어질 수 있다.

$$\mathbf{x} = \begin{bmatrix} x_1 \\ x_2 \\ x_3 \\ x_4 \\ x_5 \\ x_6 \end{bmatrix}$$

만약 특징 벡터의 차원이 3차원이라면 한 벡터 **x**는 아래 그림 5.1과 같이 표현 할 수 있다.

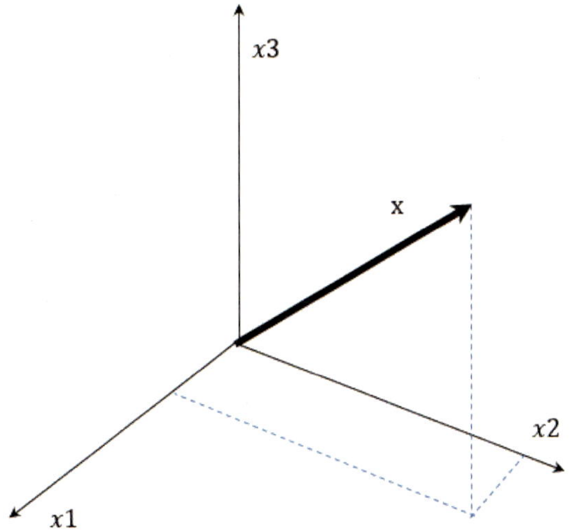

(그림 5.1) 3차원 공간에서 특징 벡터의 표현

이번에는 그림 5.2와 같이 2차원 벡터로 구성된 좌표 공간에 3개의 클래스로 구성된 데이터 집합을 표현해 보자.

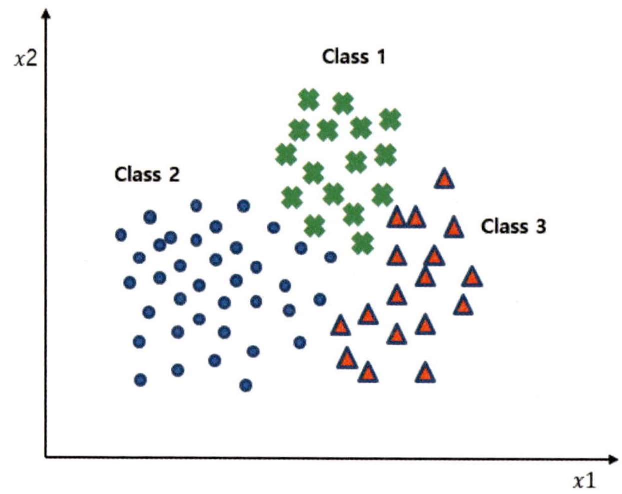

(그림 5.2) 2차원 벡터로 구성된 좌표 공간에서 3개 클래스간의 분포

이렇듯 특징 추출은 영상 혹은 음성 신호들로부터 대상 체를 가장 잘 나타 낼 수 있는 특징벡터를 만들어 내는 과정이다. 특징 추출은 원본특징들을 그대로 사용하거나 새로운 특징을 생성하려고 시도하는 과정을 포함한다.

특징 선택은 추출된 특징벡터에서 쓸모가 적은(중요하지 않은) 특징을 제거하고 간결한 특징 집합을 만드는 것이다. 특징 선택은 분류 정확도를 향상시키기 위해 원본 데이터가 주어졌을 때, 전체 특징 벡터를 사용하지 않고 가장 좋은 성능을 보여 줄 수 있는 특징 벡터의 부분집합(subset)을 원본 특징 벡터에서 찾아내는 방법이다. 즉, 분류기의 분류 목적에 가장 밀접하게 연관되어 있는 특징벡터들만을 추출하여 새로운 데이터를 만들어 낸다. 이렇게 어떤 데이터의 패턴을 분석하여 해당 패턴을 가장 잘 표현할 수 있는 특징벡터를 만드는 전체 과정을 특징생성(feature generation)이라고 한다.

데이터로부터 추출 되고 선택된 특징을 통해 우리는 각 데이터가 속한 클래스를 정의할 수 있고 그 결과에 따라 새로운 데이터를 서로 다른 클래스로 분류 할 수 있다. 이렇게 특징 벡터의 크기를 줄임으로써 더 빠른 시간 내에 분류 연산이 이루어 질 수 있고, 부적절한 특징 벡터를 제거하고 분류기 생성에 밀접한 연관 있는 특징벡터만을 선택함으로서 분류 성능을 향상 시킬 수 있다.

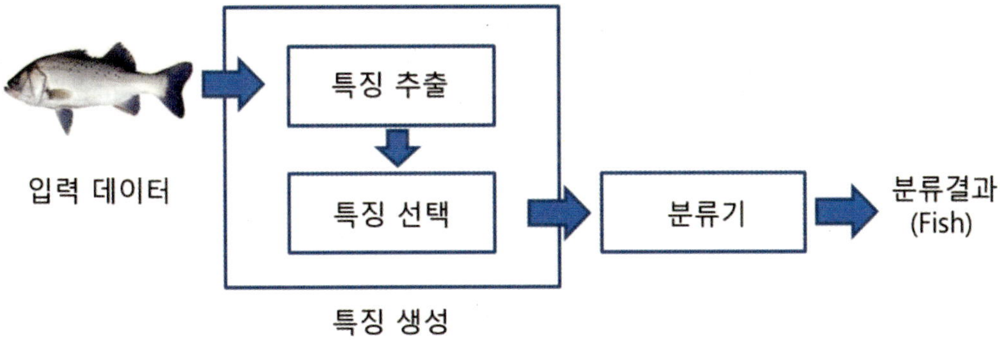

(그림 5.3) 입력 데이터로부터 특징을 생성하고 분류하는 전체 과정

5.1. 특징추출

영상처리를 이용하여 숫자를 인식하고자 한다고 가정하자. 입력된 수자로부터 에지를 출력하고 에지 영역으로부터 0~9사이의 숫자가 뚜렷이 구분될 수 있는 특징을 추출해야 한다. 만약 숫자 구분 특징으로 수직선 개수, 수평선 개수, 대각선 개수, 커브의 개수, 원의 개수를 정했다면 각각의 숫자들로부터 아래와 같은 특징을 추출할 수 있다.

(표 5.1) 간단한 특징 추출 문제 : 숫자 인식의 예

숫자	특징				
	수직선	수평선	대각선	커브	원
0					1
1	1				
2		1		1	
3				2	
4	1	1	1		
5	1	1		1	
6				1	1
7	1	1			
8					2
9				1	1

표 5.1에서 우리는 각각의 숫자들이 저마다 다른 특징 패턴을 보이는 것을 알 수 있다. 이러한 특징으로부터 우리는 각 숫자를 구분할 수 있는 숫자 분류기를 만들어 낼 수 있다.

또 다른 예를 살펴보자. A라는 학교에서 여학생과 남학생을 자동으로 분류하는 자동성별 분류시스템을 개발했다고 하자. 자동성별 분류시스템은 카메라에 찍힌 남녀 영상에서 남학생과 여학생을 구분하기 위해 다음과 같은 다양한 특징이 사용될 수 있다.

-키, 몸무게, 헤어스타일, 손 크기, 발 크기, 등등..

만약 입력 영상으로부터 사람영역을 이진화하여 사람과 배경을 분할했다고 한다면, 평균적으로 남학생이 여학생보다 크다는 사전지식을 바탕으로 이진화된 사람의 키를 특징으로 추출해보자. 남학생과 여학생을 100명씩 선택하여 키에 대한 분포도를 그려본 결과 그림 5.4와 같은 분포를 얻을 수 있었다고 가정하자.

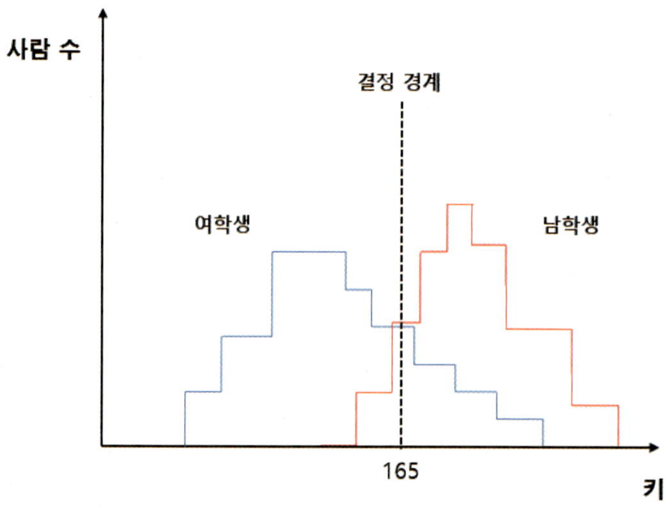

(그림 5.4) 키 특징에 대한 남학생과 여학생의 분포

키를 특징으로 추출했을 때 여학생은 주로 왼쪽에 위치하고 남학생은 주로 오른쪽에 위치한다. 하지만 둘 사이에 겹쳐지는 부분이 많음으로 만약 임계값을 두 분포가 가장 적게 겹쳐지는 165 cm 위치에 두었을 때 오분류 되는 학생의 수가 많아질 수밖에 없다. 이렇게 오분류가 많아지면 학생 관리에 대한 손실이 커짐으로 이번에는 몸무게 값을 사용해보도록 한다. 마찬가지로 각각 100명의 남학생, 여학생을 선택하여 몸무게를 측정하였더니 그림 5.5와 같은 분포를 얻을 수 있었다고 가정하자. 마찬가지로 임계값을 두 경계가 가장 적게 겹쳐지는 60 kg에 두었을 때 오 분류 되는 학생의 수는 키에 비해 적어졌지만 여전히 오류가 발생하는 것을 알 수 있다.

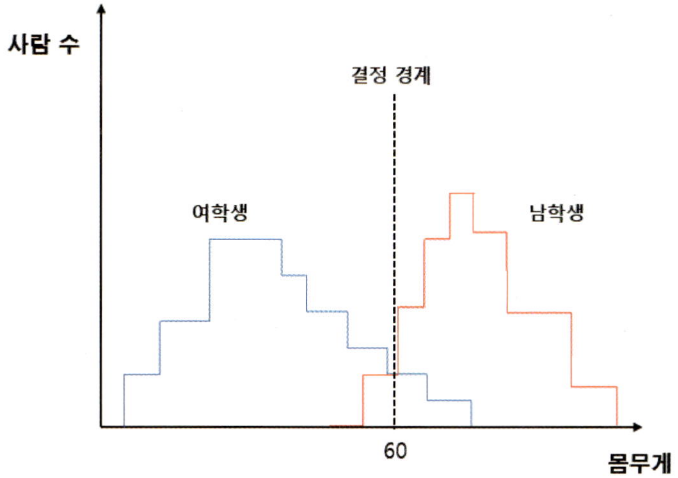

(그림 5.5) 몸무게 특징에 대한 남학생과 여학생의 분포

따라서 남학생과 여학생을 분류하는 문제에 있어서는 키보다는 몸무게가 더 우수한 특징임을 알 수 있다.

그렇다면 이번에는 두 개의 특징을 결합해서 사용해보면 어떨까. 이제까지의 1차원 특징을 2차원특징 [키, 몸무게] 벡터로 표현해보자. 키와 몸무게 크기를 모두 0~1사이로 정규화하고 그림 5.6과 같이 2차원 공간상에 표현한 뒤, 마찬가지로 남학생과 여학생이 가장 적게 겹쳐지는 부분에 직선 임계값을 설정해 보자. 그림에서 보는 것과 같이 2차원 공간상에서의 오분류 확률이 1차원 공간상에서의 오분류 확률 보다 훨씬 줄어들었음을 알 수 있다. 따라서 특징선택은 데이터의 종류와 성격에 따라 한 개 또는 여러 개를 결합하여 사용할 수 있다.

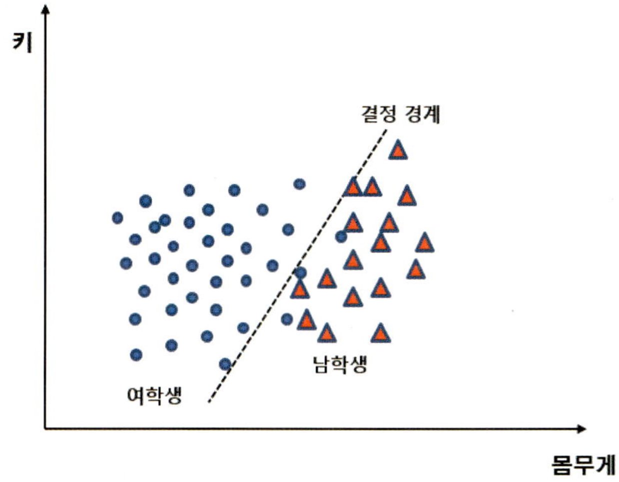

(그림 5.6) 키와 몸무게 특징에 대한 남학생과 여학생의 분포 및 결정 경계면

5.1.1 좋은 특징과 나쁜 특징

학생 성별 분류 문제에서 우리는 키보다는 몸무게가 남학생과 여학생을 더 효과적으로 분류할 수 있는 특징임을 알 수 있었다. 이렇듯 '좋은 특징'은 각 클래스들을 효과적으로(오류가 없도록) 분류할 수 있는 특징을 말하고, '나쁜 특징'이란 클래스 간에 변별력이 없이 특징들이 겹쳐서 나타나는 특징을 말한다 (그림 5.7).

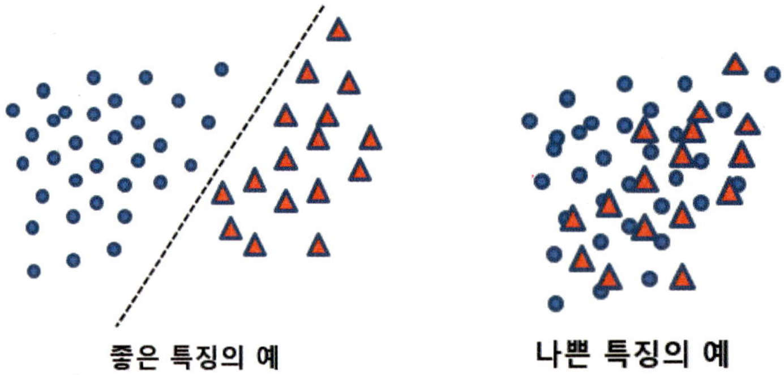

(그림 5.7) 좋은 특징과 나쁜 특징 분포의 예

2차원 특징 공간을 예를 들었을 때, 특징은 선형분류(linear classification)가 가능한 특징과, 비선형 분류가 가능한 특징, 특징들의 상관관계가 높은 특징(예, 키와 몸무게), 멀티모달(다수) 분류기에 의해 분류가 가능한 특징들로 나눌 수 있다. 따라서 좋은 특징이라고 하더라도 그림 5.8과 같이 특징분포에 따라 클래스를 분류 할 수 있는 분류기(함수)가 다르게 모델링 되어야 한다.

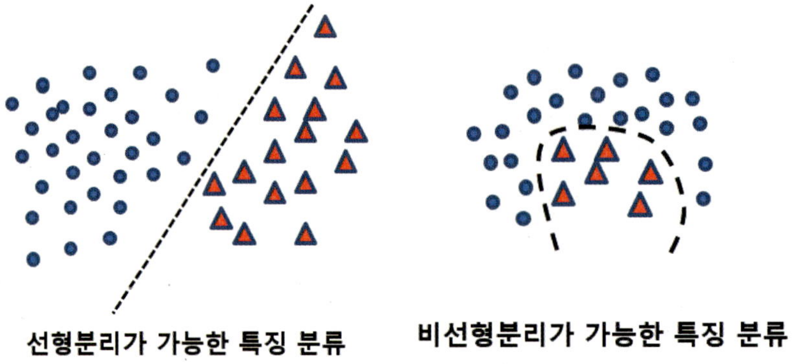

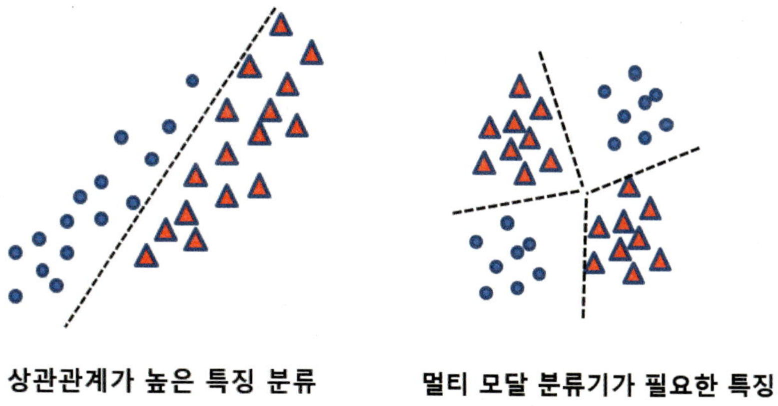

(그림 5.8) 분류 측면에서 본 다양한 특징 분포의 예

5.1.2 차원의 저주(curse of dimensionality)

이론적으로 봤을 때, 특징의 차원이 클수록 분류 성능이 높아야 한다. 위의 남녀 성별 문제에서도 키라는 한 개의 특징보다는 몸무게를 추가한 2차원 특징의 분류 성능이 높은 것을 알 수 있었다. 하지만 실제로 어느 정도까지는 특징이 늘어나며 분류 성능이 높아지지만, 그 이상 증가할 경우 오히려 분류 성능이 떨어진다. 이러한 현상을 차원의 저주(curse of dimensionality)라고 부른다. 그림 5.9는 차원의 저주를 그래프로 보여주고 있다. 그림에서처럼 어느 차원까지는 급격하게 분류 성능이 향상되다가 그 이후로는 분류성능이 완만하게 떨어지는 것을 알 수 있다. 따라서 분류 성능을 높이기 위해서는 적절한 특징 차원을 선택하는 작업이 필요하다.

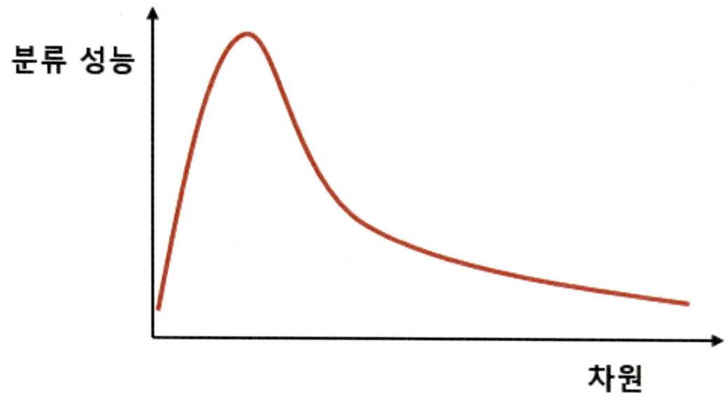

(그림 5.9) 차원의 크기에 따른 분류성능의 저하 예

5.2. 영상 특징 추출

우리는 2~4장에서 영상처리의 기본 알고리즘을 공부했다. 본 장에서는 2~4장에서 처리된 영상들에 대해서 색상정보, 질감정보, 모양정보를 추출하여 특징벡터를 생성하는 방법에 대해 학습하기로 한다.

5.2.1 히스토그램(Histogram) 기반 특징

영역이 분할되면 각 영역으로부터 히스토그램(histogram)을 생성할 수 있다. 히스토그램(histogram)은 영상 안에 포함된 각각 다른 밝기 값을 갖는 픽셀들의 수(분포)를 보여주는 그래프로 2장에 각 색상에 대한 히스토그램을 만드는 방법을 학습해 보았다. 그림 5.10과 같이 주어진 영상의 픽셀값에서 각 픽셀의 밝기값을 가로 축의 도수로 표시하고 밝기값에 해당하는 도수의 수를 누적함으로써 히스토그램을 작성할 수 있다.

(a) 입력 영역

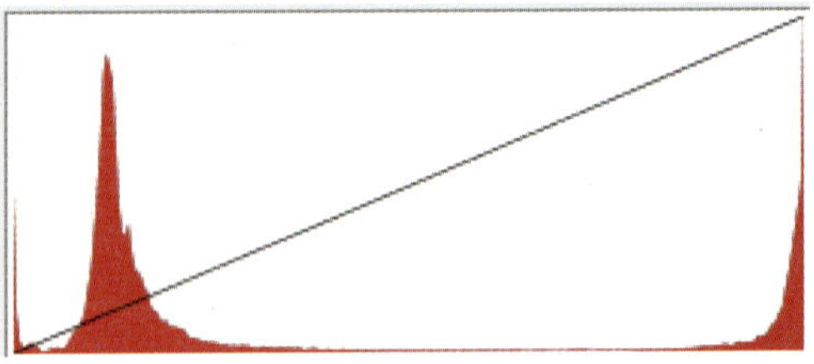

(b) Red 색상 히스토그램

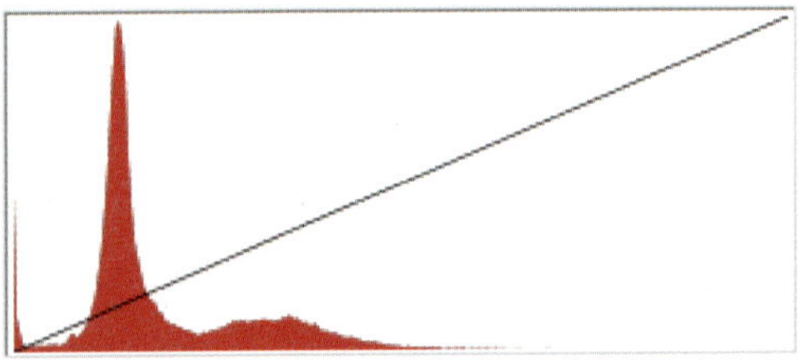

(c) Green 색상 히스토그램

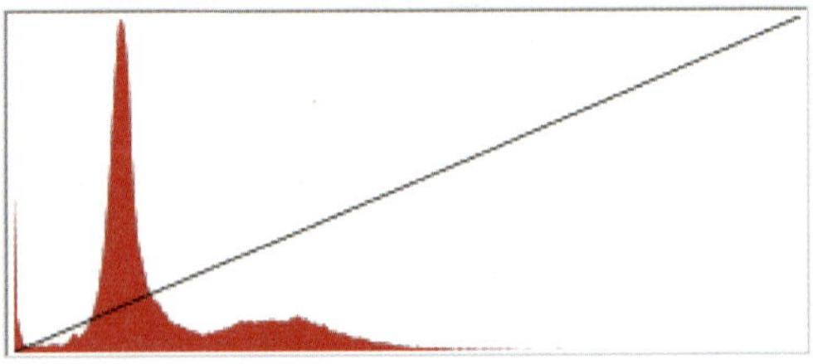

(d) Blue 색상 히스토그램

(그림 5.10) 각 색상별 히스토그램 출력 결과

히스토그램에서 구할 수 있는 가장 단순한 특징은 각 색상별 평균이다. 만약 0~255사이의 값을 갖는 gray 히스토그램 (g)에 대해 평균(m, mean)을 구한다고 한다면

$$m = \sum_{i=0}^{255} g(i) \cdot p(g(i)) \tag{5.1}$$

에 의해 구할 수 있다. 수식 (5.1)에서 g(i)는 gray 히스토그램의 i번째 도수를 의미하고 p(g(i))는 i번째 도수의 확률값을 의미한다. 히스토그램 평균은 영역의 밝기나 색상을 대표하는 가장 단순한 특징이며, 영역이 회전했다 하더라도 동일한 값을 갖는다. 하지만 영역이 서로 다른 복잡한 밝기나 색상을 가지고 있을 경우 해당 영역을 대표할 수 없다는 단점이 있다. 영역의 평균은 히스토그램을 구하지 않더라도 아래 수식 (5.2)을 이용해서 바로 구할 수도 있다. 수식에서 M, N은 각각 영역의 가로, 세로 크기를 의미하고 f(x,y)는 x, y좌표의 gray값을 나타낸다.

$$m = \frac{1}{MN} \sum_{x=0}^{M-1} \sum_{y=0}^{N-1} f(x,y) \tag{5.2}$$

히스토그램으로부터 평균 특징을 추출하고 나서 또 다른 특징인 표준편차(standard deviation) 특징을 추출해 보자.

$$\sigma = \sqrt{\sum_{i=0}^{255} (g(i) - m)^2 \cdot p(g(i))} \tag{5.3}$$

표준편차의 제곱은 분산이 된다. 표준편차는 각 도수의 확률 값들이 평균으로부터 얼마나 차이가 나는지를 측정하는 도구로써 평균이 유사하더라도 영상의 특성에 따라 표준편차는 확연히 달라 질 수 있다. 표준편차도 영상의 회전에 강인한 특성을 갖지만 영역을 표현하고 분류하는 데는 한계를 가진다.

히스토그램을 이용한 또 다른 특징으로는 왜도(skew)특징이 있다. 왜도는 평균에 대한 히스토그램 분포의 비대칭 정도를 측정하는 도구로 수식 (5.4)와 같이 정의된다.

$$skew = \frac{1}{\sigma^3} \sum_{i=0}^{255} (g(i) - m)^3 \cdot p(g(i)) \tag{5.4}$$

왜도의 부호는 그림 5.11에서 보듯이 히스토그램의 꼬리 부분이 오른쪽으로 펴져 있는지 (양의 왜도), 또는 왼쪽으로 펴져 있는지 (음의 왜도)를 나타낸다.

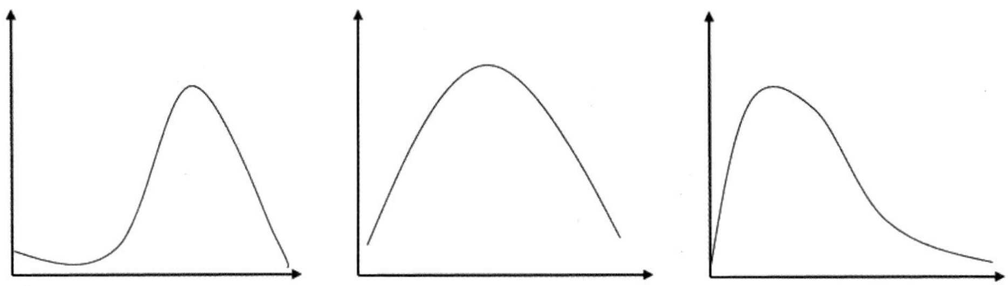

(a) (b) (c)

(그림 5.11) 히스토그램 분포에 따른 왜도 값
(a) 왜도가 음수인 경우, (b) 왜도가 0인 경우, (c) 왜도가 양수인 경우

만약 평균값과 표준편자와 히스토그램의 최대 피크값(mode)이 미리 구해져 있다면 왜도는 아래와 같이 간단하게 구할 수도 있다.

$$skew = \frac{m - \mathrm{mode}}{\sigma} \tag{5.5}$$

히스토그램으로부터 얻을 수 있는 또 다른 특징은 엔트로피(entropy)특징이다. 엔트로피는 에너지와 반대의 개념을 가지며 영역 또는 영상 안에 포함되어 있는 픽셀들 간의 복잡도(무질서도)에 대한 정보를 제공한다. 따라서 엔트로피가 높다는 것은 영역안의 픽셀들이 매우 복잡(서로 다른 값을 가짐)하다는 것을 의미한다. 엔트로피는 수식 (5.6)을 이용하여 구할 수 있다.

$$entropy = -\sum_{i=0}^{255} p(g(i)) \cdot \log_2[p(g(i)] \tag{5.6}$$

5.2.2 질감(Texture) 특징

질감 특징은 색상 특징과 마찬가지로 영상 또는 영역을 대표하는 강력한 특징 기술자(descriptor)로, 그림 5.12와 같이 부드러운(smooth) 영상, 거친(coarse)영상, 규칙(regular)성 있는 영상들로부터 서로 다른 질감 특징을 추출해 낼 수 있다. 질감 성분은 간단하게는 영상으로부터 gray히스토그램을 구하고 색상특징과 마찬가지로 평균, 분산, 왜도 등을 이용해 구분 할 수 있다.

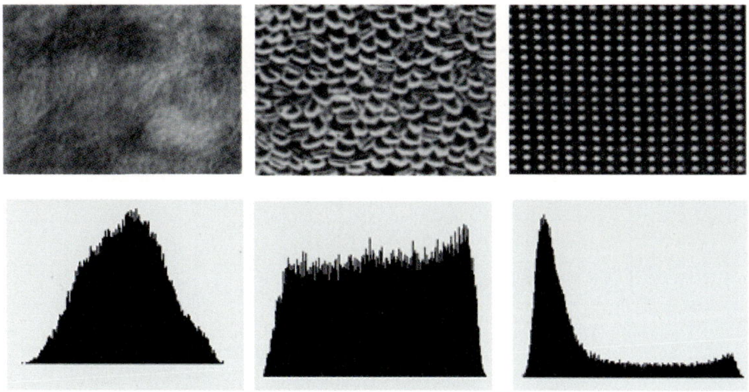

(그림 5.12) 질감이 서로 다른 영상별 gray 히스토그램 분포, (a) 질감이 부드러운 (smooth) 영상 (b) 거침(coarse)이 강한 영상, (c) 규칙성(regularity)이 있는 영상

그림 5.12에서 보는 것과 같이 영상의 질감 성격이 다를 경우 히스토그램 분포도 다르게 나타나고 히스토그램에서 평균, 표준편차, 왜도, 엔트로피를 측정하면 역시, 표 5.2와 같이 다른 값을 갖는 것을 알 수 있다. 이러한 성질을 이용하여 영상의 질감 성분을 구분해 낼 수 있다.

(표 5.2) 그림 5.12의 히스토그램에서 추출된 4가지 서로 다른 특징

영상	평균	표준편차	왜도	엔트로피
a	147.14	47.91	-0.49	5.92
b	138.82	81.14	-1.90	5.84
c	79.78	89.78	10.02	4.11

하지만 히스토그램 방법은 영상 내 질감 성분의 공간적 특성 정보는 고려하지 못함으로, 픽셀들 간의 공간적인 관계를 이용하여 질감 성분을 추출하는 gray-level co-occurrence matrix(GLCM) G를 구하여 질감정보로 사용할 수 있다. 행렬 G는 g(i,j)요소들을 갖는데 g(i,j)는 특정 밝기 값을 갖는 i, j픽셀좌표에 개수를 누적하여 측정한다. 예를 들어 그림 5.13의 (a)그림이 영상 좌표별 픽셀 값을 나타내고 오른쪽이 행렬 G를 나타낸다고 하자. 여기서 행렬 G의 가로축과 세로축은 픽셀의 최솟값부터 최댓값까지를 나열한 것이다. 입력영상으로부터 순차적으로 현재 픽셀과 다음번 픽셀과의 픽셀 값을 비교하여 보자. 맨 처음 픽셀의 경우 '0'과 '1'값을 가지므로 G행렬의 가로 1 좌표와 세로 0좌표에 1을 누적 한다 (가로 세로 순서는 바꿔도 상관없다). 픽셀 '6'과 '3'의 경우 이러한 쌍이 영상에서 4번 나타남으로 G행렬의 가로 3과 세로 6좌표의 누적 수는 4가 된다.

0	1	5	5	2	0
3	6	3	0	7	6
7	7	5	7	0	1
3	2	6	3	1	7
6	3	6	3	5	1
4	7	5	3	5	4

(a)

i \ j	0	1	2	3	4	5	6	7
0	0	2	0	0	0	0	0	1
1	0	0	0	0	0	1	0	1
2	1	0	0	0	0	1	0	1
3	1	1	1	0	0	2	2	0
4	0	0	0	0	0	0	0	1
5	0	1	1	1	1	2	0	0
6	0	0	0	4	0	0	0	0
7	1	0	0	0	0	2	1	1

(b)

(그림 5.13) gray-level co-occurrence 행렬 생성 방법,
(a) 입력 영상의 픽셀 값, (b) G 행렬의 누적 값

gray-level co-occurrence 행렬은 다시 아래 수식에 의해 정규화 된다.

$$N_g(i,j) = \frac{g(i,j)}{\sum_i \sum_j g(i,j)} \tag{5.7}$$

정규화된 *Ng*의 값은 0~1사이의 값을 갖는다. 행렬이 정규화 되고 나서 다음과 같은 여러 가지 질감 특성을 뽑아 낼 수 있다.

① **최대 확률**

$$Maximum\,probability = \max_{i,j} N_g(i,j) \tag{5.8}$$

② **에너지**

$$Energy = \sum_i \sum_j N_g^2(i,j) \tag{5.9}$$

③ **엔트로피**

$$Entropy = -\sum_i \sum_j N_g(i,j) \log_2 N_g(i,j) \tag{5.10}$$

④ **대비(Contrast)**

$$Contrast = \sum_i \sum_j (i-j)^2 N_g(i,j) \tag{5.11}$$

⑤ **동질성(Homogeneity)**

$$Homogeneity = \sum_i \sum_j \frac{N_g(i,j)}{1+|i-j|} \tag{5.12}$$

⑥ **상 관(Correlation)**

$$Correlation = \frac{\sum_i \sum_j (i-\mu_i)(j-\mu_j)N_g(i,j)}{\sigma_i \sigma_j} \tag{5.13}$$

$$u_i = \sum_i \sum_j i \cdot N_g(i,j),\ u_j = \sum_i \sum_j j \cdot N_g(i,j)$$

$$\sigma_i = \sqrt{\sum_i \sum_j (i-u_i)^2 N_g(i,j)},\ \sigma_j = \sqrt{\sum_i \sum_j (j-u_j)^2 N_g(i,j)}$$

GLCM 방법은 아래 그림과 같이 방향과 비교 거리를 바꿔 다양하게 계산이 가능하다.

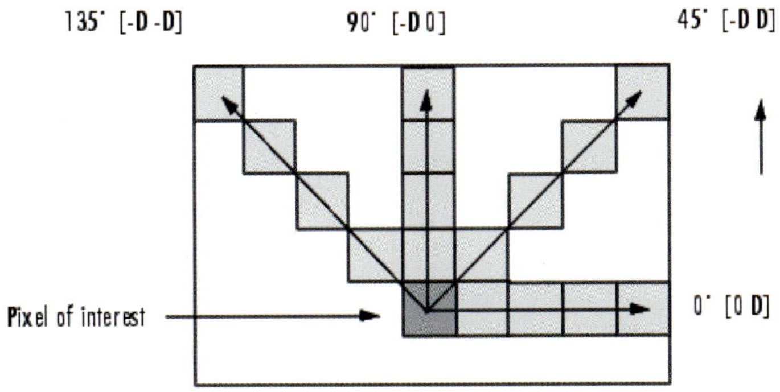

지금까지 살펴본 질감 특징 이외에도 픽셀들의 그래디언트를 이용하는 HoG(Histogram of Gradient)나 픽셀들 간의 지역적 대비정보를 이용하는 LBP(Local Binary Patterns) 방법들이 많이 사용되고 있지만, 본 교재에서는 다루지 않는다. 자세한 내용들은 참고문헌의 논문을 참고 하도록 한다.

5.2.3 모양(shape) 특징

영역의 모양 정보를 특징으로 추출하는 방법은 단순히 영역의 전역적인 기하학적 특성을 추출하는 방법과 지역적인 특성을 추출하는 방법으로 나눌 수 있다. 전역적인 기하학적 특성을 추출하는 방법으로는 둘레길이(perimeter), 영역크기(area), 원형율(roundness), 신장율(elongation), 모멘트(moment)등이 있다. 지역적 방법으로는 대표적으로 체인코드(chain code)가 있다.

① 둘레 길이(Perimeter)

둘레 길이는 물체의 경계 길이를 의미하는 것으로 아래 수식과 같이 적분을 통해 구할 수 있다.

$$P = \int \sqrt{x^2(t) + y^2(t)dt} \tag{5.14}$$

물체는 하나하나의 픽셀로 구성되므로 위 수식은 아래와 같이 다시 수정 가능하다.

$$P = \sum_{i=1}^{Width} \sum_{j=1}^{Height} 1 \cdot (x_i, y_i) \tag{5.15}$$

위 수식에서 1()은 함수 내부의 값이 경계에 해당할 경우 1, 그렇지 않을 경우 0을 나타낸다. 이진화 후에 에지 검출 등을 통해 물체의 경계를 구하고 같은 레이블을 갖는 물체에 대해 4방향 연결성이나 8방향 연결성을 이용, 둘레(외곽선)의 길이를 측정(픽셀 개수의 카운트) 하여 그 값을 둘레 길이로 사용할 수 있다.

② 영역 크기(Area)

영역 크기란 물체 안에 포함된 픽셀의 수를 의미한다. 우리는 이미 8장에서 영역 레이블링 기법에서 영역의 크기를 픽셀수로 카운트하여 임계값 이하인 영역은 제거하는 방법을 사용하였다. 물체에 대한 둘레길이와 영역 크기 계산의 예는 그림 5.14와 같다. 영역 크기 둘레의 길이는 전체 영상 픽셀 개수로 나누는 방법으로 정규화 할 수 있다.

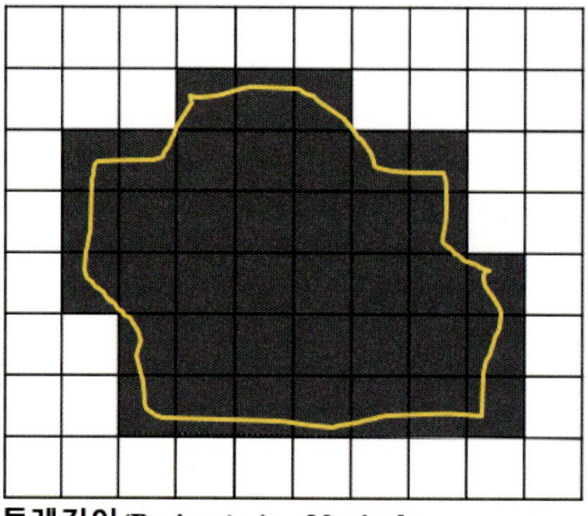

(그림 5.14) 물체에 대한 둘레길이와 영역크기 계산의 예

③ 원형율(Compactness, Roundness)

원형율은 물체가 어느 정도 둥근 모양을 갖는가를 나타내는 모양 기술자로서, 물체가 완전한 원형이면 1의 값을, 완벽한 원형에서 멀어질수록 1보다 작은 값을 갖고 반대로 물체의 형상이 배우 복잡할 경우 둘레 길이의 값이 커지므로 1보다 큰 값을 갖게 된다.

원형율은 다음과 같은 수식을 이용하여 계산 가능하다.

$$C = \frac{P^2}{4\pi A} \tag{5.16}$$

수식에서 P는 둘레길이를 의미하고, A는 영역크기를 의미한다.

그림 5.15에서 보듯이 원형에 가까운 물체는 1에 근사한 값을 갖는 반면 복잡한 모양을 갖는 물체에서는 1보다 큰 값을 갖는 것을 알 수 있다.

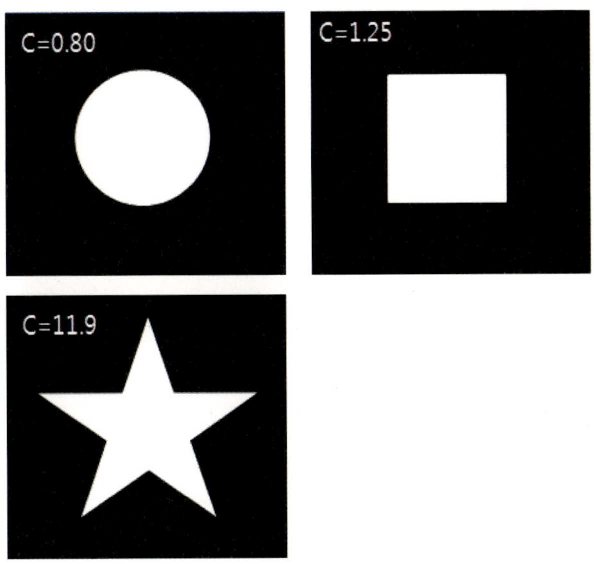

(그림 5.15) 다양한 물체의 원형율 계산 예

④ 신장율(Elongation)

신장율은 물체를 포함하는 최소 사각형을 만들고, 사각형 최소 경계선의 가로-세로 비(aspect ratio)를 측정하는 방법이다. 신장율을 구하기 위해서는 그림 5.16과 같이 물체에 대한 최소 사각형을 만들어야 한다. 이를 위해서는 물체의 중심점과, 물체의 기울기를 통해 장축과 단축을 구하고, 이 값을 이용하여 사각형 박스를 그린다. 이후 사각형 박스의 가로-세로 비율을 이용하여 신장율을 계산 할 수 있다.

우선 물체의 좌표 값 x_i, y_i와 아래의 수식을 이용하여 무게 중심 $C_{x,y}$를 구한다.

$$C_{x,y} = (\frac{1}{n}\sum_{i=0}^{N-1} x_i, \frac{1}{n}\sum_{i=0}^{N-1} y_i) \tag{5.17}$$

다음으로 물체 내(R)의 무게 중심값과 물체의 기울어진 각도(θ)를 아래의 수식을 이용하여 구한다.

$$\theta = \frac{1}{2} tan^{-1}\left[\frac{2C_{m1,1}}{C_{m2,0} - C_{m0,2}}\right] \tag{5.18}$$

$$C_{mp,q} = \sum_{x}^{R}\sum_{y}^{R}(x - C_x)^p (y - C_y)^q \tag{5.19}$$

이렇게 구해진 기울기 값으로부터 α와 β의 값을 물체의 각 픽셀마다 구하고, α와 β값을 정렬하여 최대값과 최소값을 구한다.

$$\begin{aligned} \alpha &= xcos\theta + ysin\theta \\ \beta &= - xsin\theta + ycos\theta \end{aligned} \tag{5.20}$$

구해진 α값에서 최대값을 $\alpha_{\max}$, 최소값을 $\alpha_{\min}$이라 하고, β값에서도 최대값을 $\beta_{\max}$, 최소값을 $\beta_{\min}$이라고 할 때, $Height = \alpha_{\max} - \alpha_{\min}$, $Width = \beta_{\max} - \beta_{\min}$라 설정하고 아래 수식을 이용하여 신장율을 계산한다.

$$E = \frac{|Width - Height|}{Height} \tag{5.21}$$

위 수식으로 신장율을 계산하면 정사각형이나 원의 경우 가로 세로의 비가 같으므로 0의 값을 갖게 되고, 직사각형이나 타원의 경우 한쪽 길이가 커지므로 0보다 큰 값을 갖게 된다.

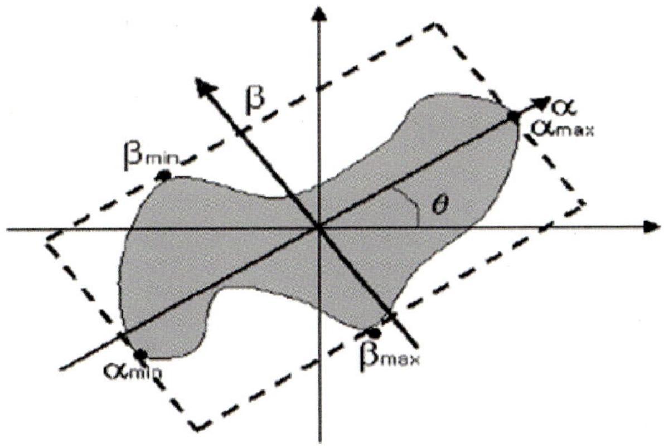

(그림 5.16) 신장율 계산을 위한 무게 중심, 기울기 각도, 가로 세로 길이

⑤ **불변 모멘트**(Invariant Moment)

영상에서 모멘트란 영상 픽셀 강도의 가중치 평균을 나타낸다. 영상에서 모멘트는 영역 분할 후에 물체를 표현하는데 아주 유용하게 사용될 수 있는데, 특히 객체의 움직임(이동, 회전, 크기 변화)에 따른 기하학적 변화에 불변한 특징 정보를 제공할 수 있다.

2차원의 연속적인 함수 $f(x,y)$가 있다고 할 때, 이 함수에 대한 기하학적 모멘트는 다음과 같이 구할 수 있다.

$$m_{pq} = \int_{-\infty}^{\infty}\int_{-\infty}^{\infty} x^p y^q f(x,y)dxdy \qquad (5.22)$$

수식에서 p, q는 모멘트의 차수를 나타낸다. 하지만 영상의 픽셀은 이산(discrete)적이며 입력 함수 f는 영상과 같으므로 영상의 한 픽셀을 나타내는 $I(x,y)$로 바꾸고 위 수식을 다시 아래와 같이 변환 할 수 있다.

$$m_{pq} = \sum_x \sum_y x^p y^q I(x,y) \qquad (5.23)$$

이산 모멘트 수식으로부터 전역 모양 기술자도 계산이 가능하다.

영역의 크기 : m_{00}

무게 중심 : $\bar{x} = \frac{m_{10}}{m_{00}}$, $\bar{y} = \frac{m_{01}}{m_{00}}$

기하학적 모멘트일 경우 영상이 이동할 때 값이 변하므로, 위 모멘트 수식을 변형하여 영상의 중심점을 고려한 중심 모멘트(μ_{pq}, central moment) 방법을 정의할 수 있다.

$$u_{pq} = \sum_{x=0}^{N-1}\sum_{y=0}^{N-1}(x-\overline{x})^p(y-\overline{y})^q I(x,y) \tag{5.24}$$

실제 계산에서는 이진 영상을 사용하고 값이 255인 영역에 대해서만 모멘트를 측정함으로 m_{pq}와 μ_{pq}에서 픽셀값 I(x,y)는 계산 시 1로 변환하여 계산하면 속도를 향상 시킬 수 있다.

이렇게 정의된 중심 모멘트는 고차원 모멘트로 확장 될 수 있다. 고차원 모멘트는 중심 모멘트를 이용하여 바로 구할 수 있다.

$$
\begin{aligned}
\mu_{00} &= m_{00} \\
\mu_{01} &= \sum_x\sum_y(y-\overline{y})^1 I(x,y) \\
\mu_{10} &= \sum_x\sum_y(x-\overline{x})^1 I(x,y) \\
\mu_{11} &= m_{11}-\overline{x}m_{01} = m_{11}-\overline{y}m_{10} \\
\mu_{20} &= m_{20}-\overline{x}m_{10} \\
\mu_{02} &= m_{02}-\overline{y}m_{01} \\
\mu_{21} &= m_{21}-2\overline{x}m_{11}-\overline{y}m_{20}+2\overline{x}^2 m_{01} \\
\mu_{12} &= m_{12}-2\overline{y}m_{11}-\overline{x}m_{02}+2\overline{y}^2 m_{10} \\
\mu_{30} &= m_{30}-3\overline{x}m_{20}+2\overline{x}^2 m_{10} \\
\mu_{03} &= m_{03}-3\overline{y}m_{02}+2\overline{y}^2 m_{01}
\end{aligned}
$$

중심 모멘트는 영상 안에 포함된 물체의 이동에는 강건하지만, 크기 변화와 회전에는 민감한 특성을 갖는다. 따라서 물체의 이동, 크기 변화, 회전에 모두 강건하도록 중심 모멘트를 아래 수식과 같이 정규화 할 수 있다.

$$\eta_{pq} = \frac{\mu_{pq}}{\mu_{00}^{\left(1+\frac{p+q}{2}\right)}} \tag{5.25}$$

M.K. Hu는 정규화 모멘트를 이용하여 7개의 불변 모멘트를 정의하였다. 아래 수식은 2차, 3차 중심 모멘트로부터 정의된 불변 모멘트들이다.

$$\phi_1 = \eta_{20} + \eta_{02}$$

$$\phi_2 = (\eta_{20} - \eta_{02})^2 + 4\eta_{11}^2$$

$$\phi_3 = (\eta_{30} - 3\eta_{12})^2 + (3\eta_{21} - \eta_{03})^2$$

$$\phi_4 = (\eta_{30} + \eta_{12})^2 + (\eta_{21} - \eta_{03})^2$$

$$\begin{aligned}\phi_5 = &(\eta_{30} - 3\eta_{12})(\eta_{30} + \eta_{12})[(\eta_{30} + \eta_{12})^2 - 3(\eta_{21} + \eta_{03})^2] + \\ &(3\eta_{21} - \eta_{03})(\eta_{21} + \eta_{03})[3(\eta_{30} + \eta_{12})^2 - (\eta_{21} + \eta_{03})^2]\end{aligned} \tag{5.26}$$

$$\begin{aligned}\phi_6 = &(\eta_{20} - \eta_{02})[(\eta_{30} + \eta_{12})^2 - (\eta_{21} + \eta_{03})^2] + \\ &4\eta_{11}(\eta_{30} + \eta_{12})(\eta_{21} + \eta_{03})\end{aligned}$$

$$\begin{aligned}\phi_7 = &(3\eta_{21} - \eta_{03})(\eta_{30} - \eta_{12})[(\eta_{30} + \eta_{12})^2 - 3(\eta_{21} + \eta_{03})^2] - \\ &(\eta_{30} - 3\eta_{12})(\eta_{21} + \eta_{03})[3(\eta_{30} + \eta_{12})^2 - (\eta_{21} + \eta_{03})^2]\end{aligned}$$

지금까지 배워본 불변 모멘트 알고리즘을 이용하여 불변 모멘트 값을 계산하는 프로그램을 작성해 보자.

(연습 5.2) 불변 모멘트

```
void CImageProToolView::OnInvariantMoment()
{
            ...............
    //임의의 임계값으로 이진화 (전역 임계값을 적용해도 됨)
    for(i = 0 ; i < height ; i++)
            for(j = 0 ; j < width ; j++)
                    if(image[i][j]<=T){ image[i][j] = 0;}
                    else {image[i][j] = 255;}

     double mu00,mu10,mu01,mu11,mu20,mu02,mu30,mu03,mu21,mu12;
     double eta20, eta02, eta11, eta30, eta03, eta21, eta12;
     double *phi = new double[7];
     double count=0.,CenX=0., CenY=0.;

     for( i=0;i<height;i++)
       for(j=0;j<width;j++)
       {
        if(image[i][j]>0)
         {     count++;
               CenX +=j;
```

```
            CenY +=i;
        }
    }

    //영역의 무게 중심 구하기
    CenX /= count;
    CenY /= count;

    //중심 모멘트 구하기
    mu00=mu11=mu20=mu02=mu30=mu03=mu21=mu12=0;

    for(i = 0 ; i < height ; i++)
      for(j = 0 ; j < width ; j++)
      {
        //0보다 큰 영역에서만 적용(레이블된경우라면 레이블 번호에 해당하는 영역에
대해서만 처리)
        if(image[i][j]>0)
    {
      mu00+= pow((double)(j-CenX), 0)*pow((double)(i-CenY), 0.);
      mu20+= pow((double)(j-CenX), 2.)*pow((double)(i-CenY), 0.);
      mu02+= pow((double)(j-CenX), 0.)*pow((double)(i-CenY), 2.);
      mu11+= pow((double)(j-CenX), 1.)*pow((double)(i-CenY), 1.);
      mu30 += pow((double)(j-CenX), 3.)*pow((double)(i-CenY), 0.);
      mu03 += pow((double)(j-CenX), 0.)*pow((double)(i-CenY), 3.);
      mu21 += pow((double)(j-CenX), 2.)*pow((double)(i-CenY), 1.);
      mu12 += pow((double)(j-CenX), 1.)*pow((double)(i-CenY), 2.);
    }
    }

    //중심 모멘트 정규화 하기
    eta20 = mu20 / pow (mu00,(2.+0.)/2.+1.);
    eta02 = mu02 / pow (mu00,(0.+2.)/2.+1.);
    eta11 = mu11 / pow (mu00,(1.+1.)/2.+1.);
    eta30 = mu30 / pow (mu00,(3.+0.)/2.+1.);
    eta03 = mu03 / pow (mu00,(0.+3.)/2.+1.);
    eta21 = mu21 / pow (mu00,(2.+1.)/2.+1.);
    eta12 = mu12 / pow (mu00,(1.+2.)/2.+1.);

    //불변 모멘트 구하기
    phi[0] = eta20 + eta02;
```

```
    phi[1] = (eta20 - eta02)*(eta20 - eta02) + 4*eta11*eta11;

    phi[2] = (eta30 - 3*eta12)*(eta30 - 3*eta12) +
                (3*eta21 - eta03)*(3*eta21 - eta03);

    phi[3] = (eta30 + eta12)*(eta30 + eta12) +
                (eta21 + eta03)*(eta21 + eta03);

    phi[4] = (eta30 - 3*eta12)*(eta30 + eta12)*((eta30 + eta12)*
                (eta30 + eta12) - 3*(eta21 + eta03)*(eta21 + eta03))
            + (3*eta21 - eta03)*(eta21 + eta03)*(3*(eta30 + eta12)*
                (eta30 + eta12) - (eta21 + eta03)*(eta21 + eta03));

    phi[5] = (eta20 - eta02)*((eta30 + eta12)*(eta30 + eta12) -
                (eta21 + eta03)*(eta21 + eta03))
            + 4*eta11*(eta30 + eta12)*(eta21 + eta03);

    phi[6] = (3*eta21 - eta03)*(eta30 + eta12)*((eta30 + eta12)*
                (eta30 + eta12) - 3*(eta21 + eta03)*(eta21 + eta03))
            + (3*eta12 - eta30)*(eta21 + eta03)*(3*(eta30 + eta12)*
                (eta30 + eta12) - (eta21 + eta03)*(eta21 + eta03));

     CString str = _T("Invariant moments:n₩n");
     for( int i = 0 ; i < 7 ; i++ )
    str.AppendFormat(_T("m[%d] = %10.10lf₩n"), i, phi[i]*1000);

     AfxMessageBox(str);

    // 메모리 해제
    // 영상출력하기
    ....
}
```

그림 5.17은 불변 모멘트를 위해 사용할 영상을 보여준다. (a) ~ (c)는 동일한 영상에 대해 크기 축소, 회전을 적용한 영상이고 (d) 영상은 유사한 모양을 가지는 다른 영상이다.[10]

10) 그림 5.16의 영상은 교재 제공 영상에서 moment-test1영상을 전역 이진화 하고 2번 모폴로지 팽창 시킨 결과이다. 비교 영상은 마찬가지고 moment-test2영상을 전역 이진화 하고 2번 모폴로지 팽창시킨 결과이다.

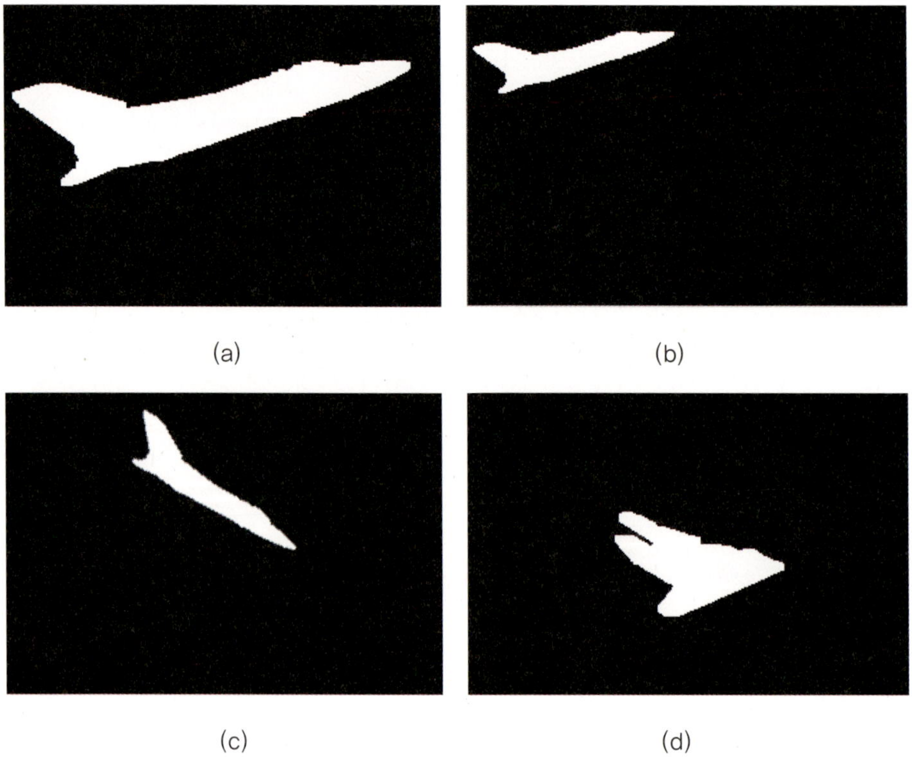

(그림 5.17) 불변 모멘트 측정을 위한 영상

(표 5.3) 각 영상에 대한 8가지 불변 모멘트 수치

불변 모멘트	(a)	(b)	(c)	(d)
ϕ_1	590.6939018493	589.0314810093	562.2489315056	252.6632446043
ϕ_2	297.7835627388	296.0725656572	267.6418736188	23.9264974625
ϕ_3	35.1251374637	34.505178904	28.7293014242	5.8269354671
ϕ_4	15.2452500526	14.8315728236	12.0366876159	0.2704920823
ϕ_5	0.3414525524	0.3241981348	0.2159273831	−0.0003194233
ϕ_6	7.1724957431	6.9242886822	5.3370277448	−0.0397571771
ϕ_7	0.0887007943	0.0864383814	0.0589603574	0.0001152759

표 5.3에서 보듯이 (a)~(c)영상은 불변 모멘트 값이 유사한 값을 갖지만 (d)는 확연히 다른 값을 갖는 것을 알 수 있다. 실제 유사성 측정에서는 8개의 모멘트를 모두 사용하지 않고 1~3차원의 모멘트를 주로 사용한다.

⑥ 체인코드(chain code)

전역적 모양 기술자는 영역의 모양이 지역적으로 변형된 경우 특징에 잘 반영이 되지 않는 단점이 있다. 이러한 단점을 해결하기 위해 지역적 특징을 이용하여 모양 정보를 추출할 수 있다. 체인코드는 지역적 모양 기술자의 대표적인 경우로 아래와 같은 알고리즘으로 구할 수 있다.

알고리즘 5.1 체인코드

- 영역의 경계를 구한 후 임의의 시작점을 구한다. 시작점은 주로 위에서 아래로 스캔하여 가장 먼저 나오는 점으로 지정
- 외곽선 추적 알고리즘에 따라 픽셀을 이동시키고 이동된 경로별로 체인코드를 부여
- 만약 다음점이 시작점이거나 경계의 끝이면 종료

체인코드에 대한 예제 그림은 5.18과 같다.

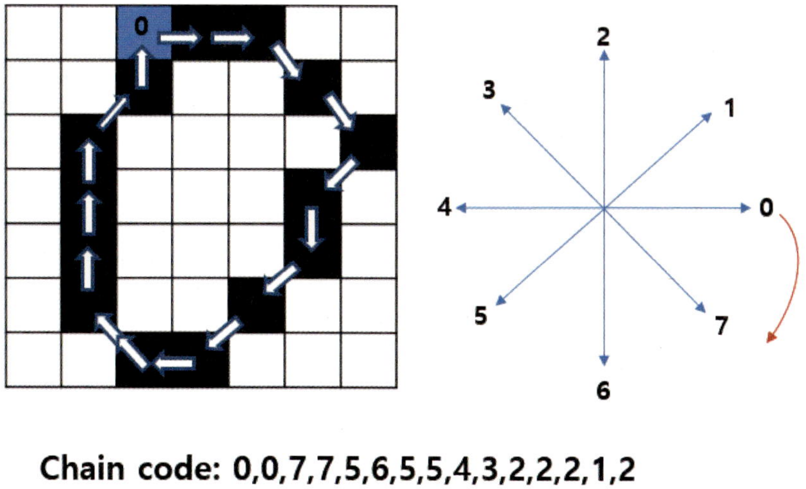

(그림 5.18) 8방향 고려시의 체인코드 예

체인코드는 모양정보의 지역적 특성을 잘 나타내지만 회전에 대해서 코드 값이 변형 될 수 있음으로 회전에 강인하게 체인 코드를 구현하기 위해 아래와 같이 회전 정규화 규칙을 적용 하여 코드를 변경한다.

$$d_i = \begin{cases} diff(x_i, x_{i-1}) & \text{if } i \neq 1 \\ diff(x_i, x_N) & \text{if } i = 1 \end{cases} \tag{5.27}$$

수식에서 d_i는 현재 i번째 코드와 이전 i-1번째 코드간의 차이값을 의미한다. 만약 i가 맨 처음 코드라면 마지막 N번째 코드와 비교 한다. 예를 들어 00346036470이라는 값이 있을 경우 이를 회전 정규화 규칙에 적용시키면 00312233631로 변경된다.

또한, 약간의 모양 변화에 의해 시작점이 바뀌면 전체 코드가 달라짐으로 이를 해결하기 위해 체인코드 값을 순환시키면서 앞뒤 코드의 차이값을 계산하고 그 값이 최소인 부분을 시작점 만드는 시작점 정규화 규칙으로 계산한다. 예를 들어 0364700346이라는 체인 코드 값이 있다면 코드의 한 자리씩 회전시켜가며 비교하고 그 값의 크기가 가장 작은 0034603647로 변환할 수 있다.

또한, 이와 같은 두 가지 규칙을 적용한다면 그림 5.19와 같이 회전과 시작점의 변형에 강인한 체인 코드를 구할 수 있다.

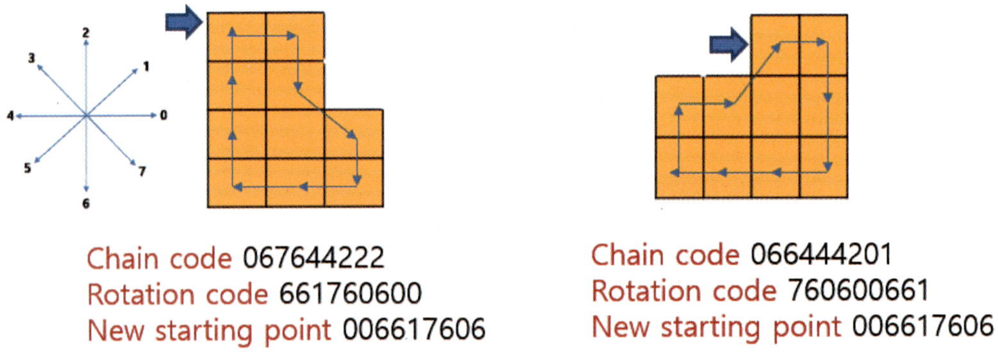

(그림 5.19) 회전과 새로운 시작점 정규화 규칙적용의 예

그림 5.19에서 보는 것과 같이 초기의 체인코드 값은 다르지만 최종적으로 회전과 새로운 시작점 정규화 규칙을 통해 두 도형이 같은 체인코드를 가지는 것을 알 수 있다.

체인코드는 지역적 모양 변화를 특징 값에 잘 반영할 수 있다는 장점이 있고 회전과 시작점 변형에 대해서도 보완 방법을 갖추고 있지만 회전이 발생할 경우 체인코드의 자리수가 변화함으로 원래 코드 값을 복원할 수 있는 방법이 없다는 단점이 있다.

5.2.4 주성분 분석(Principal Component Analysis)

추출된 특징은 선형변환을 통해 입력 벡터의 크기를 줄일 수 있다. 주성분분석(Principal Component Analysis, PCA)은 머신러닝에서 가장 기본적이고 많이 사용되는 차원 축소 기법이다. 주성분 분석법은 주어진 데이터 분포에서 의미 있는 선, 즉 축을 찾는 과정으로 각 축이 주성분이 된다. 이러한 축들은 서로 직교하는 특성을 갖는다. 예를 들어 아래 그림과 같이 신장과 몸무게의 2차원 특징 공간에서 n개의 샘플 데이터가 주어졌을 경우 평균과 분산을 이용하여 2개의 축을 그림과 같이 찾아낼 수 있다. 각각의 축이 개별적인 주성분(principal component)에 해당한다. 2개의 축 중에서 분산이 가장 큰, 즉 보다 넓게 퍼져 있는 방향의 축(주축)을 선택하고 모든 데이터를 해당 축에 투영 시킨다. 이 작업을 통해 2차원 벡터는 1차원 벡터로 차원이 축소되게 된다. 원본 데이터를 투영된 데이터로 만드는 투영 함수는 결국 원본 특징들의 선형 결합을 통해 새로운 특징을 만드는 것과 같다. 선형 또는 비선형 함수에 의해 특징 벡터의 차원을 줄이는 방법은 주성분 분석 외에 Linear Discriminant Analysis(LDA), Singular Value Decomposition(SVD), ISOMAP 등이 있다.

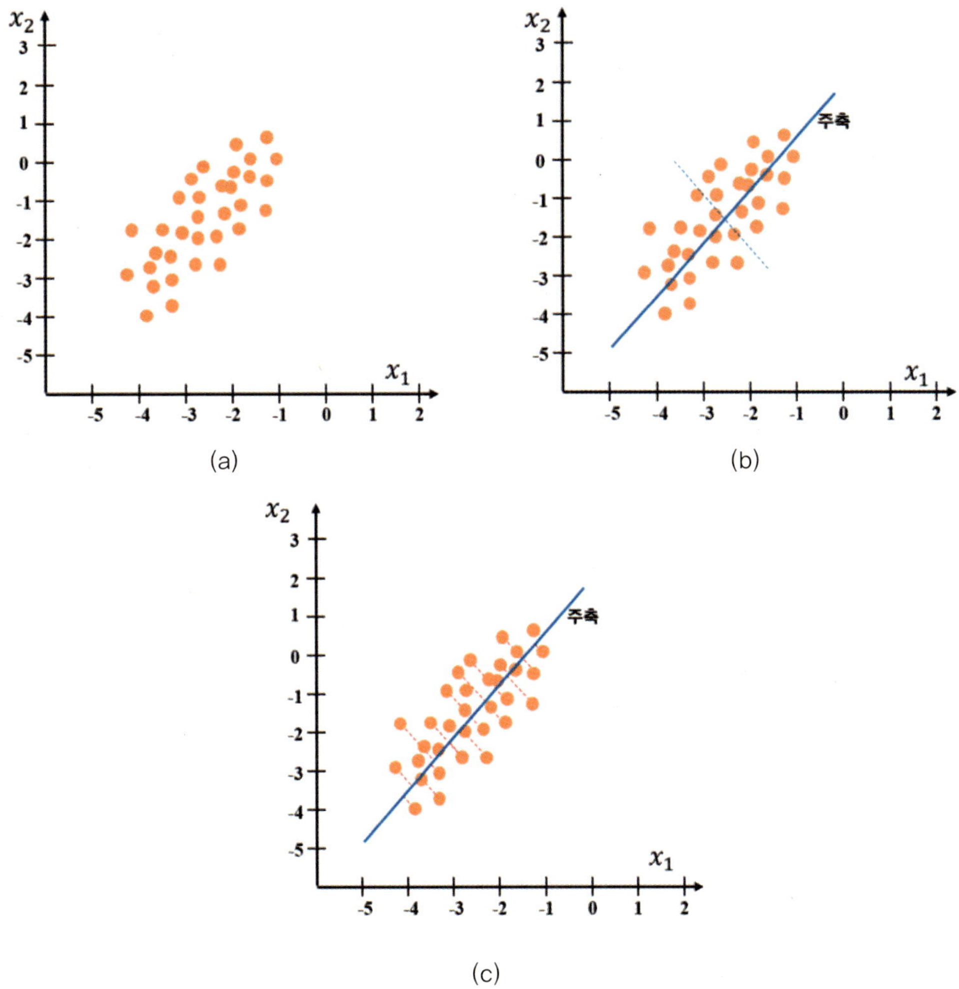

(그림 5.20) 2차원 특징 공간에서 주성분 분석의 예, (a) 2차원 특징 공간에서 샘플 데이터의 분포, (b) 샘플 데이터로부터 구해진 2개의 축, (c) 각 샘플 데이터를 주축 공간에 투영하여 차원 수를 줄이는 과정

5.3. 특징 선택

5.1장에서 추출된 특징은 그대로 사용할 수도 있지만 주성분 분석(PCA)법을 이용하여 특징의 차원을 줄여서 사용할 수도 있었다. 이렇게 새롭게 구성된 특징 공간은 일반적으로 특징공간에 대한 선형 또는 비선형 결합의 결과물이다. 하지만 PCA등을 이용하여 특징 공간을 줄이게 되면 특징이 갖는 성질이 변경될 수 있음으로 특징의 고유한 분별력을 유지하면서도 특징벡터의 차원을 줄일 수 있는 방법이 필요하다.

특징 선택은 데이터의 특성을 가장 잘 표현하면서도 다른 분류 클래스와의 분류 성능을 높일 수 있는 최적의 특징 집합을 찾는 작업이다. 예를 들어 물고기를 종류별로 분류하기 위해 '길이', '색상', '질감', '너비', '꼬리길이', '지느러미의 수'등의 특징을 추출했다고 하자. 여기서 '질감' 성분이나 '지느러미의 수'등은 대부분의 물고기에서 유사한 패턴을 가짐으로 제외하고 다른 특징만을 선택하여 분류에 사용하였을 경우에 오히려 모든 특징을 사용한 것보다 분류 성능이 향상될 수 있다.

특징을 선택 방법은 d개의 특징벡터로 이루어진 전체 특징 집합 F에서 $\hat{d}$개의 특징벡터로 이루어진 부분집합(subset) $\hat{F}$ 의 문제로 정의할 수 있다.[11] 부분집합 $\hat{F}$를 선택하는 알고리즘은 각각 전체 특징 집합으로부터 후보 부분 특징 집합을 탐색하는 단계, 후보 특징 집합을 평가하는 단계의 두 단계로 나뉜다. 후보 특징 집합 탐색을 위한 기법들은 크게 전역탐색(complete search), 순차탐색(sequential search), 그리고 임의탐색(random search)이 있다. 또한, 탐색 결과인 후보 특징 집합은 분류에 적합한지 여부를 확인하기 위해 평가하는 평가 기준에는 Filter 방법과 Wrappers 방법이 있다. Wrapper 방법은 부분집합에 대해 분류기로 분류 성능을 측정하여 결과를 바탕으로 특징 부분집합을 평가한다. Filter 방법은 부분집합이 각 클래스에 대해 어느 정도 영향력이 있는지를 측정하는 평가 스코어(부분 집합으로 표현된 데이터들 간의 거리나 정보이득(information gain)[12])를 계산하여 이을 기준으로 부분집합의 선택 여부를 결정하는 방법이다.[13] 본 교재에서는 순차탐색 기법과 Wrapper평가 기준을 이용한 방법을 설명하도록 한다.

알고리즘 5.2 순차탐색기법과 Wrapper평가기준 알고리즘

Input: 특징집합 $F=\{x_1, x_2, \ldots, x_d\}$,

Output: 부분집합 $\hat{F}$

11) 오일석, "패턴인식", 교보문고, 2008, 9.2 특징선택문제의 이해
12) information gain에 대해서는 10장에서 자세히 배우도록 한다.
13) 인 주 호 채 수 환, 의미 기반 유전 알고리즘을 사용한 특징 선택, 한국 인터넷 정보학회 (13권4호), 1-10,2012

1. 1. feature index subset $\hat{F}$를 공집합으로 초기화
   (a) F에서 중복되지 않도록 n (n=2라면)크기의 특징벡터로 subset 생성,
   $f_{i=1}\{x_1,x_2\},\ldots,f_{i=k}\{x_{d-1},x_d\}$
2. $\hat{F}$의 특징 수가 지정된 개수 (예, 6) 보다 작은 동안 반복 {
   학습데이터에서 subset 집합의 특징벡터만을 이용해, 분류기 학습
   테스트 데이터의 동일한 특징벡터로 평가를 수행
   (b) 위 과정에서 가장 좋은 결과를 갖는 subset f_i ($f_{i=1}\{x_1,x_2\}$)를 선택, $\hat{F}$로 지정
   $\hat{F} \ni \max score(f_i)$
   (c) 전 단계에서 선택된 $\hat{F}$를 포함하여 나머지 F의 feature를 중복되지 않도록 n만큼 선택하여 추가
   $f_{i=1}\{x_2,x_3\},f_{i=2}\{x_4,x_5\},\ldots,f_{i=k}\{x_{d-1},x_d\}$

}

5.4. 특징의 정규화(Feature normalization) 방법

우리는 지금까지 여러 가지 특징 추출, 선택 방법에 대해 살펴보았다. 영상이나 샘플 데이터에서 얻은 특징들은 분류에 적용되기 전에 정규화 과정이 필요하다. 예를 들어 연어와 농어의 길이와 몸무게 상태를 구분해서 양품과 불량품을 구분하는 기계가 있다고 가정해 보자. 길이의 경우 연어는 20 cm ~ 60 cm, 농어의 경우 15 cm ~ 80 cm의 범위를 갖고, 무게는 연어는 500g ~ 1,500g, 농어는 600g ~ 1,800g의 범위를 가질 경우 무게의 단위와 길이의 단위가 크게 차이가 남으로 두 개의 특징을 같이 비교하는 것은 문제가 있다. 이러한 문제를 해결하기 위해 특징 정규화(feature normalization)가 필요하다. 일반적으로 특징 정규화는 각 단위를 특정 범위(주로 0~1)안에 존재하도록 선형 또는 비선형 변환 하는 것을 말한다.

본 교재에서는 특징을 정규화 하는 방법 중에서 일반적으로 많이 사용하는 2가지 방법에 대해서 서술하기로 한다.

① 최대-최소 정규화(max-min normalization)

이 방법은 단순하게 샘플데이터의 특징 값을 추출한 후에 그 중 최솟값과 최댓값을 찾고 이를 이용하여 모든 샘플데이터의 특징 값을 재계산하는 방식이다. 이렇게 되면 샘플 데이터의 최댓값은 1을 갖게 되고 나머지 값들은 0~1미만의 값을 갖게 된다.

$$\tilde{x_i} = \frac{x_i - \min_i}{\max_i - \min_i} \tag{5.28}$$

이 방법은 단순한 연산이 장점이지만 샘플 데이터의 값이 차이가 큰 경우에는 올바른 정규화 값을 얻을 수 없다. 예를 들어 다음과 같은 5개의 샘플 집합 F가 주어졌다고 가정하자. $F=\{1.0,1.1,1.2,1.3,100.0\}$. 만약 최대-최소 정규화 방법을 이용한다면 우선 최댓값 100.0과 최솟값 1.0을 찾아 수식에 적용하면 집합 F는 $F=\{0.0,0.001,0.002,0.003,1.0\}$으로 정규화 된다. 이 경우 만약 100이라는 최댓값이 잡음에 의해 잘못 측정된 값이라면 어떤가? 실제 1.0과 1.3은 꽤 큰 차이 값이지만 노이즈 최댓값 100에 의해 둘 사이의 거리는 매우 좁아져서 거의 차이가 없는 값이 되어 버렸다. 이와 같이 최대-최소 정규화 방법은 잡음에 매우 민감한 문제점이 있다.

② 가우시안 정규화(Gaussian normalization)

최대-최소 정규화의 문제점이 하나의 잘못된 잡음에 의해 전체 데이터의 배열이 흐트러지는 문제점을 해결하기 위해 패턴 분류 문제에서는 가우시안 정규화 방법을 많이 사용한다. 이 방법은 우선 샘플데이터의 특징이 가우시안 분포를 따른다고 가정하고, 샘플 데이터로부터 평균 μ과 표준편차 σ을 계산한다. 그런 뒤에 아래 수식을 이용하여 모든 샘플 데이터의 특징이 표준 정규 분포 N (0,1)을 따르도록 재계산한다.

$$x_i' = \frac{x_i - \mu_i}{K \times \sigma_i} \tag{5.29}$$

파라미터 K는 정규 화된 특징 값의 범위 조정을 위한 파라미터로 K가 3일 경우 99%의 샘플 데이터가 [-1, 1]사이에 포함될 수 있다. 우리는 [0, 1]사이의 범위를 갖는 특징 값이 필요함으로 이 수식을 실제로 아래 수식과 같이 변형되어 적용 될 수 있다.

$$\tilde{x_i} = \frac{x_i' + 1}{2} \tag{5.30}$$

가우시안 정규화에 의해 특징 정규화를 한 경우에 $F=\{1.0,1.1,1.2,1.3,100.0\}$의 정규화 값은 최대-최소 정규화 방법보다 잡음에 의한 영향을 덜 받게 된다.

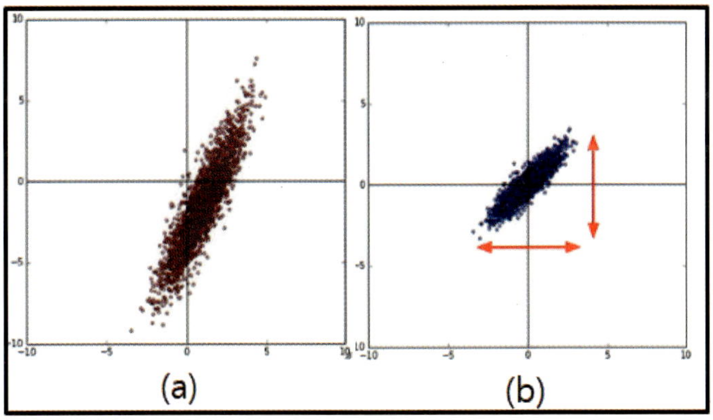

(그림 5.21) 특징 정규화 패턴 (a) 가우시안 분포를 갖는 샘플 특징, (b) 가우시안 정규화 후에 0을 중심으로 정규화된 특징 분포[14)]

14) CS231n: Convolutional Neural Networks for Visual Recognition, Spring 2017, http://cs231n.stanford.edu/

5장 정 리

1. 특징이라는 것은 어떤 사물이나 대상 체를 표현할 수 있는 두드러진 특성(형태, 질감, 색상, 소리 등등)을 말한다.
2. 특징 추출은 영상 혹은 음성 신호들로부터 대상 체를 가장 잘 나타 낼 수 있는 특징벡터를 만들어 내는 과정이다.
3. 특징 선택은 추출된 특징벡터에서 쓸모가 적은(중요하지 않은) 특징을 제거하고 간결한 특징 집합을 만드는 것이다.
4. 특징 벡터의 크기를 줄임으로써 더 빠른 시간 내에 분류 연산이 이루어 질 수 있고, 부적절한 특징 벡터를 제거하고 분류기 생성에 밀접한 연관 있는 특징벡터만을 선택함으로서 분류 성능을 향상 시킬 수 있다.
5. '좋은 특징'은 각 클래스들을 효과적으로(오류가 없도록) 분류할 수 있는 특징을 말하고, '나쁜 특징'이란 클래스간에 변별력이 없이 특징들이 겹쳐서 나타나는 특징을 말한다.
6. 어느 정도까지는 특징이 늘어나며 분류 성능이 높아지지만, 그 이상 증가할 경우 오히려 분류 성능이 떨어지는 현상을 차원의 저주(curse of dimensionality)라고 부른다.
7. 영상특징 추출 방법에는 히스토그램(Histogram), 질감(Texture), 모양(Shape)특징 추출 방법이 있다.
8. 영상의 모양특징 추출 방법에서 모멘트란 영역 분할 후에 물체를 표현하는데 아주 유용하게 사용될 수 있으며, 객체의 움직임(이동, 회전, 크기 변화)에 따른 변화에 불변한 특징 정보를 제공할 수 있다.
9. 주성분분석(PCA, Principal Component Analysis)은 머신러닝에서 가장 기본적이고 많이 사용되는 차원 축소 기법이다. 주성분 분석법은 주어진 데이터 분포에서 의미 있는 선, 즉 축을 찾는 과정으로 각 축이 주성분이 된다.
10. 주성분 분석법등을 이용하여 특징 공간을 줄이게 되면 특징이 갖는 성질이 변경될 수 있음으로 특징의 고유한 분별력을 유지하면서도 특징벡터의 차원을 줄일 수 있는 방법이 특징 선택 방법이다.
11. 특징 선택은 데이터의 특성을 가장 잘 표현하면서도 다른 분류 클래스와의 분류 성능을 높일 수 있는 최적의 특징 집합을 찾는 작업이다.
12. 영상이나 샘플 데이터에서 얻은 특징들은 분류에 적용되기 전에 정규화 과정이 필요하다.

연습문제

1. 그림 5.19를 참고하여 아래와 같이 도형의 모양이 회전된 경우에 회전 규칙과 시작점 규칙을 적용하여 두 도형의 새로운 체인코드를 계산하시오.

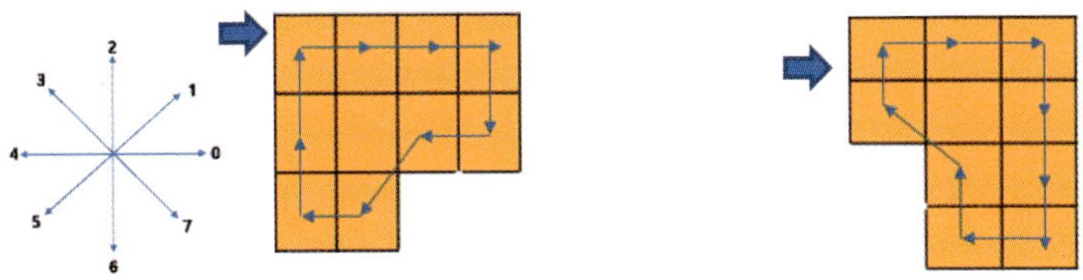

Chain code:
Rotation code:
New starting point:

Chain code:
Rotation code:
New starting point:

2. $F = \{1.0, 1.1, 1.2, 1.3, 100.0\}$에 대해 가우시안 정규화를 실시하여 최대-최소 정규화와 어떻게 결과 값이 다른지를 비교하여 보시오.

3. 아래 그림에서 왼쪽 그림은 질의 영상이고 오른쪽 영상은 테스트영상이다. 왼쪽 질의 영상에서 크기, 둘레, 원형율, 신장률 등의 정보를 추출하여 오른쪽 영상에서 가장 유사한 영상을 찾는 문제를 절대값의 차의 선형 결합으로 해결해 보자.

* 오른쪽 영상은 영상분할 되고 각 영역별로 레이블 되어야 한다.

* 만약 영상 분할과 영역레이블이 힘들다면 각 영역별로 잘라내어 테스트 해보자.

* 사용되는 특징은 5장에서 배운 모양 특징 기술자를 사용하자

* 각 모양들의 거리 비교는 간단한 절대 값의 차(absolute distance)를 구하고 이를 선형적으로 결합하는 방법을 이용하자.

참고문헌

[1] 이근호, '차원축소와 특징선택이란 무엇인가' May 5, 2016, http://terryum.io/korean/2016/05/05/FeatureSelection_KOR/

[2] 인주호, 채수환, '의미 기반 유전 알고리즘을 사용한 특징 선택,' 한국 인터넷 정보학회 (13권4호), 1-10, 2012

[3] SoftgearKo's Development, Machine Learning, '모델 선택 방법. 2. Feature Selection,' http://softgearko.blogspot.kr/2014/04/machine-learning-2-feature-selection.html

[4] CS231n: Convolutional Neural Networks for Visual Recognition, Spring 2017, http://cs231n.stanford.edu/

[5] 오일석, "패턴인식", 교보문고, 2008

6. 군집화

6.1. 군집화의 정의

6.1.1 분류(classification), 군집화(clustering)의 차이점

패턴인식 문제는 분류와 군집화로 대표될 수 있다. 일반적인 패턴인식 문제는 입력 대상이 학습에 따라 A클래스로 분류될 것인지, B클래스로 분류될 것인지에 초점이 맞추어져 있지만 학습이 이루어지지 않은 상태에서 입력대상들을 비슷한 부류로 군집화 하는 알고리즘 또한 패턴인식과 머신러닝에서 중요한 하나의 연구 분야이다.

분류는 일반적으로 교사 학습(supervised learning)으로 불리며 아래와 같이 정의 할 수 있다.

- 미리 학습 데이터를 클래스 별로 분류 시켜 놓고 분류 함수를 계산하여 새로운 데이터를 분류 함수에 따라 특정 클래스로 분류하는 방법

그림 6.1은 교사 학습을 이용한 클래스별 분류의 예이다.

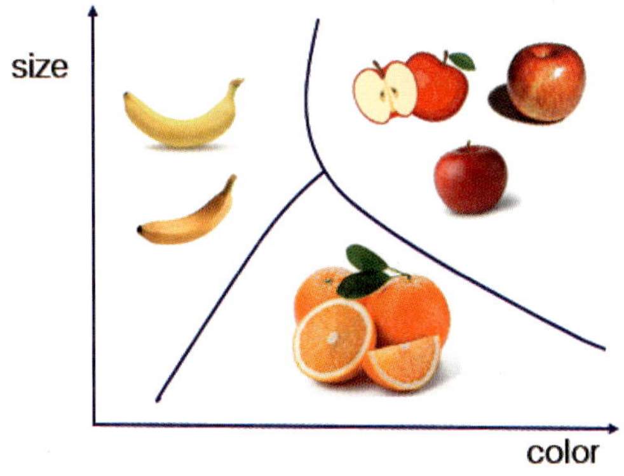

(그림 6.1) 교사 학습을 이용한 클래스 분류의 예

대부분의 패턴인식 및 머신러닝 문제는 훈련 데이터를 이용, 분류함수를 미리 학습하고 분류에 사용하는 교사학습에 기반을 두고 있으며, 대표적인 방법에는 이후 장에서 배울 베이즈 정리(추론), 최대우도 최대 사후, 퍼지로직, 결정트리, 인공 신경망 등의 방법이 있다.

군집화는 비 교사 학습(unsupervised learning)으로 불리며, 아래와 같이 정의 할 수 있다.

• 미리 훈련 데이터의 클래스를 분류시켜 놓지 않고 입력된 훈련 데이터의 특성을 분석하여 특성이 비슷한 K개의 군집(클러스터, cluster)으로 분류한다. 학습이 끝난 뒤에 새롭게 입력되는 테스트 데이터를 K개의 군집 중 하나로 분류한다.

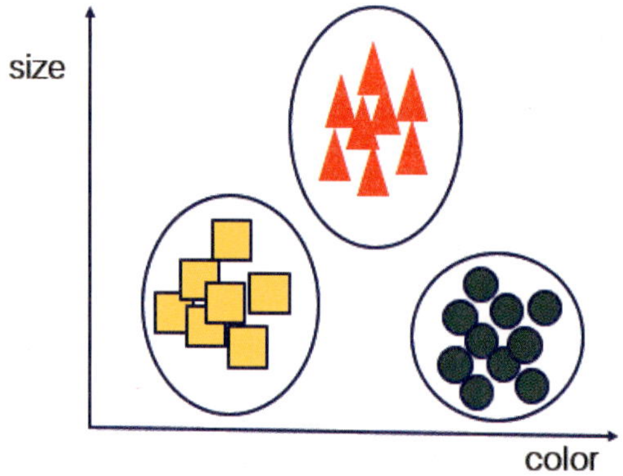

(그림 6.2) 비 교사 학습을 이용한 군집화의 예

그림 6.2는 K=3인 경우, 비 교사 학습을 이용한 군집화의 예를 보여 주고 있다.

비 교사 학습기반의 군집화 알고리즘은 훈련데이터를 미리 클래스별로 레이블 하여 분류 함수를 생성할 필요가 없이 학습과정에서 훈련데이터의 특성에 맞게 자동으로 K개의 군집(cluster, 클러스터)로 분류하는 분류 함수가 만들어진다는 장점이 있다. 군집화의 대표적인 애플리케이션으로는 '구글 포토'를 들 수 있다. 구글 포토는 그림 6.3처럼 입력된 사진들의 특성을 분석하여 사진을 자동으로 분류하는 서비스를 제공하고 있다. 입력된 사진마다 군집화 알고리즘이 인물 사진을 학습하고 새 사진과 기존의 군집을 대조해 가면서 인물이 어떤 군집에 속하는 인물인지 판별한다.

(그림 6.3) 군집화 알고리즘을 이용한 구글 포토 예

대표적인 군집화 알고리즘으로는 K-mean 군집화, 계층적 군집화, fuzzy C-mean 군집화, mean-shift 군집화 방법들이 있으며, 본 교재에서는 K-mean 군집화 방법과 계층적 군집화 방법을 살펴보도록 한다.

6.2. 군집화 알고리즘

6.2.1 K-mean 군집화

K-mean 군집화 방법은 사전에 주어진 K개의 군집을 데이터의 특성에 맞도록 결정해 주는 방법을 말한다. 즉, 훈련데이터가 모이면 각 훈련데이터의 클래스를 레이블 해주는 대신에 사용자가 군집으로 만들고 싶은 K개를 선택하면 각 훈련데이터의 특성에 따라 비슷한 특성을 갖는 데이터끼리 모여서 K개의 군집을 이루는 것을 말한다.

K-mean군집화 알고리즘은 군집의 개수인 K를 미리 선정해 주어야 하며, 군집 K들의 초기 중심점 값이 무작위(random) 방법으로 초기화 된다. 이후 반복 과정에서 군집의 중심값이 계속 변하여 최소 오차를 갖는 값으로 수렴한다. K-mean군집화 방법의 구체적인 알고리즘은 다음과 같다.

알고리즘 6.1 K-mean 군집화 알고리즘

1. 기본가정: 군집의 개수인 K는 사전에 알려져 있음

   S_j : j번째 군집집합,

   t: 반복 회수

   $c_i(t): t$번째 반복 회수에서 i번째 군집의 중심 값

2. 단계

   2-1) 초기화 과정

   - 군집 개수 K를 설정
   - 각 K개의 군집에서 각 군집의 초기 중심 값을 설정
     초기 중심 값은 랜덤하게 설정
     $\{c_1(t), c_2(t), ..., c_k(t)\},\ i = 1 \sim K, i \neq j$

   2-2) 데이터 분배 단계

   - 모든 데이터 x^p를 각 군집의 중심 값과의 차이값을 이용하여 분해 함.

- 만약 한 데이터 x^p에 대해 하나의 군집 j와 다른 모든 군집 $i(i=1 \sim K, i \neq j)$에 대해 차이 값을 구하고 군집 j가 더 작다면 데이터 x^p는 군집 j의 집합 S_j의 원소가 됨

$$\text{if} \quad |x^p - c_j(t)| < |x^p - c_i(t)|, (i=1,2,\dots,K, i \neq j) \tag{6.1}$$
$$then \quad x^p \in S_j(t)$$

- 단계 2-2)를 모든 데이터에 적용

2-3) 새로운 군집의 중심 구하기

- 새롭게 구성된 각 군집 집합을 이용하여 새로운 군집의 중심 값을 구함

$$c_j(t+1) = \frac{1}{N_j} \sum_{x^p \in S_j(t)} x^p \tag{6.2}$$

2-4) 수렴 여부 조사하기

- 새로운 군집의 중심이 구해진 후, 이전 군집의 중심과의 변화를 측정
- 각 군집마다 차이 값을 더한 후 변화가 없으면 더 이상 수렴하지 않음으로 분류가 끝났다고 판별하고 종료
- 차이 값이 미리 설정해 놓은 임계값 보다 클 경우 다시 단계 2-2)로 돌아가서 조건 2-4)를 만족할 때까지 단계 2-2), 2-3)을 반복

이 과정을 그림으로 설명하면 다음과 같다. 우선 그림 6.4 (a)와 같이 K=2로 선정했다면 각 군집의 초기 중심 값을 무작위로 설정한다.

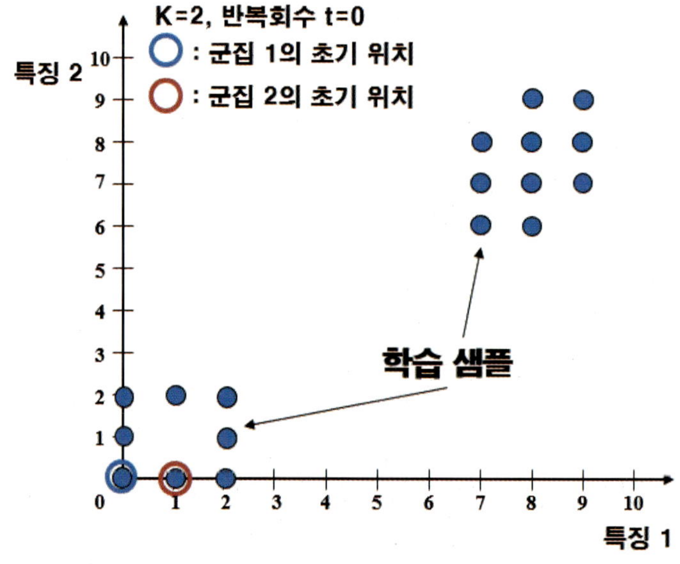

(a) 초기 군집 선정하기, 초기 군집이 K=2로 설정되었음으로 2개 군집에 대한 초기 중심점이 랜덤하게 설정됨, 군집 1의 중심점 (0,0), 군집 2의 중심점 (0,1)

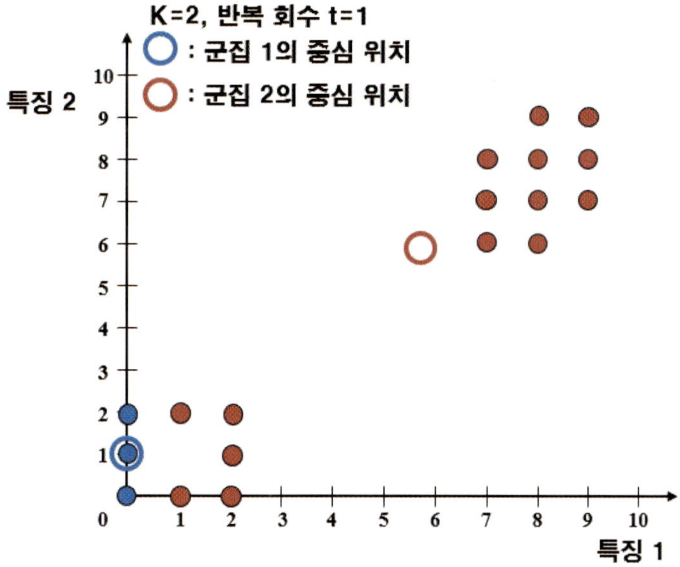

(b) 단계 2-2), 2-3)을 이용하여 새로운 군집의 중심 구하기,
군집 1의 중심점 (0, 1), 군집 2의 중심점 (6, 6)

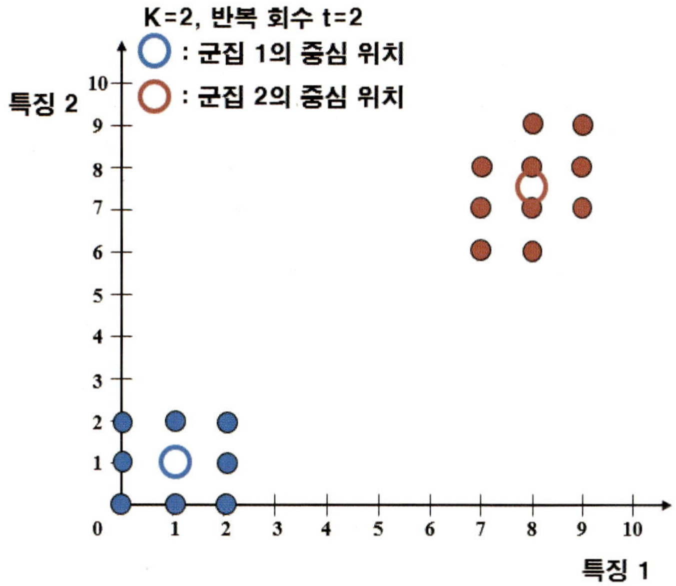

(c) 수렴여부 조사 후 단계 2-2), 2-3)을 이용하여 새로운 군집의 중심 구하기,
군집 1의 중심점 (1,1), 군집 2의 중심점 (8, 7.5)

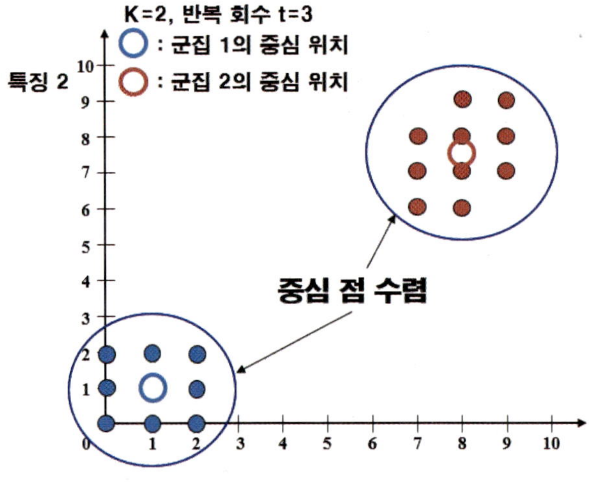

(d) 단계 2-2), 2-3)을 이용하여 새로운 군집의 중심을 구하고 단계 2-4)의 수렴여부를 만족하는 경우 반복을 멈추고 군집 확정하기, 최종 군집 1의 중심점 (1, 1), 군집 2의 중심점 (8, 7.5)

(그림 6.4) K-mean 군집화 단계의 예

영상으로부터 K-mean 군집화 기법을 이용하여 영상을 영역별로 분리하는 프로그램은 아래와 같다.

(연습 6.1) K-mean 군집화

```
void OnKmeanClustering()
{
    // 영상 읽어오기
    ....
    // 색상 분할하기
    //그레이 영상 만들기
    ....

    //군집화 개수, 종료 임계값 설정
    int K =3, T=1;
    int* ME = new int [K];        // 군집 중심 값 저장 메모리

    //초기 군집 중심 값을 위한 난수 발생
    srand((unsigned)time(NULL));
    for(i=0;i<K;i++) ME[i] = rand()%(255);
```

```
        // 군집 함수 호출
         K_Mean_Clustering(image, ME,K,T,width,height);

        // 영상 출력
        ...
        // 메모리 해제
}

//실제 군집화를 수행하는 함수
void K_Mean_Clustering(BYTE** image, int* ME,int K, int T,int width,int height)
{
    float* C_mean = new float [K]; //각 군집의 중심값 기억 메모리
    float* distance = new float [K]; // 각 군집간의 중심 거리 차
    int* Count = new int [K];          //각 군집의 원소 개수
     int* Cluster = new int [K];         //각 군집 원소 픽셀의 총 합을 위한 메모리
     int i,j,k,s;

     //군집 번호를 기억할 메모리
     int** label = new int*[height];
     for(i = 0 ; i < height ; i++ )
     {
            label[i] = new int [width];
            memset(label[i], 0, sizeof(int)*width);
      }

    float min,temp_mean,Sum_mean;
    for(k=0;k<K;k++){
                C_mean[k] =distance[k]=0.0f;
            Count[k]=Cluster[k]=0;
    }
    Sum_mean = min=temp_mean=0.0f;

    for(k=0;k<K;k++) C_mean[k] =(float) ME[k]; //초기 평균값을 넣기

    for(i=0;i< height;i++)
    {
      for(j=0;j<width;j++)
      {
            //한 픽셀과 각 군집 중심값들과의 거리를 구하기
```

```
            for(k=0;k<K;k++) distance[k]
                                    =(float)fabs(C_mean[k]-(float)image[i][j]);
            min = distance[0];
            s=0;

             //거리값이 가장 작은 평균값 찾기
             for(k=1;k<K;k++){
                  if( distance[k]<=min){
                        min = distance[k];
                        s=k;
                  }

            //해당 픽셀값을 합산(나중에 새로운 클러스터의 평균 계산을 위해)
            Cluster[s] += image[i][j];

            //해당 픽셀에 거리가 가장 가까운 평균값으로 채워주기
            label[i][j] = s;

            //새로운 평균(중심) 계산을 위한 개수 카운트
            Count[s] ++;
                  }
      }
                  for(k=0;k<K;k++){
                     temp_mean = C_mean[k];
                     if(Count[k] ==0) C_mean[k]=0.0;
                     else
                     {
                       //새 군집의 평균 구하기
                       C_mean[k] =(float) (Cluster[k]/Count[k]);
                      }

                      //각 군집의 중심과 이전 중심과의 차이값 구하기..
                      Sum_mean +=(float) fabs(C_mean[k]-temp_mean);
                      temp_mean = 0.0;
                  }
            if(Sum_mean <=T) // 이전 중심값의 합과 현재 중심값의 합의 수렴 여부
            {
         for(k=0;k<K;k++){
             for(i=0;i< height;i++) // 각 군집을 새로운 중심값으로 채워 줌
                  for(j=0;j<width;j++)
```

```
            {
                if(label[i][j] == k) image[i][j] =(unsigned char) C_mean[k];
            }
    }
    return; //차이가 거의 없다면 군집화 종료
      }
      else  //차이가 크다면 다시 클러스터 해줘야 함
      {
     Sum_mean =0.0;
      for(k=0;k<K;k++) ME[k] =(int)C_mean[k];
            K_Mean_Clustering(image,ME,K,T,width,height);
       }

    // 메모리 해제
      for(i=0;i<height;i++)
      {
            delete [] label[i];
       }
      delete [] label;
      delete [] C_mean;
      delete [] distance;
      delete [] Count;
      delete [] Cluster;
}
```

K-mean 군집화 기법은 군집의 개수인 K값에 영향을 받는다. 따라서 같은 입력 데이터라 하더라도 K값을 어떻게 설정했느냐에 따라 그 결과 값이 확연히 달라 질 수 있다. 그림 6.5 (b)와 (c)는 K-mean 군집화에서 K값을 달리 해 적용했을 경우의 영상 분할 결과이다.

(a)

(b)

(c) (d)

(그림 6.5) K값을 변화 시킨 경우의 K-mean 군집화 결과 차이,
(a) 원본 영상, (b) K=2, (c) K=3, (d) K=5

그림 6.5에서 보는 것과 같이 K값이 2인 경우 영상이 단 2개의 색상으로 분할 된 것을 알 수 있다. 여기서 유의해야 할 것은 영상에서 군집의 결과는 분할된 영역의 수가 아니라 색상의 수를 의미한다는 것이다. 결과에서 K값을 3과 5로 늘릴수록 다양한 색상으로 분할됨을 볼 수 있다. 따라서 사용자는 군집시키고자 하는 데이터의 특성을 파악하여 K값을 사전에 설정해 주어야 한다. K-mean 군집화는 초기 군집의 랜덤 중심 값에도 영향을 받는다. 그림 6.6과 같이 초기에 잘못된 중심 값이 설정되면 수렴 속도가 늦어지거나 지역적 국소에 빠져서 오히려 군집 결과가 나빠질 수도 있다.

(a) (b)

(그림 6.6) 초기 중심값을 변화 시킨 경우의 K-mean 군집화 결과 차이 (K=5),
(a) 0~255사이의 랜덤 중심 값으로 설정한 경우 (b) 군집의 중심 값을 모두 1로 설정한 경우

수렴조건 T를 이용하여 반복 횟수를 조절할 수도 있다. 수렴 조건 T가 큰 경우 수렴은 빨리 이루어지는 반면 군집 결과는 상대적으로 나빠질 수 있으며, 반대로 T가 작거나 0일 경우 수렴 속도는 매우 느려지지만 군집 결과는 상대적으로 좋아 질 수 있다.

알고리즘 6.2 유사도(거리) 측정 방법

군집화에서 군집의 중심과 주변 샘플 데이터들과의 거리(유사도)를 측정하기 위해서는 다음과 같은 다양한 방법이 사용 될 수 있다.

① City-block 거리 (Manhattan distance): L1-norm 방식으로 아래 수식과 같이 절대값을 이용하여 계산된다.

$$d(X,Y)=\sum_{i=1}^{n}(|x_i-y_i|) \tag{6.3}$$

City block 거리는 아래 그림과 같이 표현 할 수 있다.

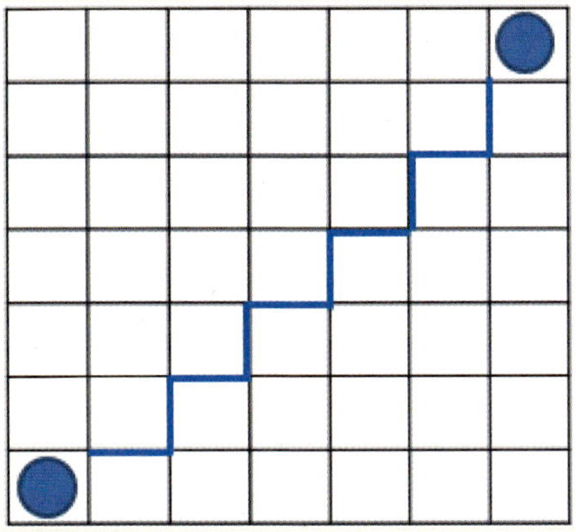

만약 두 점의 좌표가 X(1,1), Y(7,7)이라고 한다면, City-block 거리는 (|1-7|+|1-7|)=12가 된다.

② Euclidean 거리: L2-norm 방식으로 아래 수식과 같이 계산된다.

$$d(X,Y)=\sqrt{\sum_{i=1}^{n}(x_i-y_i)^2} \tag{6.4}$$

Euclidean 거리는 아래 그림과 같이 표현할 수 있다. City-block 거리와 다르게 각 좌표 축간의 거리를 모두 포함하지 않고 대각선 모양으로 계산된다. 두 점의 좌표가 X(1,1), Y(7,7)이라고 한다면, Euclidean 거리는 ($\sqrt{(1-7)^2+(1-7)^2}\approx 8.45$로 줄어든다. 이 방법은 제곱과 루트를 계산해야 함으로 City-block 거리보다 연산시간이 더 걸리지만 계산결과는 보다 정확함을 알 수 있다.

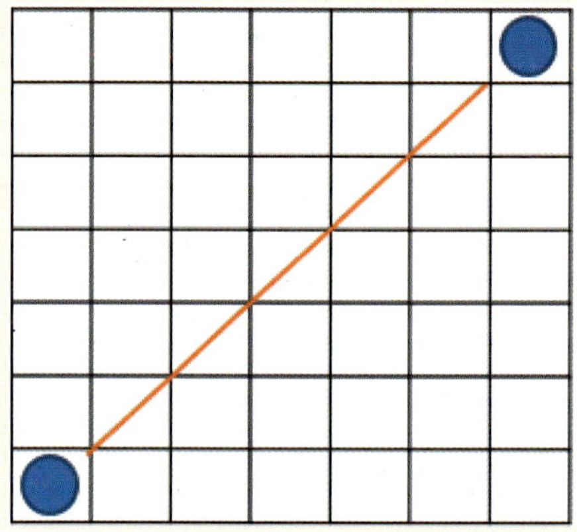

③ Minkowski 거리: 거리 측정의 일반식으로서 아래의수식과 같이 표현된다. 수식에서 p=1이면 city-block 거리를 의미하고, p=2이면 Euclidean거리를 의미한다.

$$d(X,Y)=\sqrt[p]{\sum_{i=1}^{n}(x_i-y_i)^p}=\left(\sum_{i=1}^{n}(x_i-y_i)^p\right)^{\frac{1}{p}} \tag{6.5}$$

6.2.2 계층적 군집화(Hierarchical clustering)

계층적 군집화 방법은 데이터 마이닝이나 통계에서 주로 많이 사용되는 군집화 방법으로 군집을 만들기 위해 계층적 방법을 이용한다. 계층적 군집화에는 상향식 계층(bottom up, agglomerative) 방법과 하향식 계층(top down, divisive) 방법이 있다. 상향식 계층 방법은 모든 데이터를 하나의 군집으로 보고 계층이 올라갈수록 유사한 데이터군집을 합쳐가는 방식이다. 하향식 계층 방법은 모든 데이터를 하나의 군집으로 보고 계층이 내려갈수록 군집을 반복적으로 세부적인 군집으로 나누는 방식을 의미한다. 본 교재에서는 영상 분할에서 보다 많이 사용되는 상향식 계층 방법으로 설명하도록 한다.

상향식 계층 기반의 계층적 군집화 방법의 구체적인 알고리즘은 다음과 같다.

알고리즘 6.3 상향식 계층 기반의 계층적 군집화 알고리즘

1. 기본가정: 각 샘플 데이터는 개개의 군집

2. 단계
   2-1) 초기화 과정
   - 군집 개수를 데이터개수와 동일하게 초기화
   2-2) 데이터 결합 단계
   - 군집들의 유사도를 계산하여 가장 유사한 군집들을 병합하여 새로운 군집 생성
   2-3) 마지막 한 개의 군집으로 병합될 때까지 2-2를 반복

상향식 계층 기반의 계층적 군집화 알고리즘을 이용하여 샘플 데이터를 K개의 군집으로 나누고 싶다면 알고리즘 중간에 군집의 개수를 카운트하여 반복단계를 조절하면 된다.

그림 6.7은 상향식 계층 기반의 계층적 군집화 방법의 군집화 과정의 예를 보여주고 있다. 먼저 A~E까지 6개의 샘플 중에서 거리가 가장 가까운 D와 F를 병합하여 군집 1을 생성한다 (그림 6.7 (b)). 또 다시 군집들 간의 거리를 계산하여 A와 B를 병합하고 군집 2를 생성한다 (그림 6.7 (c)). 군집1과 군집 2는 다시 주변에 있는 E와 C와 거리를 계산한다. E의 거리가 군집 2보다는 군집 1에 가까움으로 군집1과 E가 결합하여 군집 3을 만든다 (그림 6.7 (d)). 다음으로 군집 2, 군집 3과 C와의 거리를 측정하여 보다 가까운 군집 3과 C가 결합하고 군집 4를 생성한다. 마지막으로 군집 2와 군집 4간의 거리를 측정하여 군집을 병합한다. 더 이상 병합할 군집이 없을 경우 멈춘다 (그림 6.7 (e)).

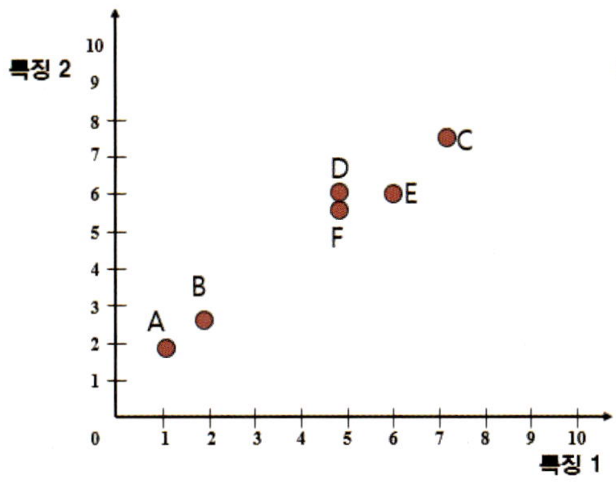

(a)

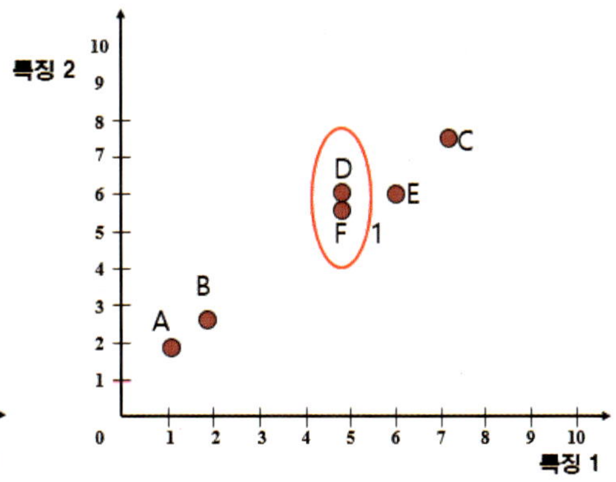

(b)

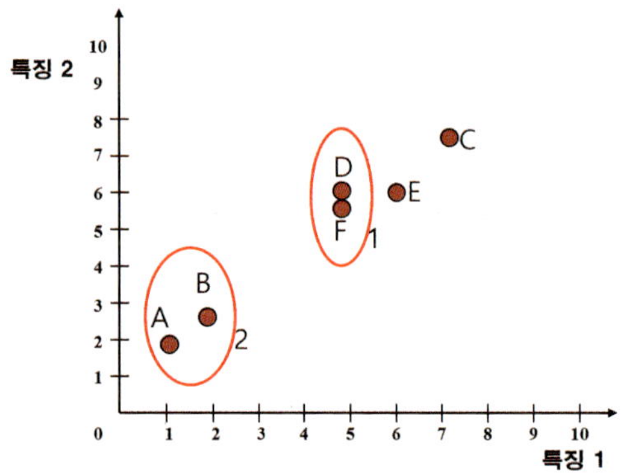

(c)

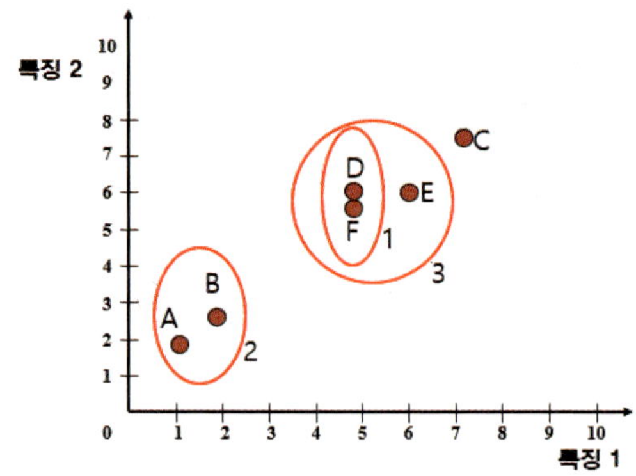

(d)

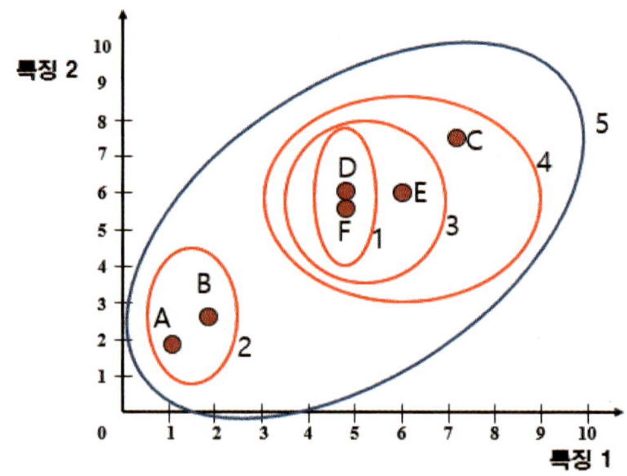

(e)

(그림 6.7) 6개의 샘플을 이용한 상향식 계층 기반의 계층적 군집화 과정 예

그림 6.7 예제와 같은 군집과정을 트리로 표현할 수 있는데 이러한 트리를 덴드로그램(dendrogram)이라고 한다.

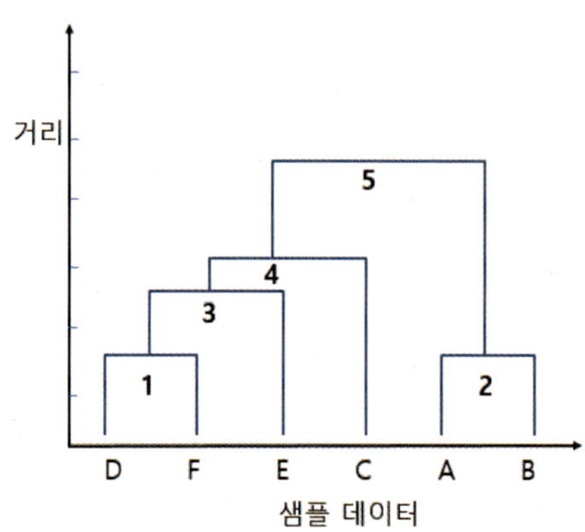

(그림 6.8) 그림 6.7 예제의 군집화 과정에 대한 덴드로그램

계층적 군집화에서 군집화를 위한 데이터들 간의 유사도 측정 방법은 아래와 같이 세 가지 방법이 사용된다.

① **단일 링크**(single-link) : 각 군집의 데이터들 사이에 거리차가 가장 작은 값을 선택한다.

$$d(A,B) = \min\{d(x,y) : x \in A, y \in B\}$$

단일링크를 그림으로 표현하면 그림 6.9와 같다. 그림에서처럼 군집 A의 원소와 군집 B의 모든 원소 간에 거리를 측정하여 최소가 되는 원소간의 거리 값을 군집 A와 군집 B의 거리 값으로 설정한다. 다른 군집에 비해 거리 값이 최소가 될 경우 군집 A와 군집 B를 병합한다.

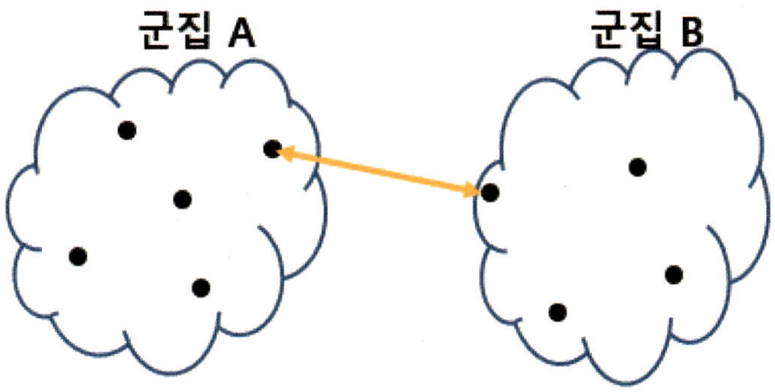

(그림 6.9) 단일 링크의 예

② **완전 링크**(complete-link) : 각 군집의 데이터들 사이에 거리차가 가장 큰 값을 선택한다.

$$d(A,B) = \max\{d(x,y) : x \in A, y \in B\}$$

완전링크를 그림으로 표현하면 그림 6.10과 같다. 단일 링크와 다르게, 군집 A와 군집 B의 모든 원소 간에 거리를 측정하여 최대가 되는 원소간의 거리 값을 군집 A와 군집 B의 거리 값으로 설정한다. 다른 군집에 비해 거리 값이 최소가 될 경우 군집 A와 군집 B를 병합한다.

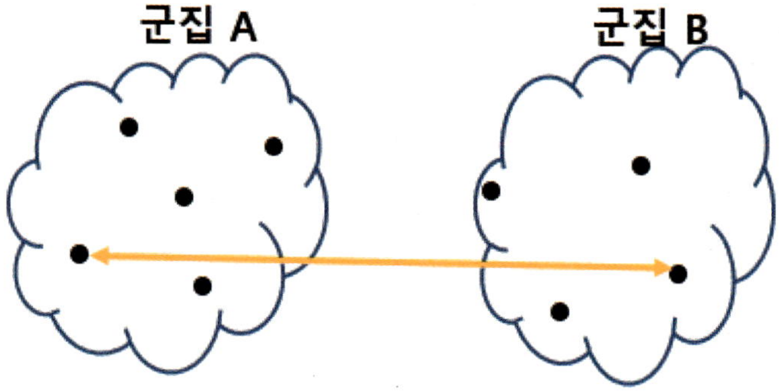

(그림 6.10) 완전 링크의 예

③ **평균 링크**(average-link): 각 군집의 데이터들 사이에 평균 유사도를 계산한다.

$$d(A,B) = avg\{d(x,y) : x \in A, y \in B\}$$

평균링크를 그림으로 표현하면 그림 6.11과 같다. 군집 A와 군집 B의 모든 원소 간에 거리 평균을 측정하여 평균값을 군집 A와 군집 B의 거리 값으로 설정한다. 다른 군집에 비해 거리 값이 최소가 될 경우 군집 A와 군집 B를 병합한다.

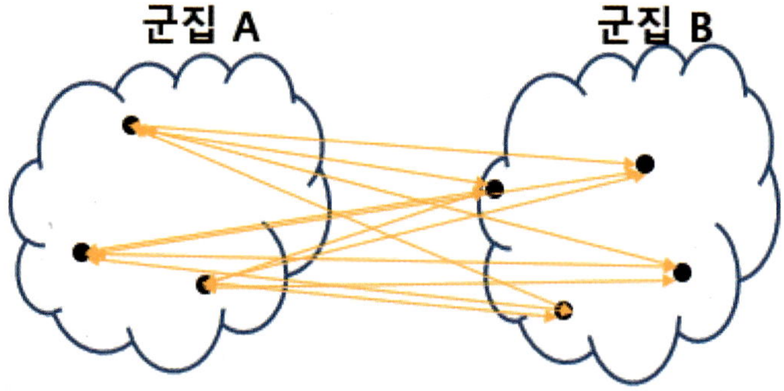

(그림 6.11) 평균 링크의 예

※ 단일 결합법을 이용한 계층적 군집화 예제

5개의 데이터로 구성된 집합이 있다. 이 집합을 단일 링크를 이용하여 계층적으로 군집화해 보자.

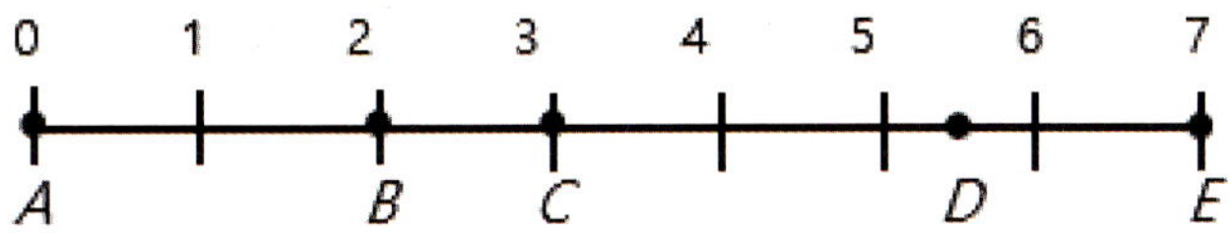

우선 각 데이터들을 하나의 군집으로 가정한다. 이 경우 초기에 총 5개의 군집이 생성된다. 각 군집들 간에 단일 링크와 City-block 거리를 이용하여 최소 거리표를 생성한다.

	A	B	C	D	E
A	0	2.0	3.0	5.5	7.0
B	2.0	0	1.0	3.5	5.0
C	3.0	1.0	0.0	2.5	4.0
D	5.5	3.5	2.5	0	1.5
E	7.0	5.0	4.0	1.5	0

군집 간에 최단거리를 가지는 군집 B와 군집 C를 병합하여 새로운 BC군집을 형성한다. 새로운 형성된 군집을 기준으로 최소거리 표를 다시 생성한다.

	A	BC	D	E
A	0	2.0	5.5	7.0
BC	2.0	0	2.5	4.0
D	5.5	2.5	0	1.5
E	7.0	4.0	1.5	0

BC원 원소(2, 3)

군집 D와 군집 E 사이의 최단거리가 1.5임으로 D와 E를 결합하여 새로운 DE군집을 생성한다.

	A	BC	DE
A	0	2.0	5.5
BC	2.0	0	2.5
DE	5.5	2.5	0

BC 원소(2, 3),DE 원소(5.5, 7)

군집 BC와 군집 A 사이의 최단거리가 2.0 임으로 BC와 A를 결합하여 새로운 BCA군집을 생성한다.

	BCA	DE
BCA	0	2.5
DE	2.5	0

BCA 원소(0, 2, 3),DE 원소(5.5, 7)

군집 BCA와 군집 DE사이의 최단거리가 2.5임으로 BCA와 DE를 결합하여 새로운 군집 BCADE를 생성한다. 마지막으로 군집의 개수를 확인하고 1이면 반복단계를 멈춘다. 이 과정을 덴드로그램으로 표현하면 그림 6.12와 같다.

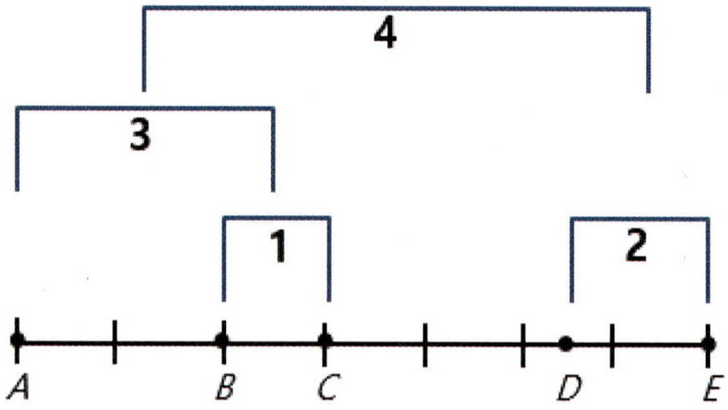

(그림 6.12) 단일 결합법을 이용한 계층적 군집화 예제에 대한 덴드로그램

6장 정 리

1. 교사 학습(supervised learning) 방법은 미리 훈련 데이터를 클래스 별로 분류 시켜 놓고 분류 함수를 계산하여 새로운 데이터를 분류 함수에 따라 특정 클래스로 분류하는 방법이다.
2. 비 교사 학습(unsupervised learning) 방법은 미리 클래스를 분류 시켜놓지 않고 입력된 훈련 데이터의 특성을 분석하여 특성이 비슷한 K개의 클래스로 분류하고, 새롭게 입력되는 테스트 데이터를 K개의 클래스 중에 하나로 분류하는 방법으로 군집화(clustering) 라고도 부른다.
3. K-mean 군집화방법은 사전에 주어진 K개의 군집을 데이터의 특성에 맞도록 결정해 주는 방법이다.
4. K-mean 군집화는 초기 군집의 랜덤 중심 값에도 영향을 받는다. 초기에 잘못된 중심 값이 설정되면 수렴 속도가 늦어지거나 지역적 국소에 빠져서 오히려 군집 결과가 나빠질 수 도 있다.
5. 군집화에서 군집의 중심과 주변 샘플 데이터들과의 거리(유사도)를 측정하기 위해서 City-block 거리, Euclidean 거리, Minkowski 거리등이 사용된다.
6. 계층적 군집화 방법은 데이터 마이닝이나 통계에서 주로 많이 사용되는 군집화 방법으로 군집을 만들기 위해 계층적 방법을 이용한다. 계층적 군집화에는 상향식 계층(bottom up, agglomerative) 방법과 하향식 계층(top down, divisive) 방법이 있다.
7. 상향식 계층 방법은 모든 데이터를 하나의 군집으로 보고 계층이 올라갈수록 유사한 데이터군집을 합쳐가는 방식이다. 하향식 계층 방법은 모든 데이터를 하나의 군집으로 보고 계층이 내려갈수록 군집을 반복적으로 세부적인 군집으로 나누는 방식을 의미한다.
8. 계층적 군집화에서 군집화를 위한 데이터들 간의 유사도 측정 방법은 단일 링크(single-link), 완전 링크(complete-link), 평균 링크(average-link)가 사용된다.

연습문제

1. 본문에서 사용된 예제 문제를 최대링크 방법과 평균링크 방법으로 풀이하시오.

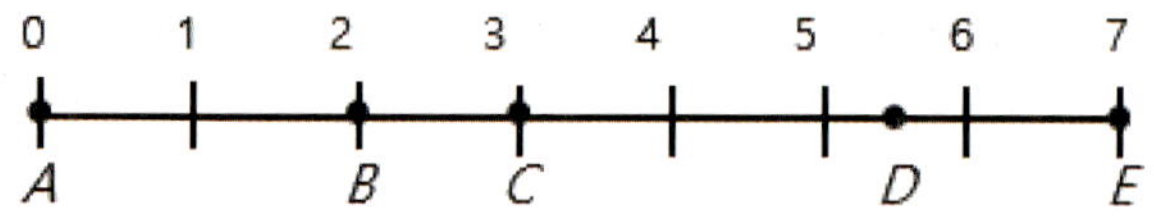

2. 아래 ① 다이아이몬드 영상을 K-mean 군집화 방법으로 ② 전경과 배경으로 분할하고 ③ 영역 레이블링 기법을 적용하여 영역의 개수를 카운트 하는 프로그램을 작성하시오.

① ② ③

참고문헌

[1] 고병철, "VISUAL C++기반의 의료영상처리 프로그래밍," 그린출판사, 2011.02.25
[2] 이의진, "Similarity Neighbors Clusters," 제 2회 지식서비스 워크숍 강의 자료

7. 확률, 통계기반의 패턴분류

7.1. 확률의 정의

우리는 매일 확률(probability)과 함께 하루를 시작한다. 아침에 일어나 뉴스에서 일기예보를 확인하고 '비올 확률이 70%이다'라는 기사를 확인한다. 아침 신문을 보며 밤새 미국과 유럽의 증시와 한국의 증시 전망을 확률로 확인한다. 출근길에서는 어제 밤 꿈을 회상하면서 당첨확률이 0%에 가깝다는걸 알면서도 로또 복권을 한 장 산다. 회사에서는 새로 나온 신제품의 시장조사 결과 20대 대학생들의 선호도가 타 연령대보다 20% 높다는 결과를 보고 받는다. 점심 식사 후 직원들과의 후식 커피는 주사위로 결정한다. 저녁에는 오늘 밤에 벌어질 대표팀 축구경기의 결과에 저마다의 통계자료를 근거로 내기를 한다. 이렇듯 확률은 우리의 일상생활과 밀접한 관계를 가지고 있으며, 인간이 의사결정을 하는데 중요한 역할을 하고 있다.

(그림 7.1) 일상생활에서 사용되는 확률의 적용 예

확률의 개념은 인류가 문명인으로 존재했던 수천 년 전부터 사용되어 왔지만 수학적인 이론으로서의 역사는 그리 깊지 않다. 지금부터 우리가 알고 있는 확률에 대해 보다 수학적인 관점에서 살펴보기로 한다.

7.1.1 확률 기초

확률(確率, probability)은 하나의 사건(event) 이 발생할 수 있는 가능성의 정도 또는 비율을 나타낸다. 예를 들어 주사위를 던져서 5가 나오는 사건의 경우 이때의 확률은 전체 6가지 경우 중에서 한가지임으로 1/6이 된다. 여기서 주사위를 던져서 나오는 정수 X를 랜덤 변수(random variable) 혹은 확률 변수라고 하고 확률은 P(X=5)= 1/6으로 표시한다. 또한 주사위가 나올 수 있는 시행결과 하나하나는 근원사건으로 {1}, {2}, {3}, {4}, {5}, {6}와 같고 모든 근원사건의 집합인 표본공간(sample space)은 S={1, 2, 3, 4, 5, 6}와 같이 표현할 수 있다. 주사위를 던지는 시행에서 나올 수 있는 근원사건, 표본공간, 랜덤변수, 확률을 표로 표현하면 표 7.1과 같다.

(표 7.1) 1개 주사위를 던지는 시행에 대한 랜덤변수와 확률

x	1	2	3	4	5	6
P(X=x)	1/6	1/6	1/6	1/6	1/6	1/6

만약 2개의 주사위를 동시에 던졌다면 근원사건은 {2}, {3}, {4}, {5}, {6}, {7}, {8}, {9}, {10}, {11}, {12}이고, 표본공간은 S={2, 3, 4, 5, 6, 7, 8, 9, 10, 11, 12}이다. 이것을 표 7.1과 같은 방법으로 표현하면 표 7.2와 같다.

(표 7.2) 2개 주사위를 던지는 시행에 대한 랜덤변수와 확률

x	2	3	4	5	6	7	8	9	19	11	12
P(X=x)	1/36	2/36	3/36	4/36	5/36	6/36	5/36	4/36	3/36	2/36	1/36

표 7.2의 확률은 그림 7.2 (a)와 같이 표현할 수 있다.

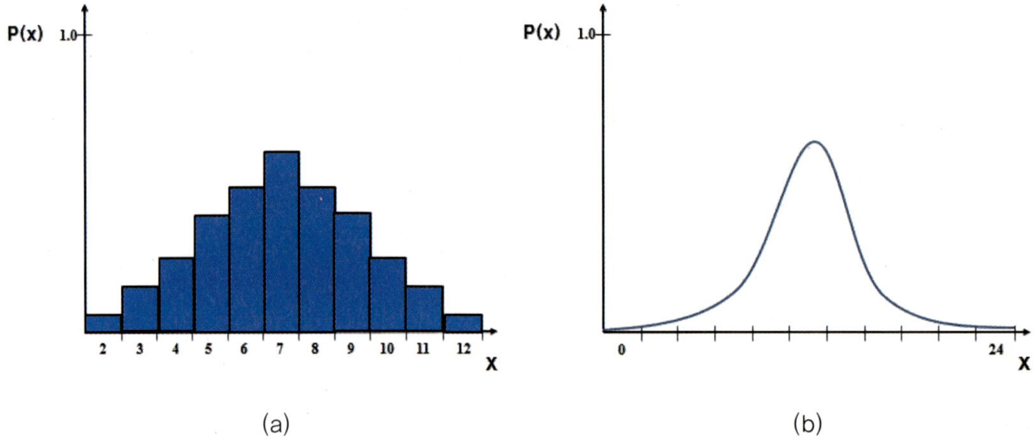

(그림 7.2) (a) 이산 랜덤변수를 이용한 확률 질량함수, (b) 연속 랜덤변수를 이용한 확률밀도함수

그림 7.2 (a)는 확률 분포가 이산적(discrete)으로 표현 되어 있다. 이렇게 이산적으로 표현되는 확률 분포함수를 확률 질량함수(pmf, probability mass function)라고 한다.

확률분포는 연속적으로도 표현이 될 수 있다. 예를 들어 A라는 상점에서 맥주의 판매량을 시간대별로 표시한다고 가정하자. 이때 랜덤변수인 시간은 연속적인 값을 갖게 된다. 이렇게 연속적인 값을 갖는 경우의 확률 분포를 확률밀도함수(pdf, probability density function)라고 한다. 그림 7.2 (b)는 랜덤 변수가 연속인경우의 확률 밀도 함수를 보여주고 있다.

두 가지 확률분포에서 확률 질량함수는 랜덤변수 X의 각 구간에 대해 바로 확률 값을 알 수 있다. 하지만 확률밀도함수에서는 랜덤변수 X의 특정구간에서의 확률 값을 바로 알 수 없다. 이것은 확률밀도함수가 확률을 정의하는 게 아니라 단지 각 구간별로 확률의 밀도만을 정의하고 있기 때문이다. 이러한 이유로 실제 확률을 얻기 위해서는 확률밀도함수를 일정 구간에서 적분해야 한다.[15] 예를 들어 밤 12시의 주류 판매량에 대한 확률이 아니라 밤 12시-30분 ~ 밤 12시+30분 구간 사이의 확률밀도함수를 적분해서 추정할 수 있다.

7.2. 조건부 확률

S중학교에 X클래스와 Y클래스가 있다고 가정하고, X클래스에는 남학생 2명과 여학생 8명이 속해 있고, Y클래스에는 남학생 4명과 여학생 6명이 있다고 가정하자.

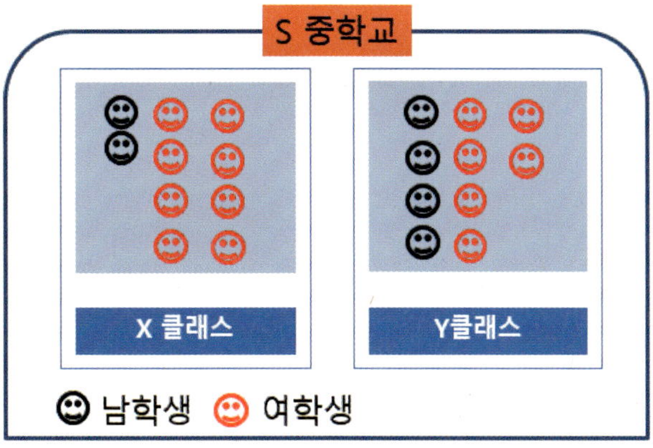

(그림 7.3) S중학교의 X클래스와 Y클래스별 남학생, 여학생 구성

X클래스에서 랜덤하게 한명을 뽑을 때 남학생이 뽑힐 확률은 얼마나 될까? 조건부 확률이란(conditional probability) "사건 B가 발생했다는 조건 하에서 사건 A가 발생할 확률"이라고 하고, 다음과 같은 관계식으로 표현된다.

15) 한학용, 패턴인식 개론, 한빛미디어

$$p(A|B) = p(A \cap B)/p(B) \tag{7.1}$$

위의 예제에서 X클래스(사건 B) 에서 남학생이 (사건 A) 뽑힐 조건부 확률은

① *p(A=남학생|B=X클래스)* = *p(A=남학생 ∩ B=X클래스)* / *p(B=X클래스)* = 2/10

가 되고 X클래스에서 여학생이 나올 조건부 확률은

② *p(A=여학생|B=X클래스)* = 8 / 10이 된다.

Y클래스의 경우도 마찬가지로 남학생이 뽑힐 조건부 확률은

③ *p(A=남학생|B=Y클래스)* = 4 / 10이 되고

Y클래스에서 여학생이 나올 조건부 확률은

④ *p(A=여학생|Y클래스)* = 6 / 10이 된다.

조건부 확률에서는 하나의 클래스라는 조건하에서 사건이 발생할 확률을 정의하고 있음을 명심하자.

만약, 위의 예제에서 X와 Y 클래스 중에서 클래스는 X이고 학생은 남학생이 뽑힐 확률은 얼마일까? 이와 같이 클래스를 선택하는 사건과 학생을 뽑는 두 가지 다른 사건이 동시에 일어날 확률을 결합 확률(joint probability)이라고 한다. 결합 확률은 *p(A, B)* 또는 *p(A∩B)*로 표시하며 수식 (7.2)와 같이 쓸 수 있다. 수식 (7.2)를 풀어 쓰면 A사건이 일어나고 동시에 다른 사건 B가 발생할 결합 확률을 의미한다.

$$p(A,B) = p(A \cap B) = p(B|A)p(A) \tag{7.2}$$

수식 (7.2)에서 A와 B사건이 작용하기 전에 발생하는 확률 *p(A)*와 *p(B)*를 사전확률(prior probability)이라고 한다.

만약 결합 확률에서 사건 A와 B가 서로 독립된 사건이라면 둘 사이의 연관성이 없어지므로 $p(B|A) = p(B)$가되어 수식 (7.2)는 $p(A,B) = p(B)p(A)$와 같이 쓸 수 있다.

위의 예에서 '**S 중학교에서 중에 X클래스를 뽑고 (A사건) X클래스에서 남학생이 뽑힐** (B **사건) 확률**'을 결합 확률을 이용하여 풀이 할 수 있다. X클래스에 대한 사전확률 *p(X)* = 1/2이고 Y클래스에 대한 사전 확률도 *p(Y)*=1/2이라 가정하자. 조건부 확률 *p(B=남학생|A=X클래스)*=2/10와 *p(A=X클래스)*=1/2을 이용하여 *p(A∩B)*를 구하면

$$p(A \cap B) = \frac{2}{10} \times \frac{1}{2} = \frac{1}{10}$$

이 된다.

또 다른 예제를 통해 사전 확률, 조건부 확률, 결합 확률을 이해해 보자.

(예제 7.1) 사전 확률, 조건부 확률, 결합 확률

인공지능 연구 동호회의 회원 수는 100명이다. 이 중에서 40명이(F)여성이고 60명이 남성(M)이다. 40명의 여성 중에서 10명이 기혼이고 60명의 남성중에서 30명이 기혼이다.

1) 여성 회원 중에서 기혼자가 뽑힐 조건부 확률을 구하시오.

   p(X=기혼자/F) = 10/40 = 0.25

2) 남성 회원 중에서 기혼자가 뽑힐 조건부 확률을 구하시오.

   p(X=기혼자/M) = 30/60 = 0.5

3) 전체 동호회원 중에서 무작위로 1명을 뽑을 때, 여성(F)이 뽑히고 그 여성이 기혼자일 결합 확률을 구하시오.

   p(X=기혼자∩F) = *p(X=기혼자/F)×p(F)* = 10/40 × 40/100 = 0.1

4) 전체 동호회원 중에서 무작위로 1명을 뽑을 때, 남성(M)이 뽑히고 그 남성이 기혼자일 결합 확률을 구하시오.

   p(X=기혼자∩M) = *p(X=기혼자/M)×p(M)* = 30/60 × 60/100 = 0.3

※ 독립사건(Independent event)과 종속사건(Dependent event)에서의 조건부 확률

사건 A와 B가 독립사건이라면 (두 가지 사건이 전혀 별개인 경우-주사위 던지기와 동전던지기) $p(A/B) = p(A)$ 또는 $p(B/A) = p(B)$가 된다.

반대로, 지금까지 살펴본바와 같이 사건 A, B가 종속사건이라면 수식 (7.1)과 같이 $p(A/B)= p(A\cap B)/p(B)$ 또는 $p(B/A)= p(B\cap A)/p(A)$가 된다.

7.3. 베이즈 정리(Bayes' theorem)

우리는 7.2장에서 사건 A와 B가 상호 종속되어 있는 동시 사건일 때, 결합 확률 $p(A\cap B)$는 $p(A, B)$로 표현 할 수 있음을 배웠다. $p(A\cap B)=p(A, B)$는 교환법칙에 의해 $p(B\cap A)=p(B, A)$로 표현할 수 있다. 결국

$$p(A\cap B) = p(B\cap A) \tag{7.3}$$

과 같이 표현할 수 있고, 이를 다시 풀어쓰면

$$p(A|B)p(B) = p(B|A)p(A) \tag{7.4}$$

이 된다. 위의 수식을 정리하면 식 (7.5)를 얻을 수 있다.

$$P(A|B) = \frac{p(B|A)p(A)}{p(B)} \tag{7.5}$$

그림 7.3의 예제를 이용하여 수식 (7.5)를 설명한다면, A가 가질 수 있는 사건은 {X클래스, Y클래스}이고, B가 가질 수 있는 사건은 {남학생, 여학생}이다. 식 (7.5)에서 *P(A/B)*는 사건 B가 일어난 경우에, 이 사건이 A의 영역에서 일어날 사후확률(posterior probability)이라고 불린다. 수식 (7.5)에서 *p(B/A)*는 A라는 사건(클래스 결정)이 주어진 조건 하에서 B사건(남학생, 여학생)에 대한 조건부 확률을 의미하고 p(A)는 사건 A (클래스 결정)에 대한 사전확률이다. 사후 확률을 예제에 적용하면

- p(A=X클래스 | B=남학생): 전체학생 중 남학생을 선택했을 때 X클래스에 속할 사후확률
- p(A=Y클래스 | B=여학생): 전체학생 중 여학생을 선택했을 때 Y클래스에 속할 사후확률을 계산할 수 있다.

p(B)는 사건 B의 사전확률이지만, 여기서는 다르게 해석해야 한다. 즉 B라는 사건은 A사건에 종속적임으로 (예, 남학생은 X클래스와 Y클래스에 모두 있음) 결합 확률에 의해 p(B)는 다음과 같이 계산 될 수 있다.

$$p(B) = p(B|A=X)p(A=X) + p(B|A=Y)p(A=Y) \tag{7.6}$$

p(B)는 (7.5) 수식에서 *p(A/B)*의 값이 0~1사이의 값을 갖도록 하는 정규화 상수의 역할을 한다. 이와 같이 두 확률 변수의 사전 확률과 사후 확률 사이의 관계를 나타내는 정리를 베이즈 정리(규칙) (Bayes' theorem, rule)라 하고, 베이즈 정리[16)]는 새로운 근거가 제시될 때 사후 확률이 어떻게 갱신되는지를 구하는데 사용된다.

다음 예제를 통해 베이즈 정리를 이해해 보자.

(예제 7.2) 베이즈 정리 문제

그림 (7.3)의 예시와 같이, 어느 학교에 X클래스와 Y클래스가 있다고 가정하고, X클래스에는 남학생 2명과 여학생 8명이 속해 있고, Y클래스에는 남학생 4명과 여학생 6명이 있다고 가정하자.

16) 베이즈 정리는 베이지언 이론(Bayesian theorem), 규칙, 추론으로도 불린다. 본문에 여러 가지 용어가 혼동되어 사용되더라도 같은 베이즈 정리를 나타내는 것으로 이해하면 된다.

1) 남학생을 뽑았을 때 X클래스에 속할 사후확률을 구하시오.

p(X클래스 | 남학생) = {p(남학생 | X클래스)p(X클래스)}/p(남학생)

= {2/10 * 1/2} / {(2/10 * 1/2) + (4/10 * 1/2)}

= 0.1 / (0.1+0.2) = 0.33

2) 남학생을 뽑았을 때 Y클래스에 속할 사후확률을 구하시오.

p(Y클래스 | 남학생) = {p(남학생 | Y클래스)p(Y클래스)}/p(남학생)

= {4/10 * 1/2} / {(2/10 * 1/2) + (4/10 * 1/2)}

= 0.2 / (0.1+0.2) = 0.67

예제 7.2에서 알 수 있듯이 남학생을 한명 뽑았을 때, X클래스에 속할 사후확률은 0.33이고 Y클래스에 속할 사후확률은 0.67이므로 임의로 뽑은 남학생은 Y클래스에서 선택되었을 확률이 더 높은 것을 알 수 있다. 또한 두 사후 확률을 더한 값, *p(X클래스 | 남학생)* +*p(Y클래스 | 남학생)*은 반드시 1.0이 되어야 한다.

만약 클래스의 수가 n 개로 늘어날 경우 분모의 p(B)는 다음과 같은 수식으로 정리할 수 있다.

$$p(B) = \sum_{i=1}^{n} p(B|A_i)p(A_i) \tag{7.7}$$

※ 우도(가능도, Likelihood)

베이즈 정리에서 조건부 확률은 우도라고도 불린다. 즉 현상 (x)에 대한 모수(클래스)의 가능성을 의미한다.

7.4. 정규분포와 확률밀도 함수

인공지능 기말고사가 끝나고 학생들의 성적분포를 점수별로 누적하면 주로 종모양의 분포를 보인다. 이러한 분포형태는 학생들의 키, 몸무게 등등 여러 가지 현상에서도 유사한 패턴을 갖는다. 종모양의 분포는 평균을 중심으로 대칭을 이루는데 데이터의 표준편차에 따라 완만한 종 모양이 되거나 급격한 경사를 보이는 종 모양 분포가 될 수 있다. 이렇게 데이터가 종 모양을 보이는 분포를 정규 분포(normal distribution, Gaussian distribution))라고 부른다. 정규분포는 평균과 표준편차이라는 두 종류의 매개변수로만으로 표현이 가능하다.

만약 1차원 특징 벡터일 경우 (예, 키 또는 몸무게) 에는 아래 수식과 같이 평균 μ와 표준편차 σ가 정해지면 정규분포에 대한 가우시안 확률밀도 함수 p(x)를 구할 수 있다.

$$p(x) = \frac{1}{\sqrt{2\pi}\,\sigma} e^{-\frac{(x-\mu)^2}{2\sigma^2}} \tag{7.8}$$

1차원 이상의 특징벡터가 주어질 경우 (예, 키와 몸무게) 가우시안 확률밀도 함수 p(x,y)는 아래 수식과 같이 더 복잡해진다.

$$p(\boldsymbol{x},\boldsymbol{y}) = \frac{1}{\sqrt{2\pi^d}\,\sqrt{\det(\Sigma)}} e^{-\frac{1}{2}(x-\mu)^T\Sigma^{-1}((x-\mu)} \tag{7.9}$$

수식 (7.9)에서 μ는 가우시안 분포의 중심으로 dx1벡터(d는 차원)가 되고, Σ는 dxd의 공분산행렬이다. det()는 행렬식(determinant)를 의미한다. 그림 7.4는 1차 가우시안 확률밀도 함수와 2차 가우시안 확률밀도 함수의 예를 보여주고 있다.

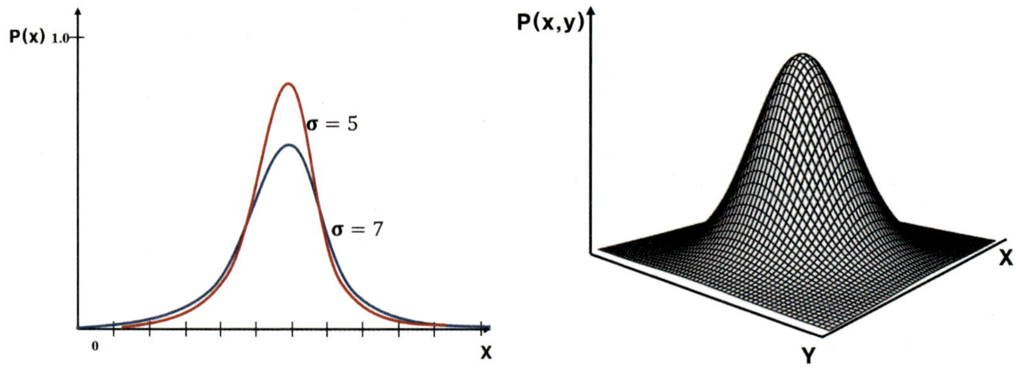

(그림 7.4) 1차 가우시안 확률밀도 함수(좌측)와 2차 가우시안 확률 밀도함수(우측)의 예. 확률밀도 함수는 표준편차의 크기에 따라 봉우리의 경사가 달라진다.

☞ 공분산 행렬과 행렬식

① 공분산 행렬(Covariance Matrix)

수식 (7.9)에서 사용된 공분산 행렬은 특징차원이 2차원 이상 일 경우 사용된다. 특징이 2차원일 경우 공분산 행렬은 아래와 같다.

$$\Sigma = \begin{bmatrix} \sigma(x,x) & \sigma(x,y) \\ \sigma(y,x) & \sigma(y,y) \end{bmatrix}$$

수식에서 $\sigma(x,x)$는 x벡터에 대한 분산이고, $\sigma(y,y)$는 y벡터에 대한 분산이다. $\sigma(x,y) = \sigma(y,x)$는 공분산(covariance)로 x 벡터가 증가 할수록 y벡터 값도 증가하면 '양'의 상관관계(correlation)를 가지고 반대일 경우 '음'의 상관관계를 가진다. 특징이 2차원일 경우 분산과 공분산 수식은 아래와 같다.

$$var(X,X) = \frac{\sum_{i=1}^{n}\left(X_i - \overline{X}\right)\left(X_i - \overline{X}\right)}{(n-1)}$$

$$cov(X,Y) = \frac{\sum_{i=1}^{n}\left(X_i - \overline{X}\right)\left(X_i - \overline{Y}\right)}{(n-1)}$$

이렇게 계산된 2차원 공분산 행렬은 아래와 같이 계산될 수 있다.

$$\Sigma = \begin{bmatrix} 1.18 & 0.56 \\ 0.56 & 1.05 \end{bmatrix}$$

공분산 행렬은 그림으로 표현하면 아래와 같은 의미를 갖는다.

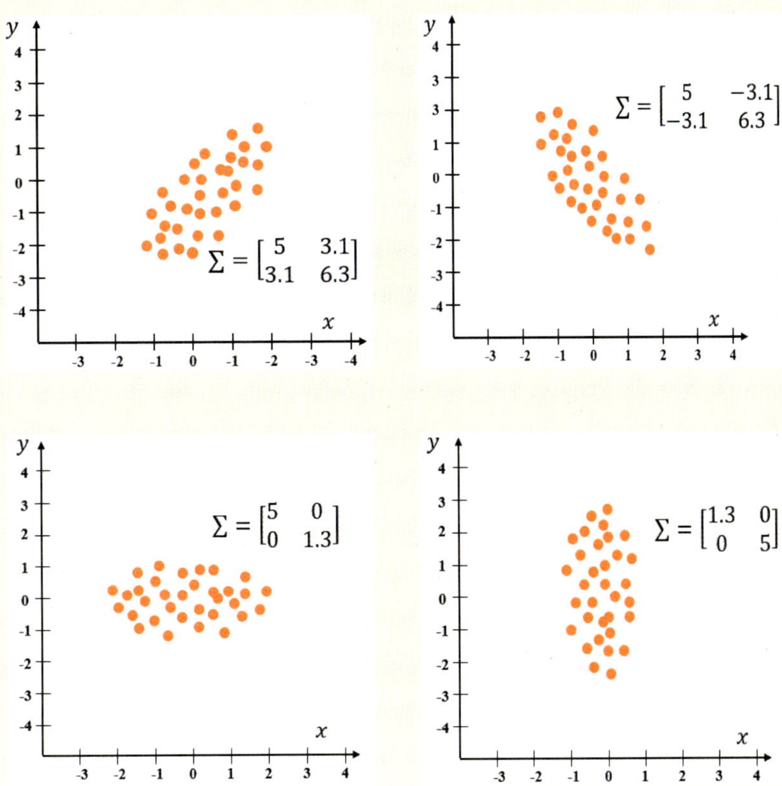

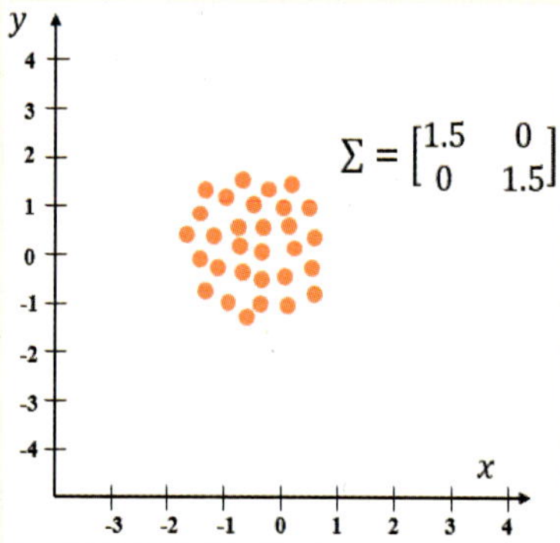

② 행렬식(Determinant)

행렬식은 정방행렬에 수를 대응시키는 함수의 하나로, 역행렬을 구할 때 계산되는 값이다. 행렬식은 정방행렬 A에 대해서 det(A) 또는 $|A|$와 같이 표현되며 2x2행렬, 3x3 행렬에서 아래와 같이 계산할 수 있다.

$$A = \begin{vmatrix} a\,b \\ c\,d \end{vmatrix},\ \det(A) = ad - bc$$

$$A = \begin{vmatrix} a\,b\,c \\ d\,e\,f \\ g\,h\,i \end{vmatrix},\ \det(A) = a(ei - fh) - b(di - fg) + c(dh - eg)$$

3차 이상인 경우 부분행렬로 쪼개어 계산하고 원소의 위치(i행, j열)가 홀수 일 때는 음수를 붙여준다. 행렬식과 이를 활용한 역행렬에 대한 보다 자세한 내용은 선형대수 교재를 참고하도록 하자.

확률밀도함수는 베이즈 정리에서 조건부확률 값을 유추하는데 사용할 수 있다. 예를 들어 2개의 클래스가 존재하는 그림 7.6 그래프에서, 첫 번째 클래스에 포함된 데이터들로부터 생성된 가우시안 확률밀도 함수는 (μ=4, σ=1)의 값을 갖고, 두 번째 클래스에 포함된 데이터들로부터 생성된 가우시안 확률밀도함수는 (μ=10, σ=1)의 값을 갖는다고 가정하자. 각 클래스에 대한 사전확률 p(c1)과 p(c2)의 확률값이 1/2로 같다고 할 때 x=5인 값이 c1클래스와 c2클래스 중 어느 클래스에 속할 확률값이 더 높은지를 계산해 보자.

1) 우선 각 클래스의 파라미터를 이용하여 가우시안 확률밀도 함수를 만들어 보자

$$p(x|C1) = \frac{1}{\sqrt{2\pi}} e^{-\frac{(x-4)^2}{2}}$$

$$p(x|C2) = \frac{1}{\sqrt{2\pi}} e^{-\frac{(x-8)^2}{2}}$$

그림 7.6은 각 클래스별 파라미터를 이용하여 계산된 가우시안 확률밀도 함수를 보여주고 있다.

2) 각 가우시안 확률밀도함수에 x=5값을 대입해 보자.

$$p(x=5|C1) = \frac{1}{\sqrt{2\pi}} e^{-\frac{(5-4)^2}{2}} = 0.24$$
$$p(x=5|C2) = \frac{1}{\sqrt{2\pi}} e^{-\frac{(5-8)^2}{2}} = 0.004$$

3) 각 조건부 확률값을 베이즈 정리에 적용하여 사후 확률을 구해보자

$$p(C1|x=5) = \frac{p(x=5|C1)p(C1)}{p(C1)} = \frac{0.24*0.5}{0.24*0.5+0.004*0.5} = 0.98$$
$$p(C2|x=5) = \frac{p(x=5|C2)p(C2)}{p(C2)} = \frac{0.004*0.5}{0.24*0.5+0.004*0.5} = 0.16$$

4) 결과에서처럼 p(C1|x=5)의 사후확률 값이 p(C2|x=5)의 사후확률 값보다 크므로 x=5는 C1클래스에 속할 확률이 더 높다고 판단할 수 있다.

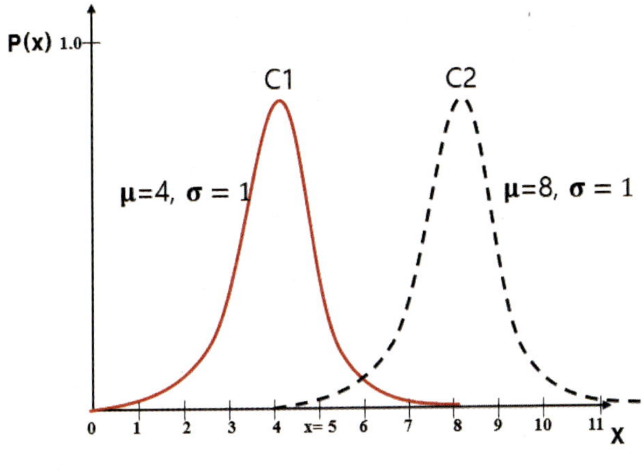

(그림 7.5) 가우시안 확률밀도함수를 갖는 2개의 클래스. 첫 번째 클래스(C1)은 평균 4를 중심으로 표준편차 1의 파라미터를 갖고, 두 번째 클래스 (C2) 평균 8을 중심으로 표준편차 1의 파라미터를 갖는 가우시안 분포를 가짐.

7.5. 최대우도와 최대사후 방법

우리는 7.4장에서 베이즈 정리의 주요 개념인 사전확률과 조건부 확률(우도)에 대해서 살펴보았다. 베이즈 정리에서의 학습은 결국 사전확률과 우도를 추정하는 것이라고 할 수 있다. 7.4장에서는 사전확률과 우도가 미리 알려져 있거나 확률밀도 함수로부터 추정이 가능하다는 가정 하에서 베이즈 정리를 적용하여 클래스를 분류하였다. 이 경우에 입력값 x에 대해 클래스를 분류하기 위해서는 두 개 클래스에 대해 각각 사후확률을 구하고 그 중에서 사후 확률값이 큰 클래스로 분류 하면 된다. 이러한 방법을 **최대 사후확률법**(MAP, Maximum A Posteriori)라고 부른다. 최대 사후 확률법은 사전확률이 클래스 별로 다를 때 유용한 확률 측정 방법이다. 또 다른 방법은 사전확률을 고려하지 않고 조건부 확률, 즉 우도만을 계산하여 그 중 우도 값이 가장 큰 클래스로 분류하는 방법이다. 이러한 방법을 **최대 우도법**(ML, Maximum Likelihood)라고 부른다. 최대 우도법은 클래스별 사전확률이 서로 같을 때 유용한 확률 측정 방법이다.

① 최대 사후확률법(MAP, Maximum A Posteriori)

c가 클래스이고 z가 관측값(입력값)이라고 했을 경우 최대사후확률법 MAP는 수식 (7.10)으로 표현 할 수 있다. 수식 (7.5)의 베이즈 정리에서 분모는 모든 클래스가 같은 값을 가지므로 생략 가능하다.

$$c^* = \arg\max_c p(c|z) = \arg\max_c p(z|c)p(c) \tag{7.10}$$

② 최대 우도법(ML, Maximum Likelihood)

최대 우도법 ML에서 기본 가정은 모든 클래스의 사전 확률 값이 동일하다는 조건을 갖는다. 따라서 ML의 수식은 아래 수식 (7.11)과 같이 표현 할 수 있다.

$$c^* = \arg\max_c p(z|c) \tag{7.11}$$

위에서 살펴본 MAP와 ML중에서 실제 관측값 z의 클래스를 결정하는데 보다 정확한 분류방식은 어떤 것일까? 결국 두 수식은 모두 베이즈 정리에서 유추된 방법임으로 기본적인 개념은 유사하지만 결국 모집단의 사전확률이 같은지 아니면 다를 수 있는지의 여부에 따라 MAP와 ML을 선택하여 사용하면 된다. 예를 들어 영상에서 얼굴색으로 얼굴 영역을 검출한다고 한다면 학습데이터로 얼굴 색상과 배경색상 정보를 수집하는데 이때 수집된 학습 데이터의 수가 다르다면 이 경우는 MAP를 이용하여 적용하여야 한다.

다수의 클래스가 존재 할 경우 관측값 z에 대해 수식 (7.10)과 (7.11)을 기반으로 각 클래스에 대해 특징 값을 적용하고 클래스별로 가장 큰 확률값을 갖는 클래스로 분류하면 된다. 수식 (7.10)~(7.11)을 그림으로 표현하면 그림 7.6과 같다.

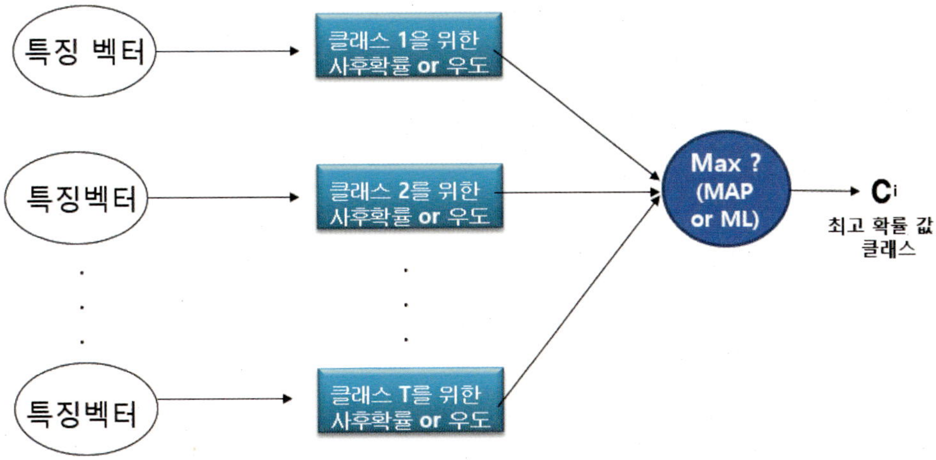

(그림 7.6) 다수의 클래스 분류를 위한 MAP와 ML의 적용 방법

또 한 가지 고려할 문제는, 관측에 사용되는 특징이 하나가 아니라 여러 개일 경우는 어떻게 MAP나 ML을 계산할 것인가 하는 문제이다. 예를 들어 연어와 농어를 구분하는 문제가 있다고 한다면 특징으로는 길이, 무게, 색상, 무늬, 둘레길이 등과 같이 여러 가지 특징들이 있을 수 있다. 특징들이 상호 독립적인가 아니면 상관관계가 있는가에 따라 베이즈 정리는 아래와 같이 다양하게 표현 될 수 있다.

7.6. 베이즈 정리(Bayes's theorem)의 종류

7.6.1 순수 베이즈 정리(pure Bayes's theorem)

다양한 특징 벡터를 서로 연관성이 있는 특징으로 보는 경우 순수 베이즈 정리에 의해 관측값에 대한 우도나 사후 확률값을 계산할 수 있다. 위의 예제에서 연어와 농어를 구분하기 위해 길이, 무게, 색상, 무늬, 둘레길이를 특징으로 사용했다고 한다면 연어로 분류하기 위한 우도를 계산하기 위해 p(길이,무게,색상,무늬,둘레길이|연어)를 계산하여야 한다. 만약 특징이 길이 하나라면 길이 특징만을 위한 1차원 확률밀도 함수가 필요하지만, 만약 특징이 위의 예제와 같이 늘어난다면 5개의 특징벡터를 동시에 고려한 5차원의 확률밀도함수를 만

들어야 한다. 실제 사용된 특징들이 상관관계가 있지만 특징 개수가 많아지면 고차원의 확률밀도함수를 실제 만들기가 어렵기 때문에 특징벡터가 2개 이상일 경우에는 이 방법은 실제로 적용하기가 힘들다. 이러한 연산을 수식으로 표현하면 아래와 같다. 수식 (7.12)에서 N은 전체 특징 개수를 의미한다.

$$p(f_1, f_2, \ldots, f_N | C_k) \tag{7.12}$$

7.6.2 나이브 베이즈 정리(naive Bayes's theorem)

순수 베이즈 정리의 문제점을 해결하고 실제 여러 특징을 갖는 현상들에 적용할 수 있도록 특징들을 서로 상관관계가 없는 독립변수(independent variable)로 가정하여 우도와 사후확률을 계산하는 방법이다. 이렇게 가정하면 길이, 무게, 색상, 무늬, 둘레 길이 등의 특징들은 모두 1차원의 독립적인 확률밀도함수로 표현이 가능하기 때문에 우도는 아래와 같이 계산이 가능해 진다.

$$p(\text{길이}, \text{무게}, \text{색상}, \text{무늬}, \text{둘레길이} | \text{연어}) = p(\text{길이} | \text{연어}) \cdot p(\text{무게} | \text{연어}) \cdot p(\text{색상} | \text{연어}) \cdot p(\text{무늬} | \text{연어}) \cdot p(\text{둘레길이} | \text{연어})$$

나이브 베이즈 정리는 강제적으로 특징간의 연관성을 제거한 것임으로 순수 베이즈 정리에 비해 오차가 발생할 수 있지만, 특징들의 독립되어 있음으로 문제를 단순화시켜서 풀 수 있다는 장점이 있다.

위의 수식에서 각각의 특징에 대한 우도는 개별적으로 계산이 되고 그 결과 값이 곱으로 계산되어 최종 우도를 결정하는 것을 알 수 있다. 이러한 연산을 수식으로 표현하면 아래와 같다. 수식 (7.13)에서 N은 전체 특징 개수를 의미한다.

$$p(f_1, f_2, \ldots, f_N | C_k) = \prod_{i=1}^{N} p(f_i | C_k) \tag{7.13}$$

7.6.3 세미-나이브 베이즈 정리(semi-naive Bayes's theorem)

세미-나이브 베이즈 정리는 특징들을 관계있는 소그룹으로 묶은 후에 소그룹 내에서는 특징들이 상관관계를 가진다고 보고, 반면에 개별 소그룹들 사이에는 상관관계가 없다는 가정 하에서 우도와 사후확률을 구하는 방법을 말한다. 여기서 중요한 것은 개별 특징들 중에서 어떤 특징들이 서로 상관관계가 있는지를 잘 파악하여 그룹핑하는 것이다. 그룹핑이 잘 된다면 세미-나이브 방식의 베이즈 정리는 가장 효율적인 확률모델로 적용될 수 있다.

예를 들어 위의 연어와 농어 분류 문제에서 개별 특징들 중에서 연관성 있는 것끼리 소그룹으로 묶는다면 F1={길이, 둘레길이}, F2={색상, 무늬}, F3={무게}의 3개 그룹으로 묶을 수 있다. 이렇게 묶었다면 세미-나이스 베이즈 정리 이용한 우도는 아래와 같이 구할 수 있다.

$$p(\text{길이},\text{무게},\text{색상},\text{무늬},\text{둘레길이}|\text{연어}) = p(\text{길이},\text{둘레길이}|\text{연어}) \cdot p(\text{색상},\text{무늬}|\text{연어}) \cdot p(\text{무게}|\text{연어})$$

이러한 연산을 수식으로 표현하면 아래와 같다.

$$p(f_1, f_2, \ldots, f_N | C_k) = \prod_{i=1}^{M} p(F_i | C_k) \tag{7.14}$$

수식 (7.14)에서 M은 소그룹의 개수이고 F는 소그룹을 의미한다.

7.6.4 로그 우도 구하기

수식 (7.13)과 수식 (7.14)는 특징별 우도 값을 추정하고 곱셈 연산을 함으로 특징이 많을 경우 0에 수렴하는 값을 갖게 되어 실제 프로그램을 하기 에는 적합하지 않다. 따라서 수식에 log를 취하여 곱셈 연산을 덧셈 연산으로 변형하여 문제를 단순화 시킬 수 있다.

$$naive\ Bayes : p(f_1, f_2, \ldots, f_N | C_k) = \sum_{i=1}^{N} \ln p(f_i | C_k) \tag{7.15}$$

$$semi-naive\ Bayes : p(f_1, f_2, \ldots, f_N | C_k) = \sum_{i=1}^{M} \ln p(F_i | C_k) \tag{7.16}$$

7장 정 리

1. 확률(確率, probability)은 하나의 사건(event)이 발생할 수 있는 가능성의 정도 또는 비율을 나타낸다.
2. 이산적으로 표현되는 확률 분포함수를 확률질량함수(pmf, probability mass function)이라고 하고, 연속적인 값을 갖는 경우의 확률 분포를 확률밀도함수(pdf, probability density function)이라고 한다.
3. 조건부 확률이란(conditional probability) "사건 B가 발생했다는 조건 하에서 사건 A가 발생할 확률"이다.
4. 두 가지 다른 사건이 동시에 일어날 확률을 결합 확률(joint probability)이라고 한다.
5. B의 값이 주어진 경우에 대한 A의 사후확률(posterior probability)이라고 부르고 p(A|B)로 표기한다.
6. 두 확률 변수의 사전 확률과 사후 확률 사이의 관계를 나타내는 정리를 베이즈 정리(규칙)(Bayes' theorem, rule)라 한다.
7. 베이즈 정리에서 조건부 확률은 우도라고도 불린다. 즉 현상(x) 에 대한 모수(클래스)의 가능성(likelihood)을 의미한다.
8. 데이터가 종 모양을 보이는 분포를 정규 분포(normal distribution, Gaussian distribution))라고 부른다. 정규분포는 평균과 표준편차이라는 두 종류의 매개변수로만으로 표현이 가능하다.
9. 베이즈 정리에서의 학습은 결국 사전확률과 우도를 추정하는 것이라고 할 수 있다.
10. 입력값 x에 대해 클래스를 분류하기 위해서는 두 개 클래스에 대해 각각 사후확률을 구하고 그 중에서 사후 확률값이 큰 클래스로 분류 하면 된다. 이러한 방법을 최대사후확률법(MAP, Maximum A Posteriori)라고 부른다. 또 다른 방법은 사전확률을 고려하지 않고 조건부 확률, 즉 우도만을 계산하여 그 중 우도값이 가장 큰 클래스로 분류하는 방법이다. 이러한 방법을 최대우도법(ML, Maximum Likelihood)라고 부른다.
11. 순수 베이즈 정리의 문제점을 해결하고 실제 여러 특징을 갖는 현상들에 적용할 수 있도록 특징들을 서로 상관관계가 없는 독립변수(independent variable)로 가정하여 우도와 사후확률을 계산하는 방법을 나이브-베이즈 정리라고 부른다.
12. 세미-나이브 베이즈 정리는 특징들을 관계있는 소그룹으로 묶은 후에 소그룹 내에서는 특징들이 상관관계를 가진다고 보고 개별 소그룹들 사이에는 상관관계가 없다는 가정 하에서 우도와 사후확률을 구하는 방법을 말한다.

연습문제

1. 공장에서 A, B, C 세 종류의 기계를 이용하여 물건을 생산하고 있다. A, B, C가 생산하는 제품의 양은 전체 생산량의 50%, 30%, 20%이고 각 제품의 불량률은 1%, 2%, 3%이다.

① 기계 A에서 생산된 제품 중에서 무작위로 1개를 뽑아 검사 하였을 경우 불량일 확률을 구하시오.

② 기계 B에서 생산된 제품 중에서 무작위로 1개를 뽑아 검사 하였을 경우 불량일 확률을 구하시오.

③ 기계 C에서 생산된 제품 중에서 무작위로 1개를 뽑아 검사 하였을 경우 불량일 확률을 구하시오.

④ 전체 제품에서 무작위로 1개를 뽑아 검사 하였을 경우 그것이 불량일 확률을 구하시오.
힌트) 사건 1- 기계를 선택하는 행위, 사건 2- 불량이 선택되는 행위, 각 기계별로 불량일 확률에 대한 결합 확률을 구하여 더해보자.

⑤ 제품의 무더기에서 1개를 뽑아 검사하였더니 불량품이었다고 가정 할 경우, 이것이 기계 A, B, C에서 생산한 물건일 확률을 베이즈 정리를 이용하여 각각 구해보고 불량이 가장 높은 기계가 무엇인지 알아내어 보시오.
힌트) P(A|X=불량), P(A|X=불량), P(A|X=불량)

⑥ 위 결과를 토대로 사전확률, 조건부 확률, 사후확률 중에서 기계의 불량률을 가장 합리적으로 측정할 수 있는 방법이 무엇인지 생각해 보시오.

2. 다음과 같은 가우시안 함수로 정의된 2-클래스를 가진 분류 문제가 있다고 가정해 보자. 만약 각 클래스의 사전확률이 0.6, 0.4이고 평균과 분산이 (2, 1), (4, 2)일 때 가우시안 분포를 그림으로 그려보자. 새로운 입력값 x=3이 입력되었을 때, MAP방법과 최대우도 방법을 이용하여 확률값을 계산보고 어떤 방법이 더 효율적인지 분석해보자.

3. 연어와 농어를 베이즈 정리의 최대우도 방법을 적용하여 구분하려고 한다. 특징은 길이와 무게를 사용한다고 가정하다. 길이와 무게가 상관관계가 있을 경우 학습 데이터로부터 2차원 확률밀도함수를 생성하고 중요 특징 값만을 선택하여 표시한 것이 아래 표와 같다.

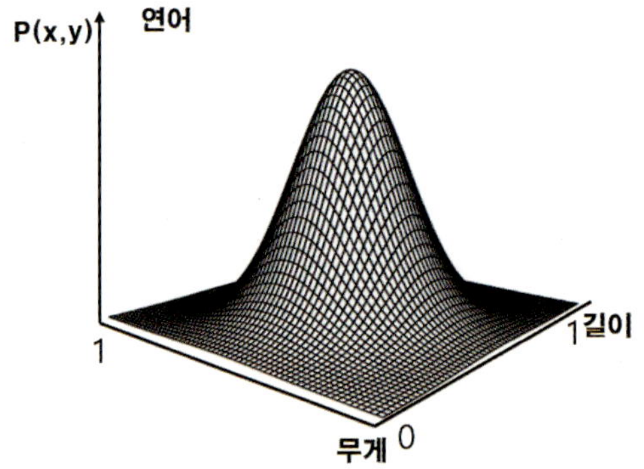

(그림 7.7) 무게와 길이를 특징으로 갖고 상관계가 있는 연어 클래스에 대한 2차원 확률밀도 함수

(표 7.3) p(길이,무게|연어)의 확률분포 표

p(길이,무게|연어)	길이=0	.....	길이=0.5	....	길이=1
무게=0.0	....	.....	0.1	....	0.1
....	....	....	....	....	....
무게=0.5	0.1	....	0.4	....	0.1
....	....	....	....	....	....
무게=1	....	.....	0.2	....	0.1

① 표를 보고 순수 베이즈 정리를 이용하여 연어 특징이 {길이=0.5, 무게=1}일 경우의 우도를 구해보자.

② 또한, 각 특징이 상관관계가 없다고 가정하여 나이브 베이즈 정리를 이용하여 연어 특징이 {길이=0.5, 무게=1}인 경우의 우도를 구해보자.

(표 7.4) p(길이|연어)의 확률분포 표

	길이=0.0	.....	길이=0.5	....	길이=1
p(길이|연어)	0.1	.....	0.4	....	0.2

	무게=0.0	.....	무게=0.5	....	무게=1
p(무게 | 연어)	0.1	.....	0.4	....	0.1

③ 두 확률값의 차이가 나는 이유를 생각해보자.

4. 영상에서 얼굴색을 검출하는 문제를 생각해보자. 영상의 각 픽셀이 얼굴색인지 아닌지 여부를 결정하는 분류문제에서 피부색 검출을 위해서는

1) 먼저 샘플 영상들을 수집해서 얼굴색 DB와 비얼굴 색 DB를 구성한다.
3) 색상 관측값 e1는 Red, e2는 Green, e3는 Blue의 색상정보를 특징으로 갖는다.
3) 얼굴 클래스와 비얼굴 클래스 특징별 가우시안 확률밀도함수를 구성한다.
   * 순수 베이즈 정리를 이용할 경우 3차원 확률밀도 함수를 구성하고, 나이브 베이즈 정리를 이용할 경우 각 특징별로 1차원 확률밀도 함수를 구성한다.
2) 이제 입력 영상의 각 픽셀값이 피부색인지 여부를 MAP와 ML방법으로 판단해 보기로 하자.
3) 학습에 사용하지 않은 새로운 얼굴 포함 영상을 입력해보자
4) P(Face|e1, e2, e3), P(Non-Face|e1,e2,e3)를 나이브 베이지안으로 계산해보자.
5) P(e1, e2, e3|Face), P(e1,e2,e3|Non-Face)를 나이브 베이지안으로 계산해보자.
6) 본인의 알고리즘에서 MAP와 ML중 어떤 알고리즘이 더 얼굴픽셀을 더 잘 분류하는지 알아보자
7) 왜 이런 현상이 발생하는지 고민해보고, 얼굴색을 더 잘 구분해 낼 수 있는 방법을 고민해 보자.

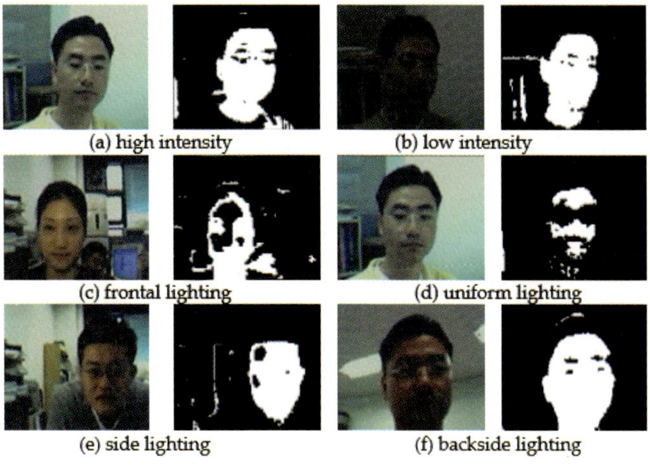

(그림 7.8) 다양한 얼굴 영상에서 얼굴 색상 분류의 예 [3]

참고문헌

[1] 베이지언 확률, 다크프로그래머, http://darkpgmr.tistory.com/119

[2] 한학용, 패턴인식 개론, 한빛출판사

[3] H. B., B.C. Ko, "Robust face detection and tracking for real-life applications," International Journal of Pattern Recognition and Artificial Intelligence, Vol. 17. No. 6, pp. 1035-1055, 2003

8. 퍼지 로직(Fuzzy Logic)

8.1. 퍼지 로직(Fuzzy Logic)의 소개

퍼지 로직은 인간의 행동을 해석 할 수 있는 인공지능의 한 파트이다. 퍼지 로직은 인간의 행동을 해석 할 수 있기 때문에 지능 시스템(intelligent system)이라고도 불린다. 퍼지 로직은 1965년 미국 버클리 대학교의 Lotfi A. Zadeh 교수가 쓴 '퍼지 집합(set)'이라는 책에서 처음으로 제안되었다. 이 책에서는 클래식 로직(논리)이 1(true)과 0(false)로 표현되는 것과 달리 퍼지 로직에서는 1과 0 사이의 값을 가질 수 있다고 정의 하고 있다. 이전의 논리 집합들이 0과 1로 떨어지는 값을 갖는 크리습 집합(crisp set)이었다면 퍼지 논리 집합은 0과 1 사이의 값을 갖는 연속적 집합(continuous set)이라고 할 수 있다. 퍼지 집합의 경계는 이렇게 연속적인 경계를 가짐으로 퍼지 집합의 원소들은 입력에 대해 '참'과 '거짓' 이외에 '참의 정도(degree of truth)', '거짓의 정도(degree of falseness)'와 같은 연속적 값을 가질 수 있다.

퍼지 로직이론이 처음으로 적용된 예는 1977년 덴마크의 시멘트 가마의 온도를 조절하는 시스템이었다. 일본에서는 자동차의 브레이크 시스템과 세탁기 제어시스템 등의 여러 가지 전자제품에 퍼지 로직이론을 적용하여 큰 성공을 거두었다. 퍼지 로직은 전문가를 대신 할 수 있는 여러 가지 컨트롤 시스템들에 현재까지도 사용되고 있다. 퍼지 로직이 적용된 응용 제품들에는 다음과 같은 것들이 있다.

- 열차/지하철 자동 운전
- 자동차 산업(트랜스미션, 브레이크 시스템, 정속 주행 제어)
- 냉/난방 시스템 온도 제어
- 복사기 농도 조절
- 세탁기 강약, 냉장고 온도 조절
- 로봇 팔 제어
- 자동초점 카메라 등등

8.2. 퍼지 로직과 클래식(Classical)로직

퍼지로직은 클래식 로직의 포괄적인 형태로 '멤버십의 정도' 개념을 이용한 클래식 로직의 상위집합(superset)이라고 할 수 있다. 8.2장에서는 먼저 클래식 로직과 퍼지로직의 개념을 살펴보고 두 가지 로직이 어떻게 다른 특성을 갖는지를 공부해 보도록 한다.

8.2.1 클래식 로직과 집합

X를 전체요소집합(universe of discourse)라하고 x를 집합 X의 원소라 하자. 또 다른 집합 A와 B가 전체요소집합 X에 포함된다고 할 때, 클래식 로직의 일반적인 연산은 아래와 같이 표현 할 수 있다.

$$x \in X \rightarrow x \text{는 } X\text{에 속한다.}$$

$$x \in B \rightarrow x \text{는 } B\text{에 속한다.}$$

$$x \notin A \rightarrow x \text{는 } A\text{에 속하지 않는다.}$$

이 밖에도 클래식 로직에는 교집합, 합집합, 부분집합, 여집합(complement), 결합법칙, 교환법칙, 분배법칙 등 다양한 집합 연산자 등이 있다. 이러한 내용들은 이 책에서는 다루지 않기로 한다.

클래식 로직은 입력을 0과 1로 구성된 크리습 값으로 변환하는 역할을 한다. 입력 값을 크리습 값으로 변환 시키는 역할을 하는 함수를 멤버십 함수(membership function)[17)]라고 부른다. 그리고 멤버십 함수가 출력하는 값을 멤버십 값(degree of membership)이라고 부른다. 클래식 집합은 {입력 값, 멤버십 값}으로 구성된 멤버(혹은 원소, member, element)들로 이루어진다.

$$A = \{\{x, \mu_A(x)\}, \ldots \{x, \mu_A(x)\}\}, x \in X$$

수식 (8.1)에서 $\mu_A(x)$ 는 집합 A를 위한 멤버십 함수이다. X가 전체요소집합일 때, 입력 x는 수식 (8.1)의 멤버십 함수에 의해 집합 A에 속하거나 속하지 않을 수 있다. 이 멤버십 함수는, x라는 입력 값에 따라 (8.1)의 멤버십 함수를 적용하고 그 결과 x가 집합 A에 포함되면 1의 값을 출력하고 그렇지 않을 경우 0의 값을 출력 한다[18)].

$$\mu_A(x) = \begin{cases} 1 & iff \ \ x \in A \\ 0 & iff \ \ x \notin A \end{cases} \tag{8.1}$$

17) 클래식 로직에서는 멤버십 함수를 특징 함수(characteristic function)로 부르지만 본 교재에서는 퍼지로직의 멤버십 함수로 두 함수를 통일하여 사용한다. 멤버십 함수가 출력하는 값은 멤버십 값(value, degree)으로 불린다.
18) 수식 (8,1)에서 iff는 if and only if의 줄임말로 필요충분조건을 뜻한다.

멤버십 함수를 이용하는 클래식 로직의 예를 하나 살펴보자. X라는 학급에서 학생들의 키가 다음과 같다고 하자. X={160, 180, 170, 190}. 이 학생들의 키를 클래식 로직의 멤버십 함수를 이용하여 *tall*이라는 집합으로 표현해 보자. 멤버십 함수는 (8.2)와 같이 정의 하였다고 한다면

$$\mu_{tall}(x) = \begin{cases} 1 & iff \;\; x \geq 180 \\ 0 & iff \;\; x < 180 \end{cases} \tag{8.2}$$

tall 집합은 tall={{160,0}, {180,1}, {170,0}, {190,1}}의 멤버들을 구성요소로 표현 할 수 있다. tall 집합의 멤버들은 입력 값 x와 입력 값에 대한 멤버십 함수의 결과 값의 조합으로 구성된다. 그림 8.1은 수식 (8.2)의 멤버십 함수를 보여주고 있다. 그림에서 보듯이 함수는 키 180을 기준으로 출력 값을 1 또는 0으로만 출력한다.

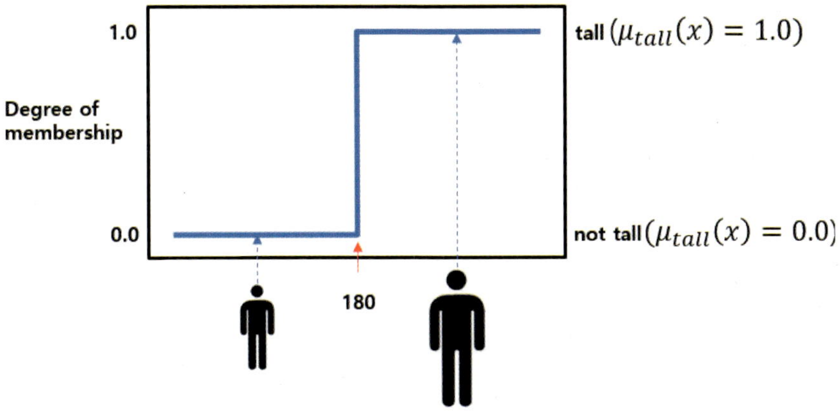

(그림 8.1) X학급의 키에 대한 멤버십 함수. 입력 값에 대해 180을 기준으로 1 또는 0을 출력한다.

8.2.2 퍼지 집합

퍼지집합은 클래식 집합과 마찬가지로 {입력값, 멤버십 함수 출력 값}의 쌍으로 이루어진 멤버로 구성된다.

$$A = \{\{x, \mu_A(x)\}, \ldots \{x, \mu_A(x)\}\}, x \in X$$

하지만 퍼지집합이 클래식 집합과 다른 점은 입력 값에 대해 멤버십 값을 출력하기 위한 멤버십 함수가 크리습 값을 출력하는 것이 아니라 [0, 1] 사이의 연속적 값을 출력한다는 점이다. 따라서 그림 8.1의 멤버십 함수는 아래 그림 8.2와 같이 표현 될 수 있다.

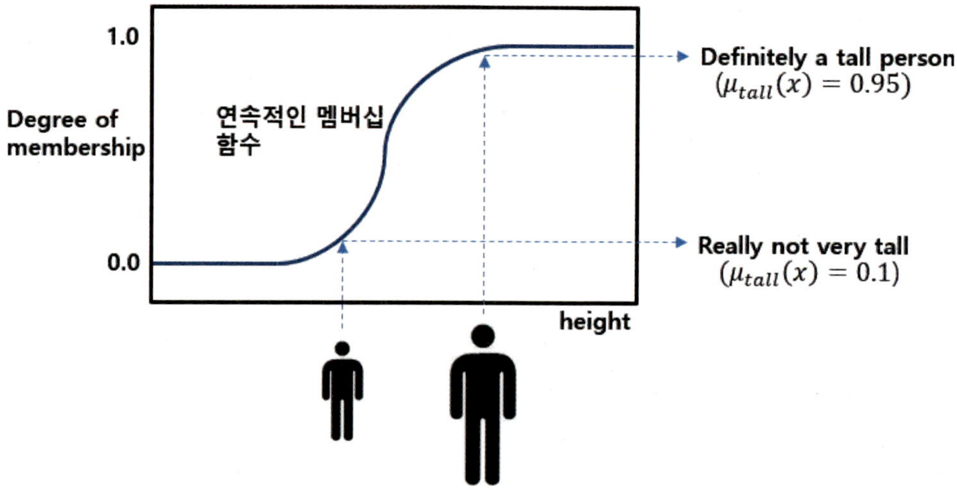

(그림 8.2) 퍼지집합에서 연속적 멤버십 값을 출력하기 위한 멤버십 함수의 예

예를 들어 야외 온도가 입력 변수라고 가정해 보자. 클래식 로직에 따르면 온도는 단지 덥다(1) 또는 춥다(0)로 분류가 가능하다. 따라서 온도가 0~40도 사이에 있을 경우는 클래식 로직으로는 구체적으로 더위의 정도를 표현 할 수가 없다. 만약 클래식 로직을 사용하여 Hot에 대한 집합을 구성한다면 멤버십 함수는 아래와 같이 만들어 질 수 있다.

$$\mu_{Hot}(x) = \begin{cases} 1 & iff \ \ x \geq 40 \\ 0 & iff \ \ x < 40 \end{cases} \tag{8.3}$$

만약 입력 집합 X={10, 15, 42, 16, 34, 19, 29, 40}이라고 한다면 멤버십 함수에 의해 클래식 집합 hot은 hot={{10,0},{15,0},{42,1},{16,0},{34,0},{19,0},{40,1}}의 멤버들을 갖게 된다.

퍼지집합은 이 문제를 미리 결정된 멤버십 함수로 풀이한다. 예를 Hot에 대한 멤버십 함수와 Cold 아래와 같이 구성했다고 가정하자.

$$\mu_{Hot}(x) = \begin{cases} 0 & \text{if}\, x < 25 \\ \dfrac{x-25}{15} & \text{if}\, 25 \leq x \leq 40 \\ 1 & \text{if}\, x > 40 \end{cases} \tag{8.4}$$

$$\mu_{Cold}(x) = \begin{cases} 1 & x < 10 \\ \dfrac{25-x}{20} & 10 \le x \le 25 \\ 0 & x > 25 \end{cases} \qquad (8.5)$$

그림 8.3은 Hot과 Cold에 대한 멤버십 함수들을 보여주고 있다.

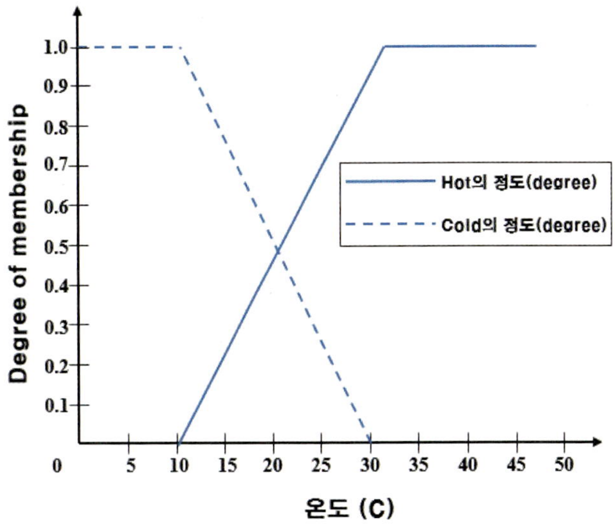

(그림 8.3) hot의 정도와 cold의 정도를 계산하기 위한 멤버십 함수

그림 8.3의 멤버십 함수로부터 Hot 집합과 Cold 집합에 대한 멤버십 값(degree)을 구해 보면 표 8.1과 같이 정리할 수 있다.

(표 8.1) 온도 변화에 따른 Hot멤버십 값과 Cold 멤버십 값의 변화

온도(C)	Hot의 정도(degree)	Cold의 정도(degree)
5	0	1
10	0	1
15	0.25	0.75
20	0.5	0.5
25	0.75	0.25
30	1	0

표 8.1에서 보는 것과 같이 온도에 따라 멤버십 함수에 의해 결정된 멤버십 값을 보고 Hot과 Cold의 정도를 판단할 수 있다. 예를 들어 '오늘 날씨가 25도라면 Hot과 Cold의 멤

버십 값에 의해 0.75 (75%)정도 만큼 덥고 0.25 (25%) 만큼 춥다'라고 표현 할 수 있다.

8.2.3 퍼지 집합 연산자(operator)

우리는 이산 구조에서 명제(proposition)에 대해 배운 적이 있다. 명제는 참(true) 또는 거짓(false)을 구분하는 문장으로 명제 P는 'x는 A이다'와 같이 객체 x와 술어(prediction) A로 나타낼 수 있다. 이러한 명제는 참일 경우 1, 거짓일 경우 0으로 나타낼 수 있으며 아래와 같은 문장으로 표현 할 수 있다.

1) 지구는 둥글다.
2) 1+2는 5이다.
3) 사람은 포유류이다.

이렇게 참과 거짓으로 나타낼 수 있는 클래식 로직(classical logic)에는 여러 개의 연산자가 사용되는데 부정(negation), 논리곱(conjunction), 논리합(disjunction), 암시(implication), 동등(equivalence) 등이 있다. 명제 P와 Q가 있을 때 클래식 로직은 표 8.2와 같이 표기할 수 있다.

(표 8.2) 클래식 로직의 종류와 연산자 표기법

클래식 로직의 종류	연산자 표기법
부정(negation)	$\neg P \quad \text{or} \sim P$
논리곱(conjunction)	$P \vee Q$
논리합(disjunction)	$P \wedge Q$
암시(implication)	$P \rightarrow Q \leftrightarrow \neg P \vee Q$
동등(equivalence)	$P \leftrightarrow Q$

퍼지집합은 클래식 로직에서 사용하는 연산자와 유사한 연산자를 갖지만 그 연산 방법은 많이 다르다. 본 교재에서는 퍼지 집합 연산자로 주로 사용되는 교집합, 합집합, 여집합, 곱연산 등등에 대해 살펴본다.

① 교집합(intersection)

$$\begin{aligned}\mu_{A \cap B}(x) &= \mu_A(x) \wedge \mu_B(x) \\ &= \min(\mu_A(x), \mu_B(x))\end{aligned}$$

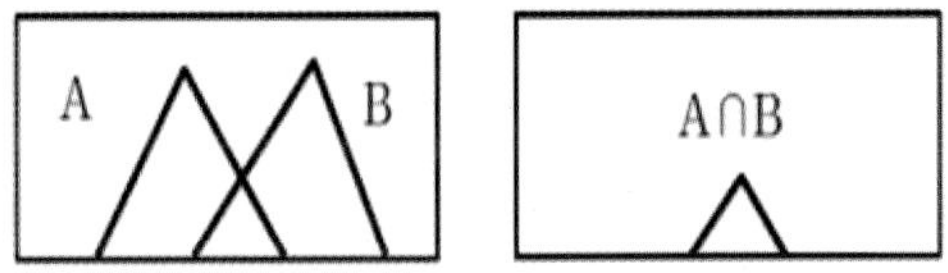

② 합집합(Union)

$$\mu_{A \cup B}(x) = \mu_A(x) \vee \mu_B(x)$$
$$= \max(\mu_A(x), \mu_B(x))$$

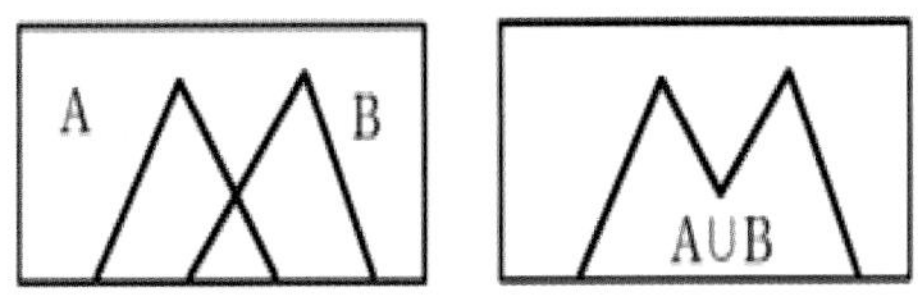

③ 여집합(complement)

$$\overline{\mu_A}(x) = 1 - \mu_A(x)$$

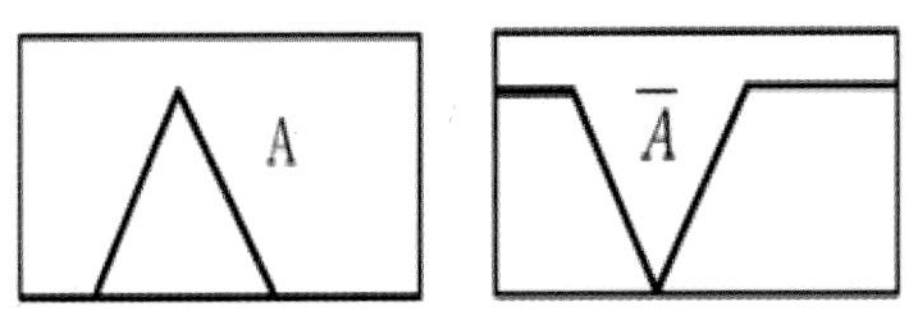

④ 퍼지 곱연산(product)

$$\mu_{A \cdot B}(x) = \mu_A(x) \cdot \mu_B(x)$$

⑤ 퍼지 공집합

$$A \equiv \varnothing \ \mathrm{if} \ \mu_A(x) = 0 \ \forall_x \in X$$

⑥ 교환법칙(commutativity), 결합법칙(associativity), 분배법칙(distributivity)

$$A \cup B = B \cup A \qquad A \cap B = B \cap A$$

$$A \cup (B \cup C) = (A \cup B) \cup C$$
$$A \cap (B \cap C) = (A \cap B) \cap C$$

$$A \cup (B \cap C) = (A \cup B) \cap (A \cup C)$$
$$A \cap (B \cup C) = (A \cap B) \cup (A \cap C)$$

다음 예제를 통해 퍼지 집합 연산자를 이해해 보자

(예제 8.1) 멤버십 함수 그려보기

아래와 같이 $\mu_A(x)$ 퍼지 멤버십 함수와 $\mu_B(x)$ 퍼지 멤버십 함수가 존재할 때 합집합, 교집합, 곱연산의 결과를 각각 그림으로 그려 보자.

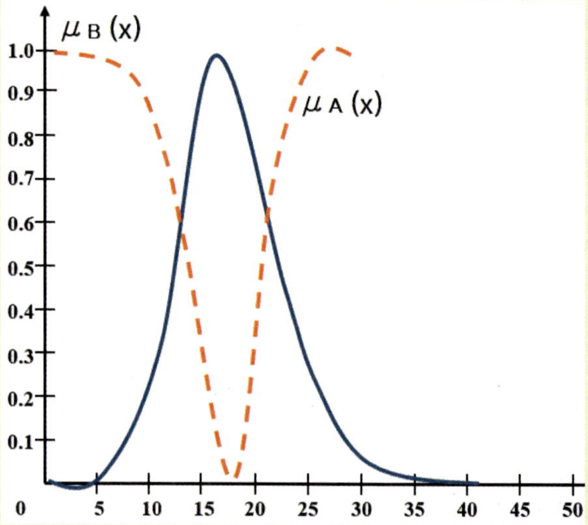

(그림 8.4) 두 가지 유형의 비선형 퍼지 멤버십 함수

8.3. 퍼지화(Fuzzification)

퍼지화란 실제 스칼라 값을 퍼지 멤버십 함수에 의해 퍼지 값으로 바꾸는 과정을 의미한다. 퍼지화에서 중요한 역할을 하는 것이 바로 지금까지 배워온 멤버십 함수다. 퍼지 멤버십 함수에는 싱글톤(Singleton) 멤버십 함수, 가우시안(Gaussian) 멤버십 함수, 삼각형(Triangular) 멤버십 함수, 사다리꼴(Trapezoidal) 멤버십 함수가 있다. 본 교재에서는 멤버십 함수 유형에서 가장 일반적으로 사용되는 삼각형 멤버십 함수와 사다리꼴 멤버십 함수를 소개하도록 한다.

8.3.1 삼각형 멤버십 함수

일반적으로 삼각형 멤버십 함수는 아래와 같은 공식으로 만들 수 있다.

$$\mu_{triang}(x) = \begin{cases} 0 & x < L \\ 1 - \dfrac{|C-x|}{(R-L)/2} & L < x < R \\ 0 & x > R \end{cases} \tag{8.6}$$

수식 (8.6)에서 L은 Left, R은 Right경계를 의미한다. C는 대칭적인 삼각형의 중심이다.

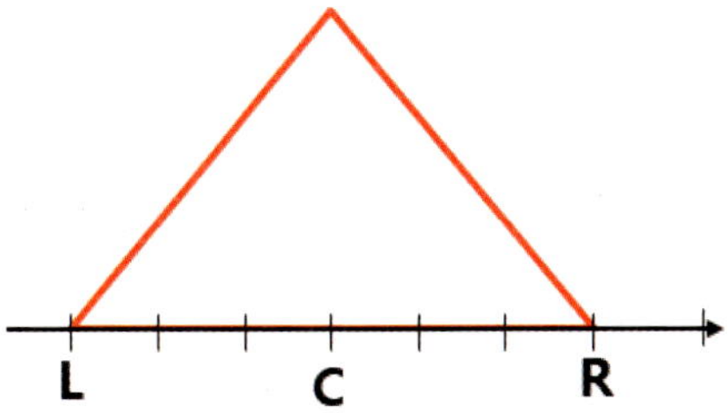

(그림 8.5) 삼각형 멤버십 함수

다음 예제를 통해 삼각형 멤버십 함수를 이해해 보자.

(예제 8.2) 삼각형 멤버십 함수 계산하기

한 학급에 10명의 학생이 있고, 학생들의 키는 150cm부터 190cm까지 다양하다고 가정하자. 키를 3가지 퍼지 변수 tall, short, medium으로 정의할 때, 삼각형 멤버십 함수는 직관적으로 아래와 같이 3개의 함수로 정의할 수 있다.

$$\mu_{short}(x) = \begin{cases} 1 & x \le 150 \\ \dfrac{160-x}{10} & 150 < x < 160 \\ 0 & x \ge 160 \end{cases}$$

$$\mu_{medium}(x) = \begin{cases} 0 & x \le 150 \, \text{or} \, x \ge 175 \\ \dfrac{x-155}{10} & 155 < x < 165 \\ \dfrac{175-x}{10} & 165 \le x \le 175 \end{cases}$$

$$\mu_{tall}(x) = \begin{cases} 0 & x \le 170 \\ \dfrac{x-170}{10} & 170 < x < 180 \\ 1 & x \ge 180 \end{cases}$$

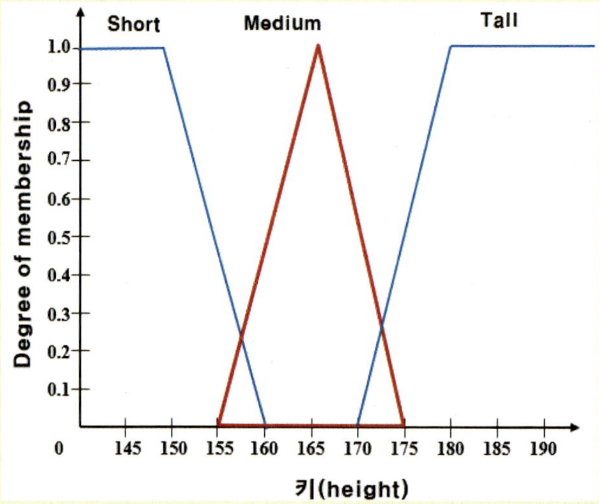

(그림 8.6) 3가지 퍼지변수를 갖는 삼각형 멤버십 함수

만약 이 학급에 '김철수'라는 학생이 있다고 가정해 보자. 이 경우 3가지 퍼지 변수에 대한 퍼지 집합(short={}, medium={}, tall={})의 멤버십 값은 아래와 같다.

$$\mu_{short}(171cm) = 0,\ \mu_{medium}(171cm) = 0.4,\ \mu_{tall}(171cm) = 0.1$$

위의 각 퍼지변수에 대한 멤버십 값을 토대로 우리는 다음과 같이 추론할 수 있다.

• "김철수는 medium에 대해 40%, short에 대해 0%, tall에 대해 10%의 확률을 갖는다."

위의 결과를 토대로, 추가로 '1. 홍길동 157cm', '2. 김순희 165 cm', '3. 남민경 174 cm', '4. 서창훈 186 cm', '5. 심권용 145 cm'의 5명 학생에 대한 각 멤버십 값을 구해 보도록 하자.

학생번호	이름	키(cm)	μ_{short}	μ_{medium}	μ_{tall}
1	홍길동	157			
2	김순희	165			
3	남민경	174			
4	서창훈	186			
5	심권용	145			

※ 생각해볼 문제

short와 tall의 멤버십 함수가 왜 medium 멤버십 함수처럼 삼각형 모양이 될 수 없는지를 고민해 보자.

8.3.2 사다리꼴 멤버십 함수

사다리꼴 멤버십 함수는 사다리꼴 모양을 갖고 아래와 같은 수식으로 표현할 수 있다.

$$\mu_{trapez}(x) = \begin{cases} 0 & x < L \text{ or } x > U \\ \dfrac{x-L}{C-W/2-L} & L < x < C-W/2 \\ 1 & C-W/2 \le x \le C+W/2 \\ \dfrac{U-x}{U-(C+W/2)} & C+W/2 < x < U \end{cases} \tag{8.7}$$

수식 (8.7) 에서 L은 Lower, U는 Upper, C는 center를 의미하고 W는 사다리꼴의 위쪽 너비(width)를 의미한다.

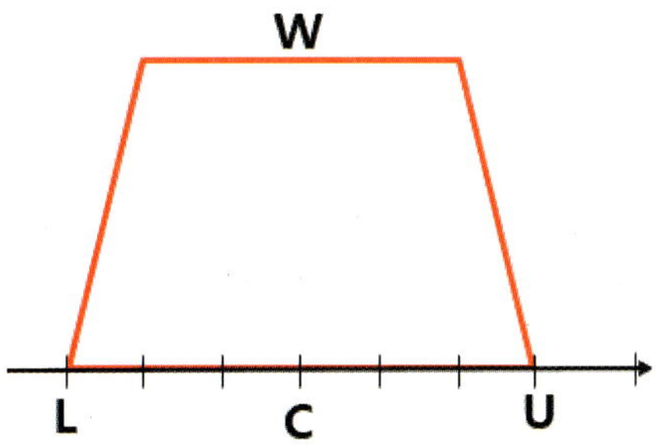

(그림 8.7) 사다리꼴 멤버십 함수

다음 예제를 통해 사다리꼴 멤버십 함수를 이해해 보자.

(예제 8.3) 사다리꼴 멤버십 함수 계산하기

한 학급에 10명의 학생이 있고, 학생들의 키는 150cm부터 190cm까지 다양하다고 가정하자. 키를 3가지 퍼지 변수 tall, short, medium으로 정의할 때, 사다리꼴 멤버십 함수는 직관적으로 아래와 같이 3개의 함수로 정의할 수 있다.

$$\mu_{short}(x) = \begin{cases} 1 & x \le 150 \\ \dfrac{160-x}{10} & 150 < x < 160 \\ 0 & x \ge 160 \end{cases}$$

$$\mu_{medium}(x)=\begin{cases}0 & x\le 150 \text{ or } x\ge 180\\ \dfrac{x-150}{10} & 150<x<160\\ 1 & 160\le x\le 170\\ \dfrac{180-x}{10} & 170<x<180\end{cases}$$

$$\mu_{tall}(x)=\begin{cases}0 & x\le 170\\ \dfrac{x-170}{10} & 170<x<180\\ 1 & x\ge 180\end{cases}$$

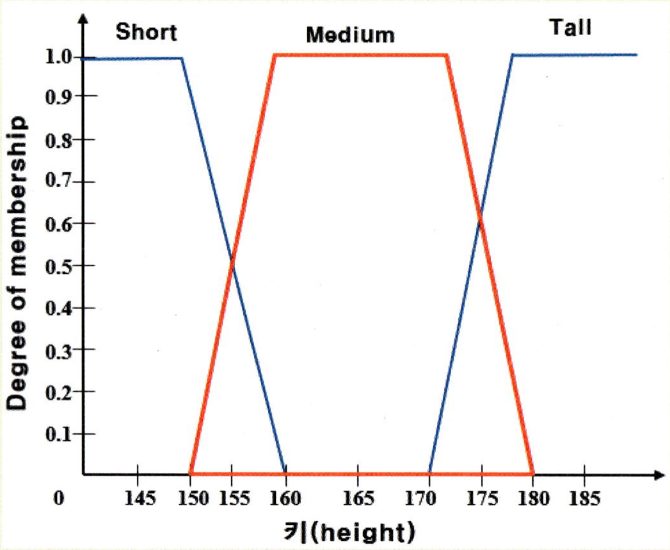

(그림 8.8) 3가지 퍼지변수를 갖는 사다리꼴 멤버십 함수

예제 8.2와 같이 '1. 홍길동 157cm', '2. 김순희 165 cm', '3. 남민경 174 cm', '4. 서창훈 186 cm', '5. 심권용 145 cm'의 5명 학생에 대한 각 멤버십 값을 구해 보도록 하자.

학생번호	이름	키(cm)	μ_{short}	μ_{medium}	μ_{tall}
1	홍길동	157			
2	김순희	165			
3	남민경	174			
4	서창훈	186			
5	심권용	145			

8.4. 퍼지 추론과 암시[19](Fuzzy inference and implication)

8.4.1 클래식 추론

클래식 로직에서 가장 대표적인 추론 방법은 모두스 포넌스(modus ponens, 전향추론), 모두스 톨렌스(modus tollens, 후향추론), 그리고 삼단논법(law of syllogism)이 있다. 이러한 3가지 추론방법은 규칙형 지식베이스 또는 전문가 시스템에서 가장 기본적인 추론방식이다.

첫 번째 추론 방법으로 모두스 포넨스 는 "P→Q"와 같은 규칙이 있고, 또 그 전제가 되는 P가 사실일 때 결론 Q를 내리는 것을 말한다. 모두스 포넌스는 아래와 같이 If ~ then문장으로 표현할 수 있다.

Fact: P is true Rule: If P then Q Conclusion: Thus, Q is also True	P $P\,is\,true$ $P \rightarrow Q$ ---- Q

예를 들어 '만약 (if) 당신이 점보 팝콘을 산다면(then) 당신은 대용량 콜라가 필요할 것이다.'라는 문장이 있다고 여기서 '당신이 점보 팝콘을 샀다'라는 명제가 사실이라면, '당신은 대용량 콜라가 필요할 것이다'라는 명제도 사실이 된다.

이와 반대로 모두스 톨렌스(modus tollens)는 규칙의 결론이 거짓일 때 ($\neg Q$) 그 조건 또한 거짓($\neg P$) 이라고 추론하는 것이다.

모두스 톨렌스는 아래와 같이 If ~ then문장으로 표현할 수 있다.

Fact: Q is not true Rule: If P then Q Conclusion: Thus, P is also not true	$\neg Q$ $P \rightarrow Q$ ---- $\neg P$

예를 들어 '만약 (if) 내 동생이 시합에서 우승한다면(then), 그녀는 트로피를 집으로 가져올 것이다.'라는 문장이 있고 여기서 '그녀는 트로피를 집으로 가져오지 않았다'라는 명제

19) fuzzy implication에 대한 한글 용어로 퍼지 함축, 퍼지 암시, 퍼지 추론 등의 여러 용어로 혼동되어 사용되고 있다. 본 교재에서는 그 중에서 가장 많은 문헌에서 사용되고 있는 퍼지 암시라는 용어를 사용한다.

가 주어졌다면, '내 동생은 시합에서 우승하지 못했다'라는 명제가 성립 된다.

삼단논법은 연쇄규칙(Chain Rule) 이라고도 하며 결론부분과 조건부분이 서로 같은 두 개의 규칙을 연쇄시켜 새로운 규칙을 도출해 내는 방식이다. 즉, A → B와 B→ C가 있으면 A → C라는 규칙을 만들 수 있다. 예를 들어

그는 소크라테스이다. (A) → 소크라테스는 사람이다.(B) *소크라테스는 사람이다. (B) → 사람은 죽는다. (C)* *따라서, 소크라테스는 죽는다. (A→C)*

와 같이 표현 할 수 있다.

8.4.2 퍼지 추론

퍼지추론에서는 이전에 배운 클래식 추론방법을 일반화 시켜 사용한다. 퍼지 추론에서 사용되는 퍼지 명제(fuzzy proposition)는 단문 퍼지명제나 복합 퍼지명제로 구성된다.

예를 들어

- 단문 퍼지명제: Temperature is hot
- 복합 퍼지명제: Temperature is hot and humidity is low

복합 퍼지명제는 퍼지 연결자인 'and', 'or' 등으로 연결되어 표현된다.

퍼지 추론에서 사용되는 문장의 구조는 클래식 추론에서 학습한 것과 같이 IF and THEN 규칙(rule)으로 구성된다.

IF <Fuzzy proposition> THEN <Fuzzy proposition>

퍼지 추론에서 IF-THEN규칙은 클래식 추론에서 암시(implication) 연산자 '->'에 의해 해석될 수 있다. 만약 'IF a THEN b'와 같은 문장이 있다면 클래식 로직에서는 이 문장을 'a->b'로 나타내고 암시 연산자는 다시 $\bar{a} \vee b$ 혹은 $(a \wedge b) \vee \bar{a}$ 로 표현될 수 있다.

퍼지추론에서는 이 암시 연산자가 퍼지 합집합, 퍼지 교집합, 퍼지 여집합으로 표현 되어 사용된다.

다음 장에서는 퍼지 추론을 위한 퍼지 암시 연산자 중에서 가장 많이 사용되는 밈다니 최소 암시(Mamdani Min Implication)와 라슨 곱 암시(Larsen Product Implication)를 학습하도록 한다. 퍼지 추론을 위한 암시연산자의 결과는 새로운 출력 멤버십 함수가 된다.

8.4.3 맘다니 최소 암시(Mamdani Min Implication)

맘다니 암시는 1973년 자데(Zadeh)가 제안한 자데 암시를 단순하게 변경한 연산자로 맘다니(Mamdani)에 의해 1977년 제안되었다. 기본적인 맘다니 퍼지 연산(fuzzy implication)은 수식 (8.8)과 같이 표현된다.

$$\varnothing\left[\mu_A(x), \mu_B(y)\right] \equiv \mu_A(x) \wedge \mu_B(y) \tag{8.8}$$

수식 (8.8)에서 $\varnothing$는 맘다니 연산자를 의미한다. 수식에서 알 수 있듯이, 맘다니 최소 암시의 경우 멤버십 $\mu_A(x)$함수와 $\mu_B(x)$함수의 퍼지 교집합(min)을 그 결과로 판단한다. 우리가 이전에 학습한 것처럼 퍼지에서 함수간의 교집합 연산은 두 함수의 최소값을 찾는 과정임으로 최소 암시로 불린다.

다음 예제를 통해 맘다니 최소 암시에 대해 자세히 이해해 보자

(예제 8.4) 맘다니 최소 암시 계산하기

퍼지 변수를 온도라고 가정하고 퍼지룰을 아래와 같이 정의하자.

"만약 온도가 높으면 아이스크림 가게는 붐빈다."

위 문장에서 명제는 '온도가 높다'와 '아이스크림 가게는 붐빈다.'의 두 가지로 나누어 볼 수 있다. 앞의 If문 포함 명제를 선행부(antecedent), 뒤의 then이하 명제를 후행부(consequent)라고 부른다.

먼저 선행부에서 변수를 '온도(temperature)'로 정할 수 있고 후행부에서는 '아이스크림 가게(ice cream parlor)'로 정할 수 있다. 또한, 온도에 대해 3가지 멤버십 함수를 만들 수 있는데 'hot', 'moderately hot', 'cold'로 정하도록 하자. 3가지 멤버십 함수를 아래와 같이 삼각형 멤버십 함수로 표현 할 수 있다.

$$\mu_{hot}(x) = \begin{cases} 0 & x < 30 \\ \dfrac{x-30}{10} & 30 \le x \le 40 \\ 1 & x > 40 \end{cases}$$

$$\mu_{m\_hot}(x) = \begin{cases} \dfrac{x-20}{10} & 20 \le x \le 30 \\ \dfrac{40-x}{10} & 30 < x < 40 \\ 0 & 200 < x \text{ and} x \ge 40 \end{cases}$$

$$\mu_{cold}(x)=\begin{cases}1 & x<20\\ \dfrac{30-x}{10} & 20\le x\le 30\\ 0 & x>30\end{cases}$$

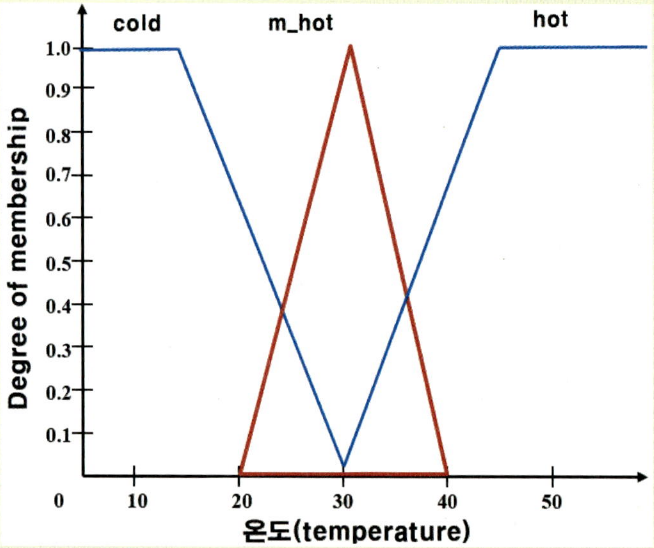

(그림 8.9) 온도 변수에 대한 3가지 삼각형 멤버십 함수

다음은 후행부의 '아이스크림 가게' 변수에 대해 2가지 멤버십 함수를 만들 수 있는데 'crowded', 'unfilled' 로 정하도록 하자. 2가지 멤버십 함수를 마찬가지로 삼각형 멤버십 함수로 표현 할 수 있다.

$$\mu_{c}(x)=\begin{cases}0 & x<25\\ \dfrac{x-25}{25} & 25\le x\le 50\\ 1 & x>50\end{cases}$$

$$\mu_{uf}(x)=\begin{cases}1 & x<25\\ \dfrac{50-x}{25} & 25\le x\le 50\\ 0 & x>50\end{cases}$$

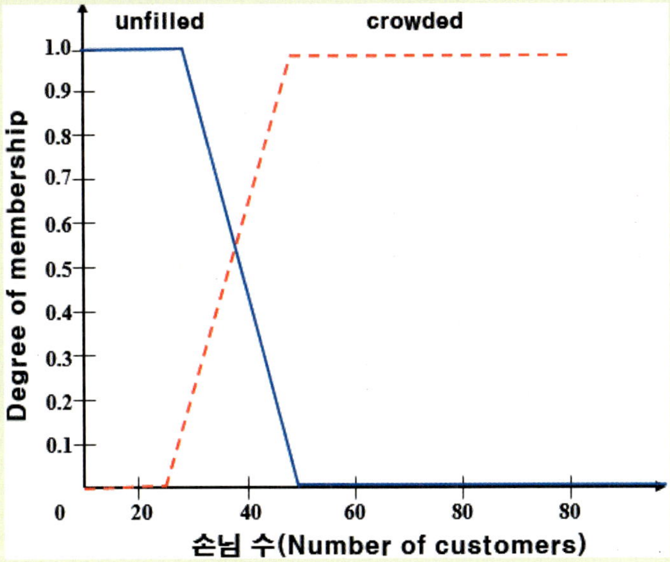

(그림 8.10) 아이스크림 손님 수 변수에 대한 2가지 삼각형 멤버십 함수

이제 선행부의 결과 값과 후행부의 멤버십 함수가 결정되고 나서 맘다니 최소 암시가 각 함수들의 조건에 맞게 적용되어 새로운 출력 멤버십 함수를 생성한다.
이를 위해 다음과 같은 결과를 구해 보자.
"온도(temperature)가 35도 일 때 아이스크림 가게가 붐빌(crowed) 경우에 대한 출력 멤버십 함수"

① 우선 각 선행부의 함수별로 온도 35를 입력하여 출력값을 계산하자.

$\mu_{hot}(35)=0.5, \mu_{m\_hot}(35)=0.5,\ \mu_{cold}(35)=0$

이 중에서 선행부의 조건이 '온도가 높으면(hot)'임으로 우리가 필요한 멤버십 값은 $\mu_{hot}(35)=0.5$ 이다.

② 선행부의 출력값과 후행부 멤버십 함수 간에 교집합(최소) 연산을 수행하면 아래와 같이 표현 할 수 있고

$\varnothing\left[\mu_{hot}(35), \mu_{crowded}(Number of customers)\right] \equiv \mu_{hot}(35) \wedge \mu_{crowded}(Number of customers)$

$\equiv \min[0.5, \mu_{crowded}(Number of customers)]$

이것을 출력 멤버십함수로 표현하면 아래 그림 8.11과 같다.

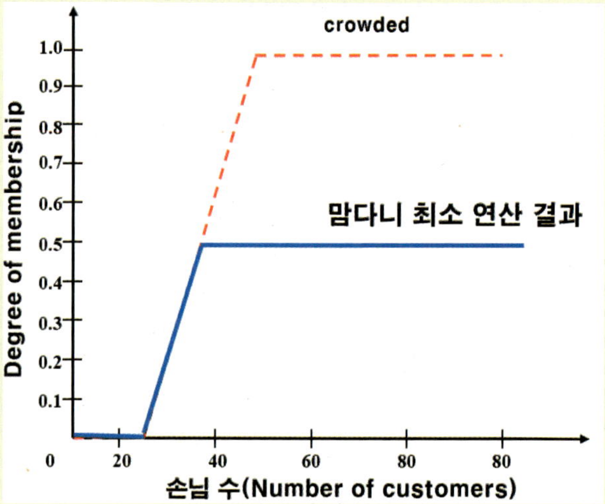

(그림 8.11) 맘다니 최소 연산 결과 생성된 멤버십 함수

그림 8.11과 같이 x의 입력값이 퍼지 추론에 적용되어 선행부의 멤버십 함수로부터 값을 계산하고 이 선행부의 멤버십 값을 후행부의 멤버십 함수와 맘다니 최소 연산을 적용함으로써 새로운 출력 멤버십 함수를 생성 하였다.

※ 생각해 볼 문제: 만약 온도가 35도 일 때 아이스크림 가게가 붐비지 않을(unfilled) 경우에 대한 출력 멤버십 함수를 구하면 어떻게 될지 생각해 보자.

예제 8.4에서 우리는 맘다니 연산으로 새로운 출력 멤버십 함수를 얻게 되었다. 맘다니 연산으로 생성된 최종 멤버십 함수는 8.5장의 역퍼지화 과정을 거쳐 하나의 스칼라 값으로 계산된다. 퍼지규칙에 사용된 선행부 멤버십 함수와 후행부 멤버십 함수에 새로운 입력값을 넣으면 맘다니 연산에 의해 또 다른 출력 멤버십 함수를 구할 수 있고 이를 다시 스칼라 값으로 역퍼지화 할 수 있다.

8.4.4 라슨 곱 암시(Larsen Product Implication)

맘다니 암시는 선행부와 후행부 결과사이에서 최솟값을 찾는 방법이지만, 라슨 곱 암시 방법은 선행부와 후행부의 결과에 대해 곱 연산을 하는 방법으로 1980년 P. M. Larsen에 의해 발표되었다. 기본적인 라슨 퍼지 연산(fuzzy implication)은 수식 (8.9)와 같이 표현된다.

$$\varnothing\left[\mu_A(x), \mu_B(y)\right] \equiv \mu_A(x) \cdot \mu_B(y) \tag{8.9}$$

수식 (8.9)에서 $\varnothing$는 라슨 연산자를 의미한다. 수식에서 알 수 있듯이, 라슨 곱 암시의 경우 멤버십 $\mu_A(x)$함수와 $\mu_B(x)$함수의 곱 연산(product)하고 그 결과로 판단한다.

다음 예제를 통해 라슨 곱 암시에 대해 자세히 이해해 보자

(예제 8.5) 라슨 곱 암시 계산하기

이전에 연습한 (예제 8.4)문제를 라슨 곱 암시를 이용해 풀어보자

"만약 온도가 높으면 아이스크림 가게는 붐빈다."

선행부에서 변수를 '온도(temperature)'와 3가지 멤버십 함수 'hot', 'moderately hot', 'cold'을 그대로 사용한다. 또한, 후행부의 '아이스크림 가게' 변수에 대해 2가지 멤버십 함수 'crowded', 'unfilled' 도 마찬가지로 그대로 사용한다.

이제 선행부의 결과 값과 후행부의 멤버십 함수가 결정되고 나서 라슨 곱 암시가 각 함수들의 조건에 맞게 적용되어야 한다.

이를 위해 다음과 같은 결과를 구해 보자.

"온도(temperature)가 35도 일 때 아이스크림 가게가 붐빌(crowed) 경우에 대한 출력 멤버십 함수"

① 우선 각 선행부의 함수별로 온도 35를 입력하여 출력값을 계산하자.

$\mu_{hot}(35) = 0.5, \mu_{m\_hot}(35) = 0.5,\ \mu_{cold}(35) = 0$

이 중에서 선행부의 조건이 '온도가 높으면(hot)'임으로 우리가 필요한 멤버십 값은 $\mu_{hot}(35) = 0.5$ 이다.

② 선행부의 출력값과 후행부 멤버십 함수 간에 곱연산 연산을 수행하면 아래와 같이 표현 할 수 있고

$$\begin{aligned} &\varnothing\left[\mu_{hot}(35), \mu_{crowded}(Number of customers)\right] \\ &\equiv \mu_{hot}(35) \bullet \mu_{crowded}(Number of customers) \\ &\equiv 0.5 \times \mu_{crowded}(Number of customers) \end{aligned}$$

이것을 출력 멤버십 함수로 표현하면 아래 그림 8.12와 같다.

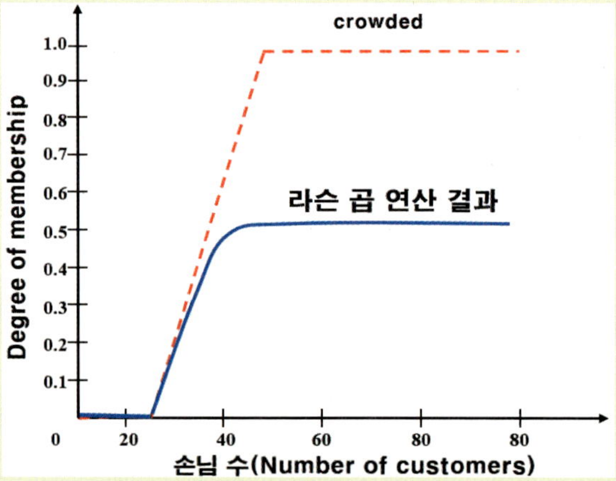

(그림 8.12) 라슨 곱 연산 결과 생성된 멤버십 함수

※ 생각해 볼 문제: 만약 온도가 35도 일 때 아이스크림 가게가 붐비지 않을(unfilled) 경우에 대한 출력 멤버십 함수를 구하면 어떻게 될지 생각해 보자.

8.5. 역퍼지화(Defuzzification)

퍼지 규칙(룰)과 암시에 의해 결정된 결과 멤버십 함수는 퍼지 함수임으로 퍼지 출력 값들은 정량적인 스칼라 출력 값으로 변경되어야 한다. 이렇게 퍼지 출력값을 스칼라 값으로 변경하는 과정을 역퍼지화(defuzzification)이라고 한다.

역퍼지화를 위해 다양한 방법이 제안되고 있지만, 본 교재에서는 많이 사용되는 3가지 방법론에 대해서만 설명하도록 한다.

① 최대 역퍼지화 기술(Maximum Defuzzification Technique)
② 중심 역퍼지화 기술(Centroid Defuzzification Technique)
③ 가중치 평균 역퍼지화 기술(Weighted Average Defuzification Technique)

8.5.1 최대 멤버십 역퍼지화 기술(Maximum Defuzzification Technique)

최대 역퍼지화 기술은 출력 멤버십 함수에서 하나의 가장 큰 값을 찾는 방법을 말한다. 이러한 방법은 매우 빠르지만 멤버십 함수가 단지 하나의 튀는 값만 가질 경우 정확한 역퍼지화 출력값을 예측할 수 있고, 만약 다양한 봉우리를 갖는 함수라면 그 만큼 정확도가 떨어진다. 최대 역퍼지화 기술은 아래 수식 (8.10)으로 간단히 표현할 수 있다.

$$\mu_A(x^*) \geq \mu_A(x), \quad \text{for } all \ \ x \in X \tag{8.10}$$

수식에서 x*은 역퍼지화된 출력 값을 의미한다.

그림 8.13은 최대 역퍼지화 기술을 그림으로 표현한 것이다.

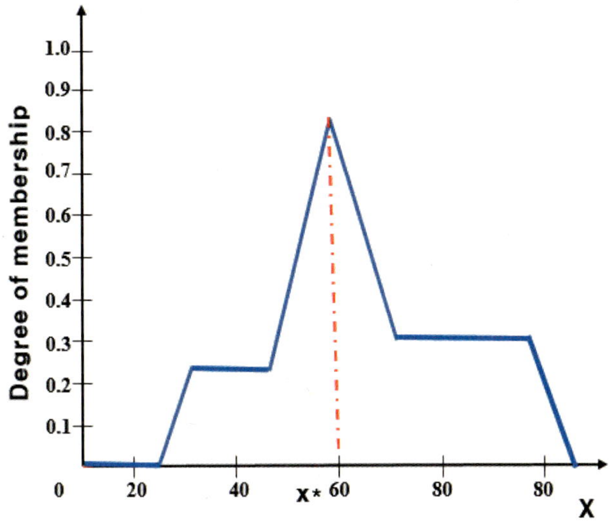

(그림 8.13) 최대 역퍼지화 방법

8.5.2 중심 역퍼지화 기술(Centroid Defuzzification Technique)

중심 역퍼지화 기술은 1985년 Sugeno에 의해 제안되었으며, 무게중심(center of gravity) 구하기 혹은 면적의 중심(center of area)구하기로 알려져 있다. 이 방법은 가장 일반적으로 사용되는 역퍼지화 방법이며 역퍼지화 결과 또한 매우 정확한 특징이 있다. 중심 역퍼지와 기술은 아래 수식 (8.11)로 표현된다.

$$x^* = \frac{\int_a^b \mu_i(x).xdx}{\int_a^b \mu_i(x)dx} \tag{8.11}$$

수식에서 x는 입력값, $\mu_i(x)$는 x에 대한 멤버십함수의 출력값, x*는 최종 역퍼지화 출력값이 된다. 실제 프로그램에서 적분을 계산하는 것은 쉽지 않음으로 연속적 멤버십 함수를 이산함수(discrete function)로 수정하면 수식 (8.12)와 같이 수정이 가능하다.

$$x^* = \frac{\sum_{x=a}^{b} \mu_i(x).x}{\sum_{x=a}^{b} \mu_i(x)} \tag{8.12}$$

그림 8.14는 중심 역퍼지화 기술을 그림으로 표현하고 수식 (8.12)를 이용하여 역퍼지화 출력값을 계산한 것이다.

$$x^* = \frac{(0\times0)+(1\times0.3)+(2\times0.3)+(3\times0.3)+(4\times0.3)+(5\times0.5)+(6\times0.5)+(7\times1)+(8\times0)}{(0+0.3+0.3+0.3+0.3+0.5+0.5+1+0)}$$

$$x^* = \frac{(0+0.3+0.6+0.9+1.2+2.5+3.0+7+0)}{3.2} = \frac{15.5}{3.2} = 4.84$$

따라서 최종 출력 역퍼지화 값은 4.84이다.

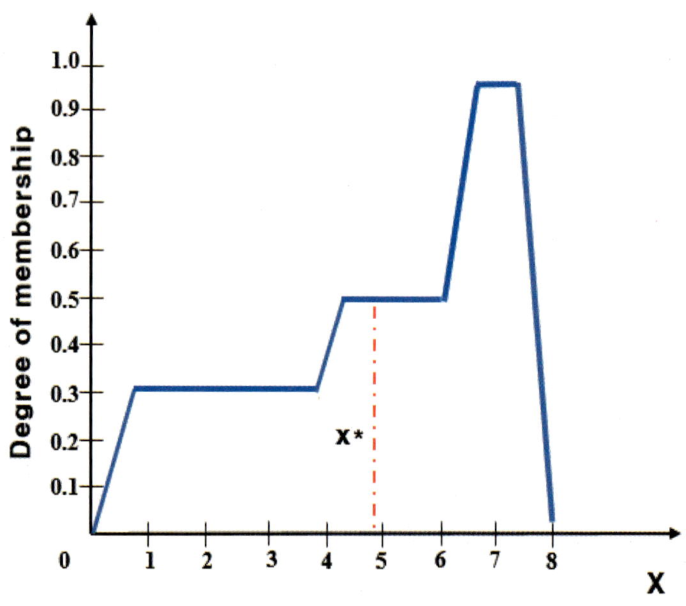

(그림 8.14) 중심 역퍼지화 방법

8.5.3 가중 평균 역퍼지화 기술(Weighted Average Defuzzification Technique)

가중 평균 역퍼지화 방법은 출력 멤버십 함수를 구성하는 개별 멤버십 함수들의 평균과 평균에 대한 멤버십 함수값을 결합하는 방법이다. 이전 두 가지의 역퍼지화 방법과는 다르게 출력 멤버십 함수는 개별 멤버십 함수를 그대로 유지해야 한다. 또한, 개별 멤버십 함수는 반드시 대칭을 이루어야 하는 조건이 있다. 가중 평균 역퍼지와 기술은 아래 수식 (8.13)으로 표현된다.

$$x^* = \frac{\sum \mu_i(\bar{x}).\bar{x}}{\sum \mu_i(\bar{x})} \tag{8.13}$$

수식에서 $\bar{x}$는 각 개별 멤버십 함수의 중심 값이다.

그림 8.15는 가중 평균 역퍼지화 기술을 그림으로 표현한 것이고, 아래 계산식은 수식 (8.13)을 이용하여 역퍼지화 출력값을 계산한 것이다.

$$x^* = \frac{(0.3\times2.5)+(0.5\times5)+(1.0\times7)}{(0.3+0.5+1.0)} = \frac{(0.75+2.5+7.0)}{1.8} = 5.7$$

위의 계산식에 의해 계산된 최종 출력 역퍼지화 값은 5.7이다.

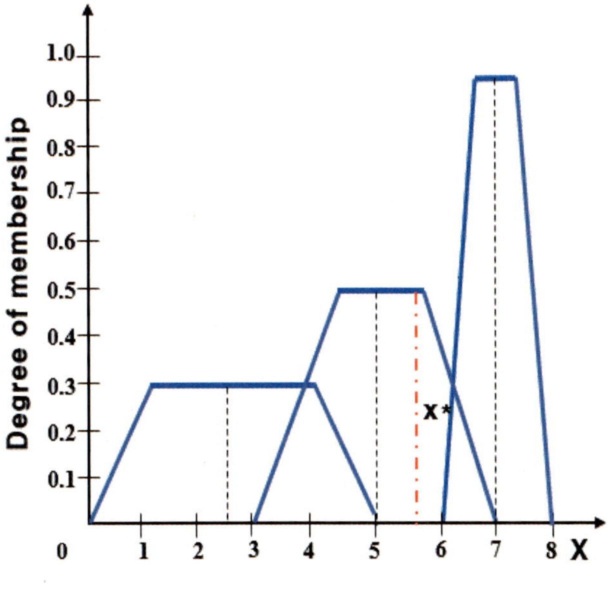

(그림 8.15) 가중 평균 역퍼지화 방법

8.6. 다중 규칙 적용

실제 퍼지 시스템에서는 규칙이 1개가 아니라 여러 개가 같이 적용되어야 한다. 이 경우에 각 규칙들에서는 선행부로부터 얻어진 값을 후행부의 출력 멤버십 함수에 각각 적용하고 이렇게 만들어진 각 규칙의 멤버십 함수들을 결합해야 한다. 결합하는 방식은 이전에 설명한 것처럼 규칙 간에는 'else'가 생략된 것임으로 'else'문으로 연결되었다고 가정하고 else는 합집합 연산(max)에 해당함으로 각 규칙들의 출력 멤버십 함수들 간에 max연산을 수행한다. 이렇게 해서 최종 출력 멤버십 함수를 생성하고 여러 가지 역퍼지화 방법을 적용하여 최종 출력 값을 결정하게 된다.

※ 예) 규칙 1) 온도가 덥다면, 아이스크림 가게는 붐빈다.
규칙 2) 온도가 춥다면, 아이스크림 가게는 텅빈다.

$$\Rightarrow \varnothing\left[\mu_{hot}(x), \mu_{crowded}(y)\right] \vee$$
$$\varnothing\left[\mu_{cold}(x), \mu_{unfilled}(y)\right]$$

그림 8.16은 이렇게 n개의 규칙이 적용되었을 때의 동작과정을 표현한 것이다.

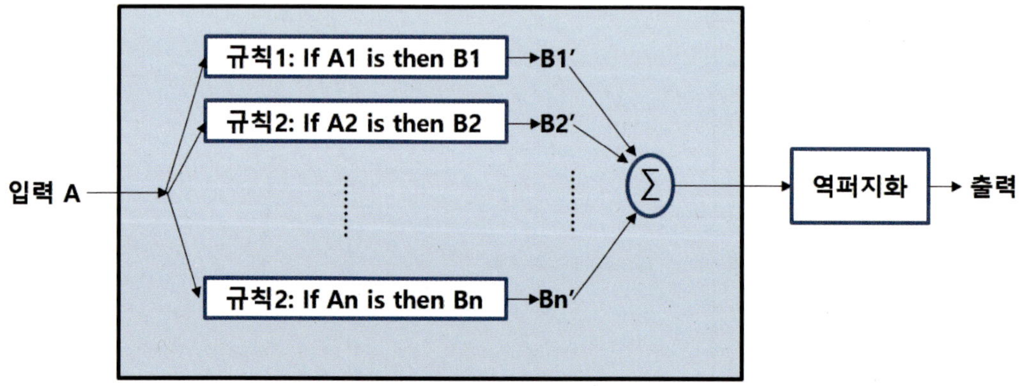

(그림 8.16) 다중 규칙에 대한 출력 멤버십 함수 생성 및 역퍼지화 과정

8.7. 퍼지 로직을 이용한 발전소(power plant) 응용문제

강 옆에 위치한 A라는 화력발전소에서는 증기 발생기를 통해 터빈을 돌리고 증기 발생을 위해 주기적으로 강으로부터 저수조로 물을 끌어와 사용한다. 저수조는 강으로부터 물을

자동으로 끌어와서 필요한 수위만큼 유지되도록 지속적으로 관리되어야 한다. 문제를 간단하게 하기 위해 아래와 같이 몇 가지 가정을 추가하자.

- 강은 절대로 마르지 않는다.
- 저수조의 물 높이를 컨트롤하기 위해 입력 밸브만 사용된다.

화력발전소와 저수조, 강의 배치는 그림 8.17과 같다.

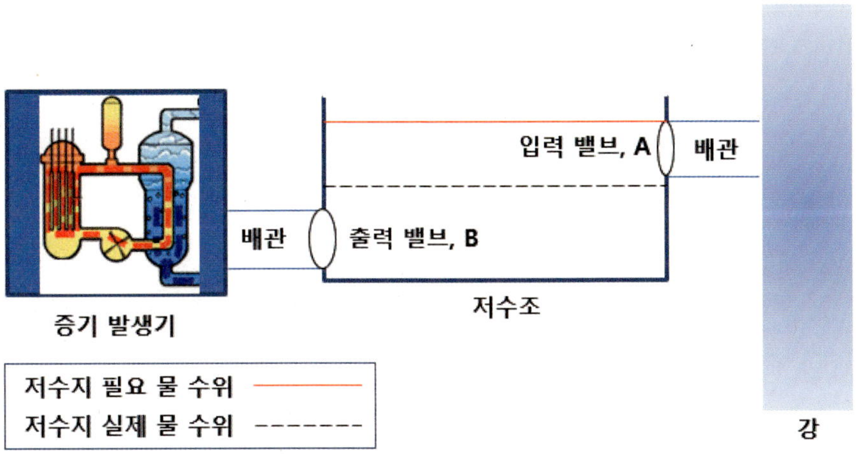

(그림 8.17) 발전소 구성 및 배치

지금부터 발전소 저수조 문제를 해결하기 위해 퍼지 컨트롤러를 설계해 보자. 우선 퍼지 변수를 아래와 같이 2가지로 정의하자.

- **입력 변수** : 필요 물 수위와 실제 물 수위간의 오차 e
- **출력 변수** : 수위 통제 action u

퍼지 입력 변수 e는 다음과 같은 3가지의 퍼지 집합으로 구성된다. Negative, Zero, Positive 3가지 퍼지 집합은 아래와 같은 멤버십 함수로 표현되고 그림 (8.18)은 각 멤버십 함수를 그림으로 표현한 것이다. 멤버십 함수는 실제 수집된 데이터를 바탕으로 전문가에 의해 경험적으로 만들어 졌다고 가정하자.

$$\mu_{Neative}(x) = \begin{cases} 1 & x \le -10 \\ \dfrac{0-x}{10} & -10 < x < 0 \\ 0 & x \ge 0 \end{cases} \tag{8.14}$$

$$\mu_{Zero}(x) = \begin{cases} 0 & x \leq -5 \text{ or } x \geq 5 \\ \dfrac{x+5}{5} & -5 < x < 0 \\ \dfrac{5-x}{5} & 0 \leq x \leq 5 \end{cases} \tag{8.15}$$

$$\mu_{Positive}(x) = \begin{cases} 0 & x \leq 0 \\ \dfrac{x-0}{10} & 0 < x < 10 \\ 1 & x \geq 10 \end{cases} \tag{8.16}$$

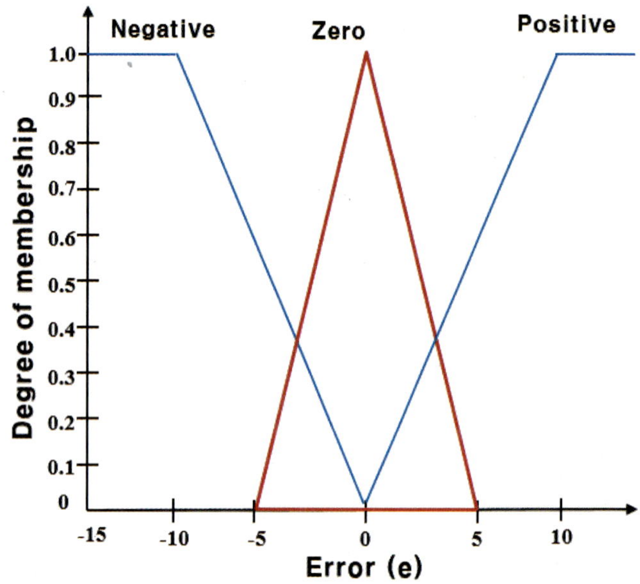

(그림 8.18) 입력 퍼지 변수 에러 (e)에 대한 퍼지 집합 멤버십 함수

입력 변수에 대한 퍼지 집합과 멤버십 함수가 만들어 진 다음, 특정 입력값이 주어진 경우에 대한 각 멤버십 함수의 값을 유추해 보자.

(예제 8.6) 멤버십 함수 출력 값 계산하기

실제 물 수위가 96.5 m^3이고 필요 물 수위가 100 m^3일 때, 각 멤버십 함수의 출력값을 계산해 보자.

☞ 계산에 앞서 입력 변수인 에러 e를 먼저 계산하자. e=100−96.5 = −3.5

따라서 e=−3.5를 각 퍼지 집합의 멤버십 함수에 입력값으로 부여하자.

계산 결과는 아래와 같다.

$$\mu_{Neative}(x) = \frac{0-(-3.5)}{10} = 0.35$$

$$\mu_{Zero}(-3.5) = \frac{-3.5+5}{5} = 0.3$$

$$\mu_{Positive}(x) = 0$$

이제 퍼지 출력 변수 u에 대해 2가지 퍼지 집합, close와 open에 대해 마찬가지로 멤버십 함수를 수식과 그림으로 표현해 보자.

$$\mu_{close}(x) = \begin{cases} 1 & x \leq 30 \\ \dfrac{70-x}{40} & 30 < x < 70 \\ 0 & 70 \leq x \end{cases}, \tag{8.17}$$

$$\mu_{open}(x) = \begin{cases} 0 & x \leq 30 \\ \dfrac{x-30}{40} & 30 < x < 70 \\ 1 & x \geq 70 \end{cases}, \tag{8.18}$$

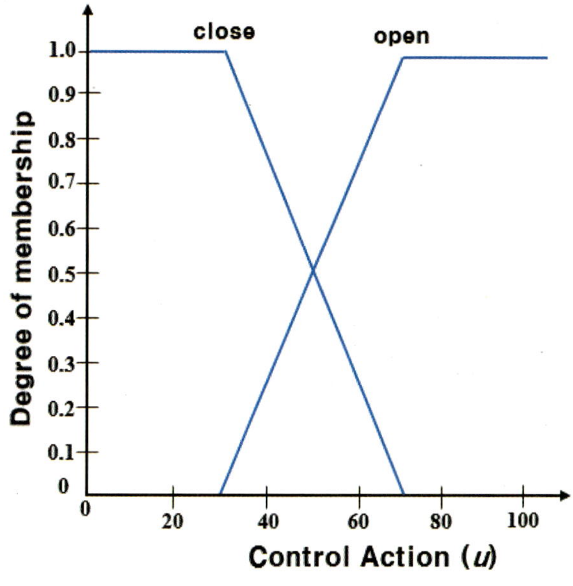

(그림 8.19) 출력 퍼지 변수 u에 대한 퍼지 집합 멤버십 함수

이제 저수조로 입력되는 밸브의 자동 조절을 위한 퍼지 규칙을 만들어 보자. 퍼지 규칙은 아래와 같이 만들었다고 가정하자.

- 규칙 1 : 만약 수위간 오차 e의 값이 negative라면, 수위통제 action u는 open한다.
- 규칙 2 : 만약 수위간 오차 e의 값이 zero라면, 수위통제 action u는 close한다.
- 규칙 3 : 만약 수위간 오차 e의 값이 positive라면, 수위통제 action u는 close한다.

① 3가지 퍼지규칙에 맘다니 최소 암시법을 적용하면 아래와 같이 기호로 간단하게 표현 가능하다.

- 규칙 1 :

$$\varnothing\left[\mu_{Neative}(e),\mu_{open}(u)\right]\equiv\left(\mu_{Neative}(e)\wedge\mu_{open}(u)\right)=\min\left[\mu_{Neative}(e),\mu_{open}(u)\right]$$

- 규칙 2 :

$$\varnothing\left[\mu_{Zero}(e),\mu_{close}(u)\right]\equiv\left(\mu_{Zero}(e)\wedge\mu_{close}(u)\right)=\min\left[\mu_{Zero}(e),\mu_{close}(u)\right]$$

- 규칙 3 :

$$\varnothing\left[\mu_{Positive}(e),\mu_{close}(u)\right]\equiv\left(\mu_{Positive}(e)\wedge\mu_{close}(u)\right)=\min\left[\mu_{Positive}(e),\mu_{close}(u)\right]$$

② 이제 입력 변수(수위간 오차) e의 값을 다시 입력해 보자. 위의 예제 8.6과 같이 e=3.5라고 할 경우 각 규칙에서 선행부를 멤버십 함수에 적용시켜 계산하고, 출력값은 min 연산에 의해 아래와 같이 표현 할 수 있다.

- 규칙 1 : $\varnothing\left[\mu_{Neative}(-3.5),\mu_{open}(u)\right]\equiv\min\left[0.35,\mu_{open}(u)\right]$
- 규칙 2 : $\varnothing\left[\mu_{Zero}(-3.5),\mu_{close}(u)\right]\equiv\min\left[0.3,\mu_{close}(u)\right]$
- 규칙 3 : $\varnothing\left[\mu_{Positive}(-3.5),\mu_{close}(u)\right]\equiv\min\left[0,\mu_{close}(u)\right]$

③ 다음 단계로, 선행부의 계산 값을 각 출력 멤버십 함수에 적용하자

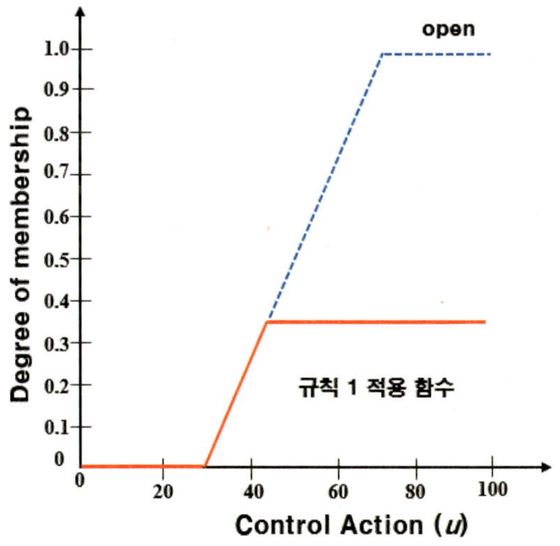

(그림 8.20) 규칙 1이 적용된 출력 멤버십 함수

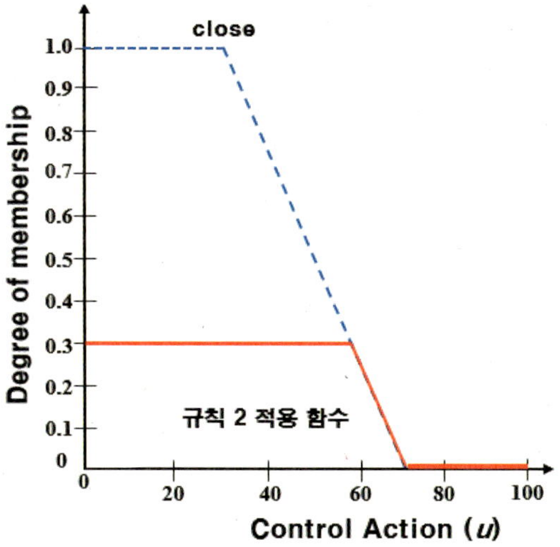

(그림 8.21) 규칙 2가 적용된 출력 멤버십 함수

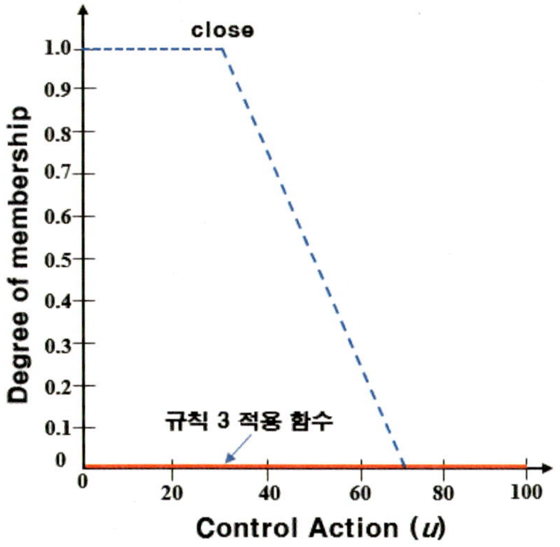

(그림 8.22) 규칙 3이 적용된 출력 멤버십 함수

④ 각 규칙들은 else로 연결될 수 있는데, else는 합집합 연산(max)연산을 의미함으로 각 규칙으로부터 결정된 함수들에 대해 max연산을 수행하여 최종 출력 멤버십 함수를 구한다.

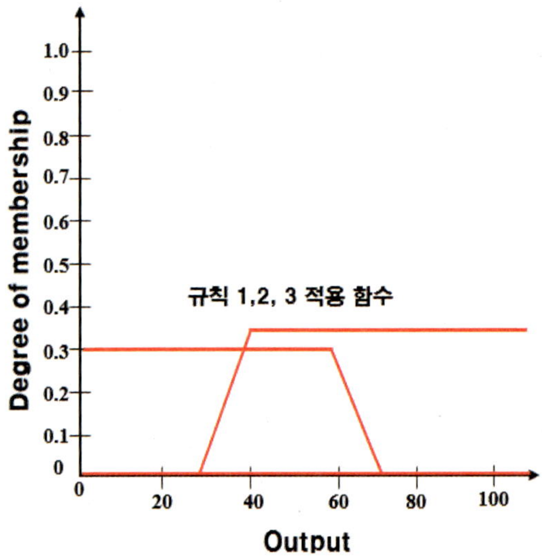

(그림 8.23) 규칙 1,2, 3에 max 연산이 적용된 최종 출력 멤버십 함수

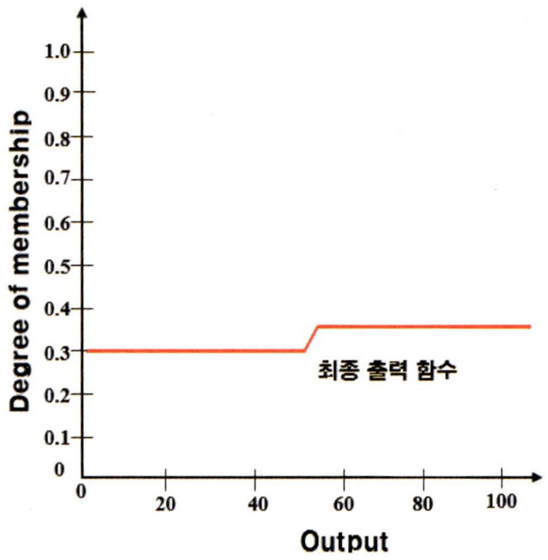

(그림 8.24) 규칙 1,2, 3에 max 연산이 적용된 최종 출력 멤버십 함수

⑤ 최종 출력 함수에 대해 중심 역퍼지화 기술(Centroid Defuzzification Technique)을 적용하자.

$$u = \frac{(0.3 \times 20) + (0.3 \times 40) + (0.35 \times 60) + (0.35 \times 80) + (0.35 \times 100)}{(0.3 + 0.3 + 0.35 + 0.35 + 0.35)}$$

$$u = \frac{(6 + 12 + 21 + 28 + 35)}{1.65} = \frac{100.2}{1.65} = 60.72\%$$

최종 출력 역퍼지화 값은 60.72이다. 따라서 결과 값에 의해 입력 밸브를 전체 용량 100에서 60.72만큼 개방(open) 해야 한다.

8장 정 리

1. 퍼지 로직은 인간의 행동을 해석 할 수 있는 인공지능과 머신 러닝의 한 파트이다. 퍼지 모델은 인간의 행동을 해석 할 수 있기 때문에 지능 시스템(intelligent system)이라고도 불린다.

2. 퍼지 논리 집합은 0과 1 사이의 값을 갖는 연속적 집합(continuous set)이라고 할 수 있다. 퍼지 집합의 경계는 이렇게 연속적인 경계를 가짐으로 퍼지 집합의 원소들은 입력에 대해 '참'과 '거짓'이외에 '참의 정도(degree of truth)', '거짓의 정도(degree of falseness)'와 같은 연속적 값을 가질 수 있다.

3. 퍼지집합은 클래식 집합과 마찬가지로 {입력값, 멤버십 함수 출력 값}의 쌍으로 이루어진 멤버로 구성된다.

4. 퍼지화란 실제 스칼라 값을 퍼지 멤버십 함수에 의해 퍼지 값으로 바꾸는 과정을 의미한다. 퍼지 멤버십 함수에는 싱글톤(Singleton) 멤버십 함수, 가우시안(Gaussian) 멤버십 함수, 삼각형(Triangular) 멤버십 함수, 사다리꼴(Trapezoidal) 멤버십 함수가 있다.

5. 클래식 로직에서 가장 대표적인 추론 방법은 모두스 포넌스(modus ponens, 전향추론), 모두스 톨렌스(modus tollens, 후향추론), 그리고 삼단논법(law of syllogism)이 있다. 이러한 3가지 추론방법은 규칙형 지식베이스 또는 전문가 시스템에서 가장 기본적인 추론방식이다.

6. 퍼지추론에서는 이전에 배운 클래식 추론방법을 일반화 시켜 사용한다. 퍼지 추론에서 사용되는 퍼지 명제(fuzzy proposition)는 단문 퍼지명제나 복합 퍼지명제로 구성된다.

7. 맘다니 암시는 1973년 자데(Zadeh)가 제안한 자데 암시를 단순하게 변경한 연산자로 맘다니(Mamdani)에 의해 1977년 제안되었다. 맘다니 최소 암시의 경우 멤버십 $\mu_A(x)$함수와 $\mu_B(x)$ 함수의 퍼지 교집합(min)을 그 결과로 판단한다.

8. 라슨 곱 암시 방법은 선행부와 후행부의 결과에 대해 곱 연산을 하는 방법으로 1980년 P. M. Larsen에 의해 발표되었다. 라슨 곱 암시의 경우 멤버십 $\mu_A(x)$함수와 $\mu_B(x)$함수를 곱 연산(product)하고 그 결과로 판단한다.

9. 퍼지 규칙(룰)과 암시에 의해 결정된 결과 멤버십 함수는 퍼지 함수임으로 퍼지 출력값들은 정량적인 스칼라 출력값으로 변경되어야 한다. 이렇게 퍼지 출력값을 스칼라 값으로 변경하는 과정을 역퍼지화(defuzzification)이라고 한다.

10. 역퍼지화를 위해 다양한 방법이 제안되고 있지만, 많이 사용되는 3가지 방법론은 다음과 같다.

    ① 최대 역퍼지화 기술(Maximum Defuzzification Technique)

② 중심 역퍼지화 기술(Centroid Defuzzification Technique)

③ 가중치 평균 역퍼지화 기술(Weighted Average Defuzification Technique)

연습문제

1. 예제 8.4)의 퍼지룰을 아래와 같이 변경하였다.

"만약 온도가 높거나(hot) 적당하게 높으면(moderately hot) 아이스크림 가게는 붐빈다."

선행부의 명제가 단일 명제가 아니라 복합명제(compound proposition)일 경우 AND는 min 연산으로 계산되고 OR는 max로 계산된다. 이 규칙에 따라 ① 만다니 최소 암시와 ② 라슨 곱 암시에 의해 출력 함수를 계산해 보자(입력 온도 값 x=25도).

2. '발전소 응용 문제'를 라슨 곱 암시(Larsen Product Implication)로 규칙을 적용 시키고, 가중 평균 역퍼지화 기술을 적용하여 역퍼지화 시켜 보시오(퍼지화 및 역퍼지화 과정을 모두 자세히 기술하시오.)

3. 영상에서 얼굴색을 검출하는 문제를 다시 생각해보자. 영상의 각 픽셀이 얼굴색인지 아닌지 여부를 결정하는 분류문제에서 피부색 검출을 위해서는

1) 먼저 샘플 영상들을 수집해서 얼굴색 DB와 비얼굴 색 DB를 구성한다.

3) 입력변수 red에 대한 퍼지 집합과 멤버십 함수를 생성한다. red = High, Low(퍼지 멤버십 함수의 수는 본인이 조절해도 됨)

* 퍼지 멤버십 함수의 형태는 본인이 선택하여 결정

2) 마찬가지 방법으로 입력 변수 green, blue에 대해서도 동일한 퍼지 집합과 멤버십 함수를 생성한다.

3) 출력에 대한 멤버십 함수 생성, output = Face, Non-Face

4) 각 입력값과 출력값을 이용하여 퍼지 규칙 생성하자.

If red is High and green is Low and blue is High then output is Face else If ….

5) 규칙의 수는 본인이 프로그램 하기 편한 수로 조정해도 된다.

6) 출력결과를 결합하고 무게중심을 찾아 입력 픽셀의 값이 임계값 이상이면 얼굴 픽셀로 판정해보자.

참고문헌

[1] L. A. Zadeh, "Fuzzy Sets," Information and Control, Vol. 8, pp. 335-353, 1965

[2] M. Jamshidi, N. Vadiee, T. J. Ross, Fuzzy Logic and Control, Prentice Hall, 1993

[3] 임준식, "인공지능 퀘스트", 도서출판 그린, 2008

[4] 홍대선, "공학도를 위한 퍼지시스템 입문," 문운당, 2010

[5] Li-Xin Wang, A Course in Fuzzy Systems and Control, Prentice Hall, 1997

[6] Lefteri H. Tsouklas, Robert E. Uhrig, Fuzzy and Neural Approaches in Engineering, John Wiley & Sons Inc, 1997

[7] P. M. Larsen, "Industrial Applications of Fuzzy Logic Control," International Journal of Man-Machine Studies, Vol. 12, No. 1, 1980, pp. 3-10

[8] E. H. Mamdani, "Applications of Fuzzy Set Theory to Control Systems: A Survey," in Fuzzy Automata and Decision Processes, M. M. Gupta, G. N. Saridis and B. R. Gaines, eds., North-Holland, New York, 1977, pp. 1-13

[9] B. C. Ko, H. J. Hwang, J. Y. Nam, "Nonparametric membership functions and fuzzy logic for vision sensor-based flame detection," Optical Engineering, Volume 49, Issue 12, pp. 127202-127202-11 (2010)

9. 결정 트리

9.1. 결정 트리(Decision Tree)의 소개

결정 트리는 귀납적 추론[20]을 위한 실제적인 방법으로 광범위하게 사용되고 있는 인공지능 알고리즘이다. 결정트리 학습 방법은 잡음(noisy) 데이터에 강하고 선언적 표현(예, x〉10, y〈3.5)들을 포함하는 함수로 구성된다. 학습된 결정트리들은 사용자의 가독성을 높이기 위해 if-then 규칙 집합으로도 표현할 수 있다. 결정트리 방법은 귀납적 추론을 바탕으로 의학 진단에서부터 대출 심사서의 신용 위험도 평가에까지 이르는 다양한 응용분야에서 사용되고 있다. 그림 9.1은 어린이들의 외모검사를 통해 탈수증 여부를 판단하는 간단한 결정트리이다. 그림에서 사각 박스는 평가하고자 하는 규칙 혹은 함수가 들어가고 위에서부터 아래방향으로 좌측 혹은 우측 하위 노드로 분기된다. 최종적으로 분기된 노드(리프, leaf)노드는 테스트 어린이에 대해 판단(진단)하는 역할을 한다.

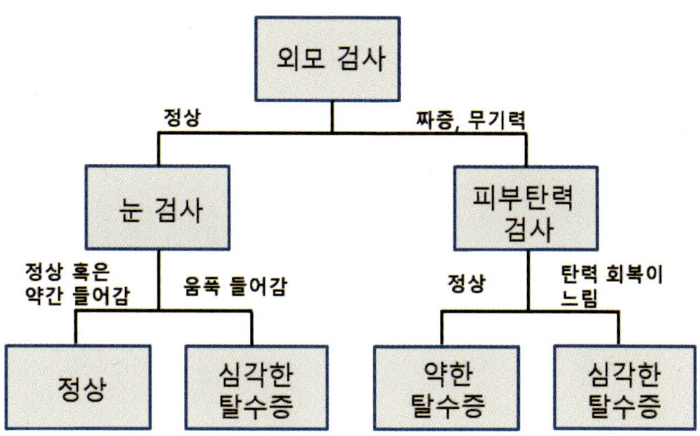

(그림 9.1) 어린이의 외모검사를 통해 탈수증 여부를 판단하는 결정트리 예제

---

20) 귀납적 추론(induction)이란 구체적 사실(개별 사실, 사례)로부터 보편적 사실을 추론해 내는 방식으로, 예를 들어 '연필을 던지면 떨어진다', '지우개를 공중에 던져도 떨어진다'와 같은 구체적 사실로부터 '따라서 물체는 공중에 던지면 떨어진다'와 같은 일반적, 보편적 사실을 추론해 내는 방식이다. 연역적 추론(deduction)은 반대로 보편적, 일반적 사실로부터 구체적(개별적) 사실을 추론해 내는 방식이다. 예를 들어 '사람은 모두 죽는다' 따라서 '나는 사람임으로 나도 죽는다'와 같은 결론을 도출해 내는 방식이다.

9.2. 결정트리의 기초 개념

우리는 지금까지 자료구조, 이산수학 등에서 트리에 대해서 공부한 적이 있다. 기본적으로 트리는 top-down 방식으로 구성된다. 트리는 각 층(layer)마다 노드(node)와 에지(edge)로 구성된다. 노드는 보통 원이나 사각 박스로 표시되고 노드와 노느는 에지라는 선으로 이어진다. 각 노드들은 자식을 가질 수 있다. 노드 중에서 최상위 노드를 루트(root) 노드라고 하고 맨 말단의 노드를 리프(leaf) 노드 또는 단말(terminal) 노드라고 한다. 트리는 밑으로 분기됨에 따라 깊이를 갖는데 그림 9.1의 경우 깊이가 3이다. 트리는 분기방법에 따라 2개 혹은 그 이상의 자식 노드를 갖는데, 2개로 분기될 경우를 이진트리(binary tree)라고 부르며 우리가 배우고 있는 결정트리는 바로 이진트리를 기반으로 한다. 이진트리를 프로그램 할 경우 배열과 포인터를 이용하는 방법이 있는데 트리의 깊이가 가변적으로 증가할 수 있음으로 아래와 같이 포인터를 이용하는 방법이 효율적이다.

```
struct TreeNode {
    int item;              // 노드 데이터
    (or, struct split_function () ) // 분기 함수를 위한 구조체
    TreeNode *left;    // 좌측 서브 트리를 위한 포인터
    TreeNode *right;  // 우측 서브 트리를 위한 포인터
}
```

임의의 결정트리는 그림 9.2와 같이 학습되는 과정에서 리프노드를 제외한 중간 노드는 특정한 값이나 함수를 갖게 된다. 그리고 중간노드에 의해 유사한 학습데이터가 리프노드에 모이게 되면 리프노드에 모인 데이터의 클래스별 개수에 따라 해당 노드의 클래스를 결정한다. 학습이 끝나고 새로운 데이터가 입력되면 각 노드별 함수결과에 따라 좌우 노드로 분기되고 최종 리프노드에 도착하면 그 리프노드의 클래스 레이블에 따라 입력데이터의 클래스를 결정한다. 그림 9.2에서는 입력 값이 C1리프노드로 분기되었음으로 클래스 C1로 판단한다.

9.3. 결정트리 학습 알고리즘

결정트리의 여러 알고리즘들은 주로 top-down 방식과 탐욕 탐색(greedy search)알고리즘을 이용하여 학습된다. 가장 대표적인 결정트리 학습방법은 Quinlan등이 1986년에 제안

한 ID3방법과 1993년에 ID3를 개선한 C4.5, C5.0방법이 있다. 결정트리의 가장 기본적인 ID3방법은 top-down 방식으로 트리를 구성하는데, '트리의 각 노드에서 어떤 속성이 테스트되어야 하는가?' 하는 질의로 각 노드의 결정함수를 정한다. ID3방법은 이 결정함수를 정하기 위해 엔트로피(entropy)를 이용하여 결정함수의 불순도(impurity)를 측정한다. 불순도는 정보이득(information gain)이라고도 불린다. C4.5는 ID3에서 다룰 수 없었던 실수(real number)를 다룰 수 있고 사후 가지치기(pruning)가 추가되었다. Breiman등에 의해 1993년도에 제안된 CART(Classification and Regression Tree)방식은 ID3 방법의 결정트리와 기본적인 개념은 같지만 이진트리 방식으로 결정트리를 만들고 분류 이외에도 회귀가 가능한 것이 특징이다. CART는 또한 실수 데이터를 취급하여 결정함수를 위해 부등호 질문이 가능하도록 하였으며 가지치기 방식을 통해 리프 노드를 병합 할 수 있다. 이외에도, 결정함수를 위해 하나의 변수만을 사용하는 것이 아니라 다수의 변수를 동시에 사용하여 결정함수를 만듦으로써 트리의 깊이를 줄 일 수 있는 장점이 있다. 본 교재에는 여러 가지 결정트리 알고리즘 중에서 최근에 분류 및 회귀 알고리즘에서 많이 사용되고 있는 CART를 중심으로 설명하기로 한다.

9.3.1 이진 결정 트리(Binary Decision Tree)

CART방식에서 결정트리는 이진결정트리이다. 이진 결정트리는 그림 9.2와 같이 한 노드에서 하위노드로 2개의 가지만을 뻗도록 구성된다. 그림에서 특징 벡터 v는 N차원의 자연수이고 ($v \in R^N$) 결정함수(split function)[21] $f_n(v)$ 은 $f_n(v): R^N \rightarrow R$와 같은 관계를 가진다. 모든 결정함수들은 임계값 $t \in R$를 가지고 학습이 끝나면 n번째 리프 노드는 자신의 노드로 분기된 데이터들을 클래스별로 분류하여 클래스 c에 대한 확률 값 $P_n(c) = \dfrac{number\, of\, c-class}{tatal\, data}$ 을 갖게 된다. 그림 9.2에서 17번 리프 노드의 그래프는 학습과정에서 17번 노드에 모인 클래스별 데이터들을 리프 노드로 분기된 전체데이터의 합으로 나눈 확률 값이다. 이렇게 학습과정이 끝나고 새로운 입력벡터 v가 입력되면 정해진 결정함수에 따라 특정 노드(그림에서는 17번 노드)로 분기가 되고 최종 리프노드에서 확률 분포에 따라 확률 값이 가장 큰 클래스로 분류하게 된다.

21) split function은 우리말로 '분기함수'로 표현하는 것이 적당하지만 본문에서는 트리의 노드의 함수결과에 따라 트리의 모양이 결정됨으로 이를 '분기함수' 대신에 '결정함수'로 부른다.

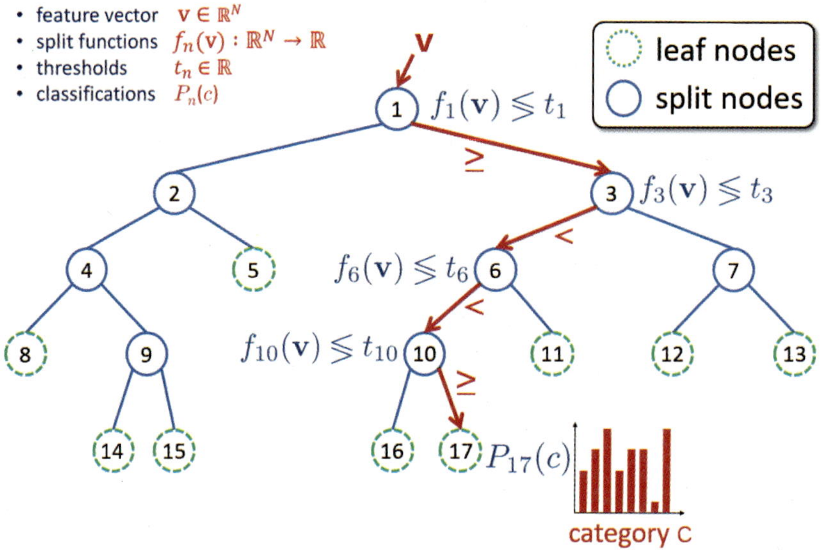

(그림 9.2) 이진 결정트리의 예. 각 노드는 결정함수와 임계값으로 구성되며 리프 노드들은 클래스별 확률분포를 갖게 된다. 그림에서 17번 노드의 그래프는 각 클래스별 확률 분포의 예를 보여준다.

결정트리가 구성되는 과정을 예제를 통해 설명해보도록 하자.

① 그림 9.3 (a)와 같이 총 4개의 클래스가 주어졌다고 가정해 보자. 각 4개의 클래스는 $v=[x,y]^T$의 2차원벡터로 구성되어 있다.

② 첫 번째 루트 노드를 만들기 위해 n번째 노드의 결정함수 $f_n(v)=ax+by$에 대한 파라미터를 무작위(랜덤)하게 생산한다. (그림 9.3 (b))

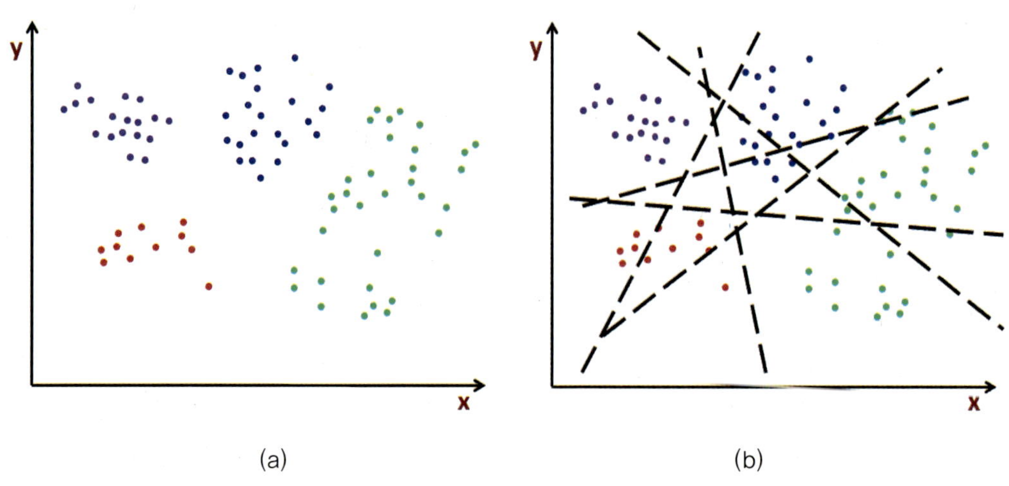

(그림 9.3) (a) 결정트리 및 결정함수를 위한 4개 클래스 데이터 세트, (b) 초기 루트 노드를 결정하기 위한 무작위 1차식 결정함수

③ 각 결정함수별로 학습데이터에 적용하고 분류된 두 그룹별로 엔트로피(무질서도)[22]를 측정한다. 그림 9.4에서 각 결정함수에서 가장 유사한 클래스가 많이 섞여있어 엔트로피가 최소화 되는 한 개의 결정함수가 선택되고 이 결정함수가 루트노드(또는 n번째 노드)의 결정함수가 된다.

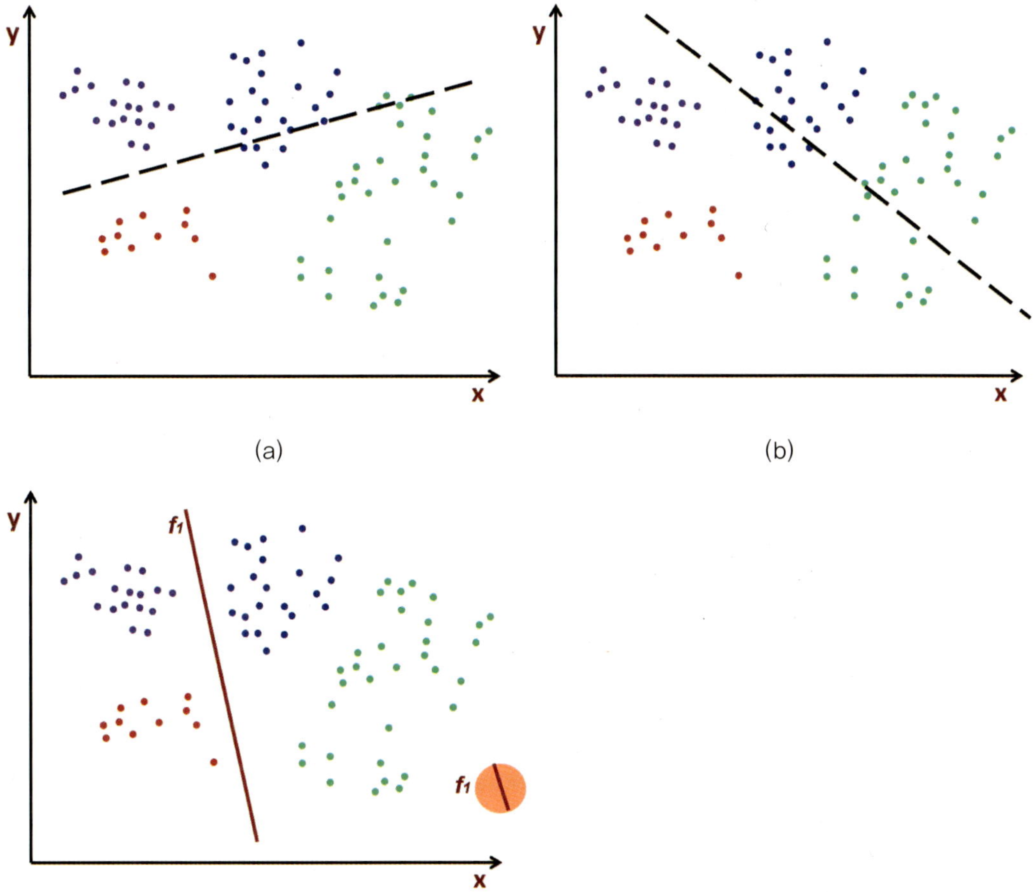

(그림 9.4) 결정함수적용 및 엔트로피 측정을 통한 최종 루트노드의 결정함수 결정 과정

④ 루트 노드가 생성되고 좌측 그룹(좌측 노드)에 대해서 또 다시 결정함수를 생성하기 위한 과정을 진행한다. 이 과정에서 마찬가지로 엔트로피가 가장 작은 결정함수가 정해지고 이 함수가 2번째 단계의 좌측 노드에 대한 최종 결정함수가 된다.

22) 엔트로피 법칙은 열역학 제 2법칙으로도 불린다. 여기서는 결정함수에 의해 분기된 두 그룹의 클래스 분포가 유사할수록 엔트로피(무질서도)가 낮고, 서로 다른 클래스가 많이 섞여 있을수록 엔트로피(무질서도)가 높다라고 말할 수 있다.

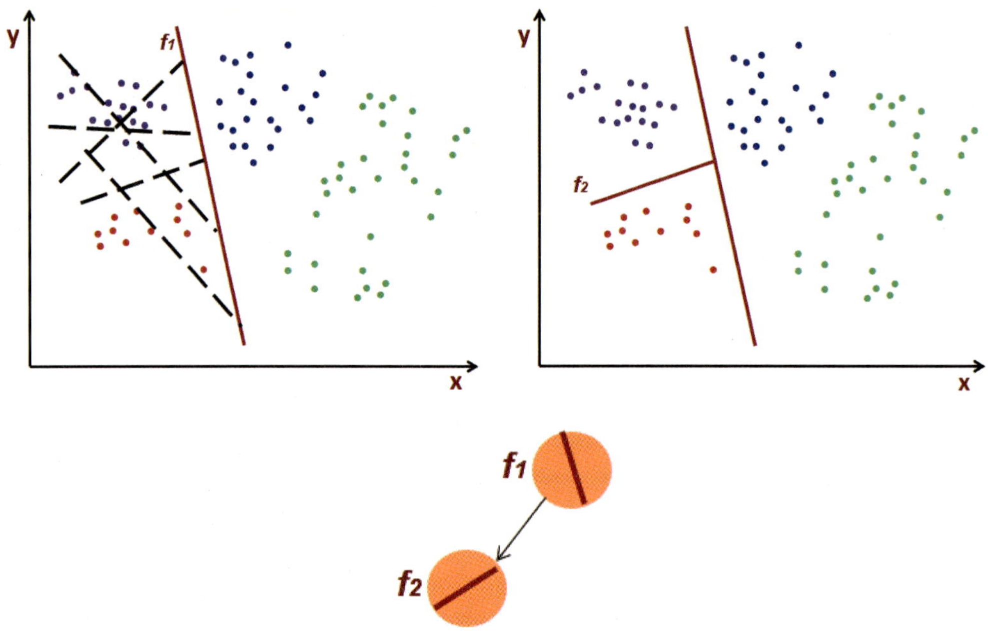

(그림 9.5) 2번째 단계의 좌측 노드에 대한 결정함수적용 및 엔트로피 측정을 결정함수 결정 과정

⑤ 마지막으로 우측 그룹에 대해서 또 다시 결정함수를 생성하기 위해 무작위 결정함수 후보들을 만들고 최종적으로 최소엔트로피를 갖는 결정함수를 선택한다. 이 함수가 2번째 단계의 우측 노드에 대한 최종 결정함수가 된다.

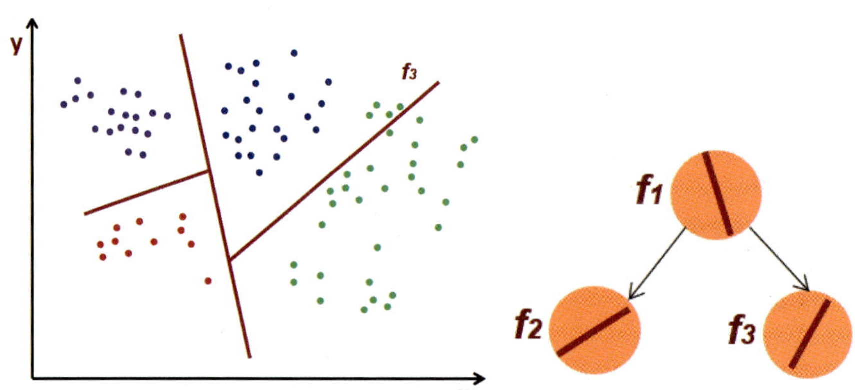

(그림 9.6) 2번째 단계의 우측 노드에 대한 결정함수적용 및 엔트로피 측정을 결정함수 결정 과정

⑥ 결정트리는 모든 노드의 엔트로피가 0또는 기준값 이하일 경우까지 분기를 계속한다. 본 예제에서는 2단계에서 분기를 멈추도록 하였다.

9.3.2 이진 결정 트리에서 결정함수 만들기

그림 9.6에서 보듯이 이진결정트리에서 가장 중요한 요소는 각 노드에서 데이터를 분기시키기 위한 기준이 되는 결정함수이다. 최적의 결정함수는 유사한 값을 갖는 동질의 서브세트로 데이터를 분류하는 것이다. 각 노드에서 결정함수는 랜덤하게 만들어 질 수 있는데 이렇게 만들어지는 결정함수를 측정하기 위한 도구에는 엔트로피(entropy), 지니 불순도(Gini impurity), 정보이득(information gain)이 있다. 이번 장에서는 각각의 측정도구에 대해서 차례대로 설명하도록 한다.

① 엔트로피(Entropy)

엔트로피는 집단의 무질서도를 측정하는 단위로서 한 그룹에 M개의 클래스가 있다고 할 때 각 클래스별 원소의 개수 동일하다면 값이 최대(무질서도 최대)가 된다. 반대로 한 그룹에 동일한 1개 클래스의 원소들만 존재할 때 엔트로피는 0으로 최소(무질서도 최소)가 된다. 엔트로피 (E)는 수식 (9.1)로 나타낼 수 있는데, ω_i는 총 M개의 클래스 중 i번째 클래스를 의미하고 T는 노드를 의미한다.

$$E = -\sum_{i=1}^{M} P(\omega_i | T) \log_2 P(\omega_i | T) \tag{9.1}$$

수식에서 노드 T에서의 ω_i에 대한 조건부 확률 값 $P(\omega_i | T)$는 아래와 같이 구할 수 있다.

$$P(\omega_i | T) = \frac{T\text{노드에서 } \omega_i \text{ 클래스 샘플개수}}{T\text{노드 전체 샘플 개수}} \tag{9.2}$$

② 지니 불순도(Gini impurity)

지니 불순도는 엔트로피와 유사하게 한 노드에 속한 샘플 데이터들이 모두 같은 클래스에 속할 때 최솟값 0 (불순도 최소)을 갖고, 모든 클래스들이 동일한 샘플개수를 가질 때 최댓값을 갖는다. 지니 불순도는 수식 (9.3)과 같다.

$$G = 1 - \sum_{i=1}^{M} P(\omega_i | T)^2 \tag{9.3}$$

③ 정보이득(Information gain)

정보이득(ΔE)는 엔트로피를 이용해서 수식 (9.4)로 계산이 된다. 수식에서 T_n은 현재 n 노드, T_l은 왼쪽 분기 노드 서브셋, T_r 은 오른쪽 분기 노드의 서브셋을 나타낸다.

$$\Delta E = E(T_n) - \frac{|T_l|}{|T_n|}E(T_l) - \frac{|T_r|}{|T_n|}E(T_r) \tag{9.4}$$

수식에서 |.|은 각 서브셋의 샘플 개수를 나타낸다. 정보이득이 이전의 엔트로피, 지니 불순도 방법과 다른 점은 단순히 한 노드에서의 클래스별 확률 분포만을 보는 것이 아니라 왼쪽과 오른쪽 분기 노드의 분기 개수에 비례하여 엔트로피를 반영한다는 점이다. 예를 들어 왼쪽 분기 노드의 서브셋에서 계산된 엔트로피 값이 높더라도 전제개수 $|T_n|$에서 상대적으로 적은 샘플개수가 왼쪽으로 분기되어 계산된 수치라면 해당 엔트로피는 정보이득을 계산할 때 오른쪽 분기 노드에서 계산된 엔트로피에 비해 영향을 덜 미치게 된다. 따라서 정보이득은 CART와 같이 이진 결정트리의 결정함수를 정하기에 가장 적합한 측정도구임을 알 수 있다. 정보이득은 수식에서 알 수 있듯이 엔트로피에 음수를 취한 것으로 값이 최대화 될수록 분류가 잘 된 것으로 볼 수 있다.

(예제 9.1) 결정함수 측정 도구 연산

T노드에 총 14개의 샘플 데이터가 있다고 가정하고 이 샘플 데이터 집합을 S라 하자. $S = \{(x_1,\omega_1),(x_2,\omega_3),(x_3,\omega_1),(x_4,\omega_2),\ldots,(x_{14},\omega_1)\}$. T노드에서 임의의 결정함수에 의해 샘플 데이터를 분류하였을 때, 왼쪽 서브 트리에는 ω_1번 클래스의 개수가 5개이고, ω_2 클래스의 개수가 3개가 분류 되었다. 오른쪽 서브 트리에는 ω_1번 클래스의 개수가 2개이고, ω_2 클래스의 개수가 4개가 분류 되었다. 이때 결정함수에 대한 엔트로피, 지니 불순도, 정보이득을 각각 계산하시오.

① 엔트로피

왼쪽 서브 트리 $E(T_l) = -\left(\frac{5}{8}\right)\log_2\left(\frac{5}{8}\right) - \left(\frac{3}{8}\right)\log_2\left(\frac{3}{8}\right) = 0.954$

오른쪽 서브 트리 $E(T_r) = -\left(\frac{2}{6}\right)\log_2\left(\frac{2}{6}\right) - \left(\frac{4}{6}\right)\log_2\left(\frac{4}{6}\right) = 0.918$

② 지니 불순도

왼쪽 서브 트리 $G = 1 - \left\{\left(\frac{5}{8}\right)^2 + \left(\frac{3}{8}\right)^2\right\} = 0.468$

오른쪽 시브 트리 $G = 1 - \left\{\left(\frac{2}{6}\right)^2 + \left(\frac{4}{6}\right)^2\right\} = 0.444$

③ 정보이득 (T노드에서의 엔트로피는 0.994이라 가정하자)

$\Delta E = 0.994 - \frac{|8|}{|14|} \times 0.954 - \frac{|6|}{|14|} \times 0.918 = 0.0560$

☞ 실제 결정함수에 대한 엔트로피와 정보이득을 C로 프로그램 할 때, C에는 자연로그를 구하는 log() 함수와, 밑(Base)이 10인 상용로그를 구하는 log10() 함수만 있기 때문에 밑이 2인 로그 등을 구하려면 직접 함수를 만들어야 한다. 아래 예제와 같이 logB() 라는 함수를 만들어 사용할 수 있다.

```
double logB(double x, double base);

double logB(double x, double base) {
  return log(x) / log(base);
}
double E = -((5./8.)*logB(5./8.,2.))-((3./8.)*logB(3./8.,2.));
```

9.3.3 결정함수와 결정함수 임계값 정하기

이진트리의 결정함수는 주로 직선으로 만들어 지며, 각 노드별로 만들어진 직선함수들을 연결하여 최종 비선형 분류기를 만들 수 있다. 이때 결정함수는 두 가지 형태로 만들어 질 수 있다. 첫 번째는 여러 특징 벡터 중에서 한 번에 한 개의 특징벡터만을 이용하여(한 특징 벡터에만 평행한) 결정함수를 만드는 방법이다. 이러한 방법을 축-수평(axis-aligned splitting) 결정함수 라고 부른다. 또 다른 방법은 2개 이상의 특징 벡터를 동시에 이용하는 방법으로 일반평면(general plane splitting) 결정함수라고 한다. 축-수평 결정함수 방법은 결정함수 수식이 간단하지만 깊이가 깊어지는 단점이 있고, 반대로 일반평면 결정함수는 수식은 복잡하지만 트리의 깊이가 얕다는 장점이 있다. 그림 9.7은 축-수평, 일반평면 결정함수의 예를 보여주고 있다.

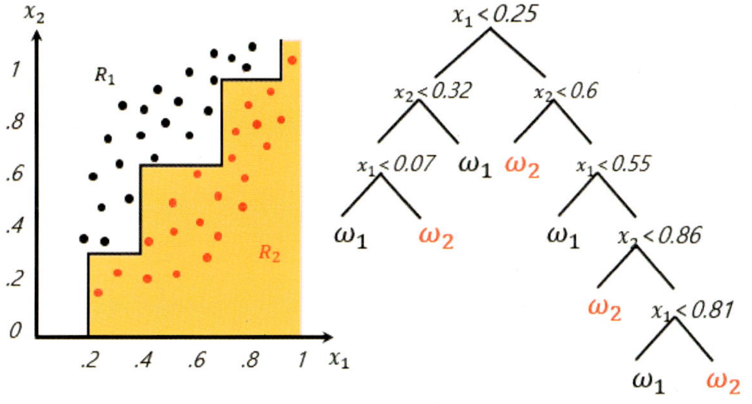

(a)

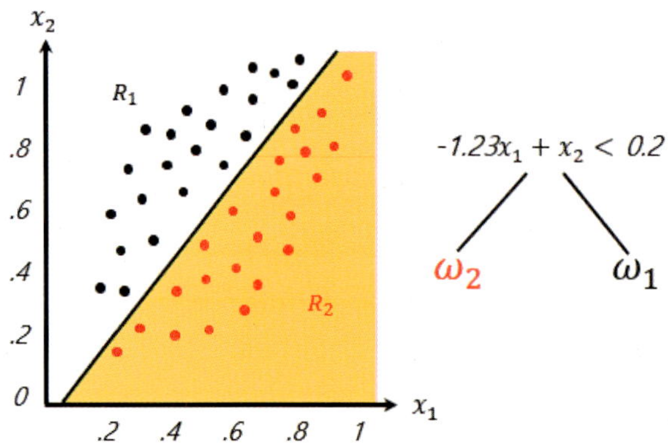

(b)

(그림 9.7) (a) 축-수평 결정함수 (b) 일반평면 결정함수

또한, 각 결정함수들은 임계값을 가져야 한다. 위에서 우리는 결정함수의 파라미터가 랜덤하게 결정된다고 배웠다. 마찬가지로 각 결정함수의 임계값도 랜덤하게 결정이 된다. 하지만 임계값 t는 아래와 같은 범위에서 랜덤하게 결정이 되어야 한다.

$$t \in \left(\min_i f(v_i), \max_i f(v_i)\right)$$

즉 임계값 t는 결정함수가 가질 수 있는 최댓값부터 최솟값 사이에서 랜덤하게 결정되어야 한다. 예를 들어, 축-수평 방법으로 결정함수 ($f(v_i)=x$)를 정하고 입력 값이 아래와 같이 주어졌다면 x=3, 5, 6, 7, 2, 7, 9, 임계값이 가질 수 있는 최댓값은 9이고 최솟값은 2임으로 결정함수의 임계값은 다음과 같은 범위 내에서 결정이 되어야 한다.

$$f(v_i) = x \geq 2 \sim f(v_i) = x \leq 9$$

9.3.4 이진 결정트리 생성하기 예제

지금까지 살펴본 결정트리 생성방법에 대한 예제 문제를 풀어보도록 하자. 아래 표에는 A라는 회사에 다니는 5명의 가구 형태(Home type)와 봉급(Salary), 그리고 각 개인의 클래스가 나열되어 있다. 해당 데이터를 살펴보고 이에 맞는 이진 결정트리를 구성해 보자.

(표 9.1) 두 개의 속성 값과 클래스로 구성된 5개 샘플 데이터

Data	Attribute		Class
	Home_Type	Salary	
1	31	3	1
2	30	1	0
3	6	2	0
4	15	4	1
5	10	4	0

* 속성들의 값은 결정함수를 만들기 쉽도록 숫자로 구성되어 있다.

본 교재의 예제에서는 결정함수를 축-평행 방법을 통해 결정하도록 한다. 이를 위해 먼저 'Home_Type' 속성을 선택하도록 하자. 표 9.1을 살펴보면 Home_Type 속성에서 가능한 결정함수의 범위(임계값)는 $6 \le f(x) \le 31$이다. 따라서 가능한 결정함수들을 모두 나열해 보면

$$f(x) = Home\_Type \le 6,$$
$$f(x) = Home\_Type \le 10$$
$$f(x) = Home\_Type \le 15$$
$$f(x) = Home\_Type \le 30$$
$$f(x) = Home\_Type \le 31$$

로 정의할 수 있다.

가능한 후보 결정함수들이 만들어 졌으면 다음으로 정보이득을 계산해야 한다. 정보이득을 계산하는 과정은 다음과 같다.

① 먼저 결정함수 $f(x) = Home_Type \le 6$을 고르고 선택된 결정함수에 따라 이진트리를 구성하면 아래 표와 같이 왼쪽 서브 노드와 오른쪽 서브 노드로 데이터가 나뉘게 된다.

Attribute	Node	Number of Data		
		class 0	class 1	N=5
Home_Type 〈=6	Left sub-node	1	0	N_L=1
Home_Type 〉6	Right sub-node	2	2	N_R=4

② 결정함수에 의해 분리된 왼쪽 서브 노드와 오른쪽 서브 노드 각각에 대한 엔트로피를 구해보자.

$$E(Home\_Type \leq 6) = -\left(\frac{1}{1}\times\log_2\frac{1}{1}+\frac{0}{1}\times\log_2\frac{0}{1}\right)=0$$

$$E(Home\_Type > 6) = -\left(\frac{2}{4}\times\log_2\frac{2}{4}+\frac{2}{4}\times\log_2\frac{2}{4}\right)=0.69$$

③ 엔트로피를 이용하여 결정함수에 대한 최종 정보이득을 구해보자 (부모 노드에서의 엔트로피는 0.857이라고 가정하자)

$$\Delta E = 0.857 - \frac{1}{5}\times 0 - \frac{4}{5}\times 0.69 = 0.305$$

④ 이제 두 번째 결정함수 $f(x) = Home_Type \leq 10$을 고르고 선택된 결정함수에 따라 이진트리를 구성하면 아래 표와 같이 왼쪽 서브 노드와 오른쪽 서브 노드로 데이터가 나뉘게 된다.

Attribute	Node	Number of Data		
		class 0	class 1	N=5
Home_Type 〈=10	Left sub-node	2	0	N_L=2
Home_Type 〉10	Right sub-node	1	2	N_R=3

⑤ 결정함수에 의해 분리된 왼쪽 서브 노드와 오른쪽 서브 노드 각각에 대한 엔트로피를 구해보자.

$$E(Home\_Type \leq 10) = -\left(\frac{2}{2}\times\log_2\frac{2}{2}+\frac{0}{2}\times\log_2\frac{0}{2}\right)=0$$

$$E(Home\_Type > 10) = -\left(\frac{1}{3}\times\log_2\frac{1}{3}+\frac{2}{3}\times\log_2\frac{2}{3}\right)=0.64$$

⑥ 엔트로피를 이용하여 결정함수에 대한 최종 정보이득을 구해보자

$$\Delta E = 0.857 - \frac{2}{5}\times 0 - \frac{3}{5}\times 0.64 = 0.4730$$

⑦ 나머지 3가지 결정함수에 대해 동일한 과정을 수행한다.

⑧ 최종적으로 정보이득이 가장 큰 $f(x) = Home\_Type \leq 10$ 함수를 첫 번째 루트 노드의 결정함수로 정한다.

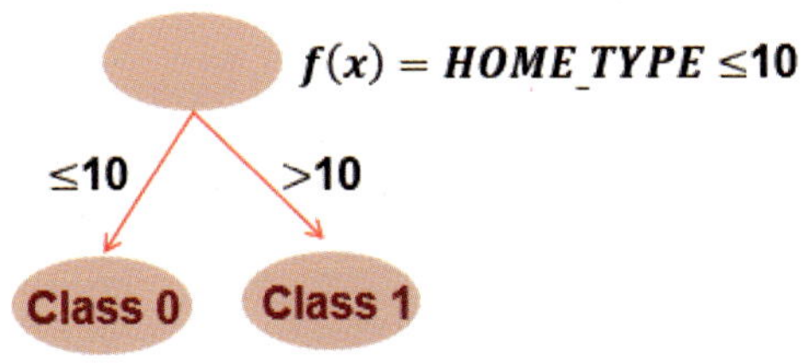

⑨ 이제 두 번째 레벨에서 'Salary' 속성을 이용하여 결정함수의 후보를 만들어 보자.

표 9.1을 살펴보면 Salary 속성에서 가능한 결정함수의 범위(임계값)는 $1 \leq f(y) \leq 4$이다. 따라서 가능한 결정함수들을 모두 나열해 보면

$$f(y) = Salary \leq 1,$$
$$f(y) = Salary \leq 2$$
$$f(y) = Salary \leq 3$$
$$f(y) = Salary \leq 4$$

로 정의할 수 있다.

가능한 후보 결정함수들이 만들어 졌으면 다음으로 정보이득을 계산해야 한다. 정보이득을 계산하는 과정은 ①~⑦까지의 과정과 동일하다.

⑩ 최종적으로 정보이득이 가장 큰 $f(y) = Salary \leq 3$ 함수를 두 번째 레벨 노드의 결정함수로 정한다.

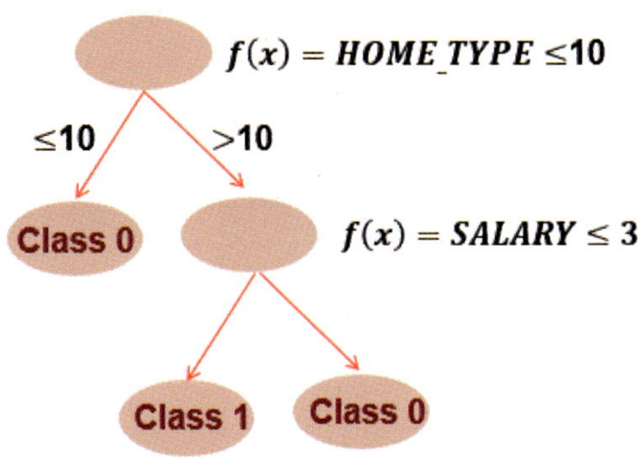

그림에서 두 번째 레벨의 왼쪽 노드는 엔트로피가 0임으로 (모든 같은 클래스) 더 이상 분기할 필요가 없다. 마찬가지로 3번째 레벨에서 왼쪽과 오른쪽 노드 모두 엔트로피가 0이 됨으로 더 이상 분기할 필요가 없이 학습이 끝나게 된다.

각 리프노드의 클래스 레이블은 리프노드의 클래스별로 개수를 카운트하여 가장 많은 숫자를 갖는 클래스로 레이블하게 된다.

9.3.5 결정 트리 멈춤조건

결정트리를 만들 때 노드의 엔트로피가 0이 아니라고 해서 무작정 트리를 분기 시키는 것은 학습데이터에 대한 과적합(over-fitting)[23] 문제를 발생시킨다. 또한 트리의 깊이가 너무 깊어지면 테스트 시간이 오래 걸리는 문제점이 있다. 따라서 트리를 생성할 때 아래와 같은 제약 조건을 두어 트리가 무한히 생성되지 않도록 한다.

① 최대 깊이(Maximum depth) 제약

트리의 최대 깊이를 사전에 정해두고 그 이상 분기하려 할 때 STOP 시킬 수 있다.

② 최소 정보 이득(Minimum information gain) 제약

결정함수에 대한 정보이득을 계산할 때 최소 정보이득보다 높을 경우 트리를 더 이상 분기 시키지 않는다.

③ 델타 클래스 분포(Delta class distribution) 제약

특정 노드에 한 클래스 성분의 분포가 상대적으로 클 때 더 이상 분기하지 않는다.

9.3.6 결정 트리 학습 알고리즘

결정트리 학습 알고리즘에 대한 pseudo 코드는 알고리즘 9.1과 같다.

알고리즘 9.1 결정트리 학습 pseudo 코드

```
Input: 학습 데이터 집합 X= {(x1, t1), (x2, t2),…(xN, tN) }
Output: 결정 트리 R

1. 한 개의 노드 R 생성  // root node
```

23) over-fitting(과적합)은 생성된 분류기가 학습데이터에 과하게 학습되어 학습데이터에는 잘 분류하지만 실제 테스트 데이터는 잘 분류하지 못하는 현상을 말한다. 과적합의 반대되는 경우가 under-fitting(과소적합)이다.

```
T=R;
XT = X;
split_node(T, XT);      //루트 노드로부터 반복 함수 호출
split_node(T, XT) {   // 반복 함수 (recursive function)
      N개의 후보 결정함수 생성
      모든 결정함수들의 정보 이득 계산
      정보 이득이 최대인 한 개의 결정 함수 선택
      if( T satisfy the stopping condition) {
            Assign nodes to T
            return;
        }
        else {
              결정함수를 이용하여 XT를 XTleft 와 XTright 로 나눔
              좌측 Tleft 와 우측 Tright 노드를 생성
              split_node(Tleft, XTleft);
              split_node(Tright, XTright);
              }
  }
```

알고리즘 9.1의 pseudo코드인 split_node()를 구체적인 코드로 표기하면 알고리즘 9.2와 같다.

알고리즘 9.2 split_node()함수 pseudo 코드

```
double[] split_node(node, v)
{
        if (node.IsSplitNode)
        {
             if node.f(v) < node.t
                 {
                       return split_node(node.right, v);
             else
                       return split_node(node.left, v);
             }
    else
```

```
            return node.P;
        }
    }
```

9.4. 랜덤포레스트(Random Forest) 알고리즘

우리는 8장에서 다중 규칙 적용 알고리즘에 대해서 공부했다. 다중 규칙에서는 개별적인 약한 분류기(weak classifier, 퍼지의 규칙을 8장에서는 약한 분류기로 호칭)들을 결합하여 하나의 강한 분류기(strong classifier)를 만들 수 있음을 설명했다. 마찬가지로 결정 트리들은 학습데이터에 대해 과적합 될 수 있으며, 경우에 따라서는 분류결과가 오염된 데이터로 인해 잘못 학습되는 경우가 발생한다. 이러한 문제를 해결하기 위해 다수의 결정 트리들을 결합하여 각 결정트리의 확률 값을 결합하여 최종 분류결과로 판정하는 알고리즘이 바로 랜덤 포레스트이다. 이때 랜덤이라는 말이 붙은 이유는 **결정트리를 학습할 때 모든 학습데이터를 사용하는 것이 아니라 각 결정트리마다 전체 학습데이터의 일부**(일반적으로 70%)**를 랜덤하게 추출하여 사용**하기 때문이다. 이렇게 할 경우 오염된 데이터에 덜 취약할 수 있다. 포레스트라는 원래 의미는 숲으로, 각각 랜덤하게 생성된 트리들이 결합되면 숲을 이룬다는 의미를 포함하고 있다.

각각 생성된 N개의 결정트리는 그림 9.8과 같이 포레스트로 결합되고, 학습이 끝난 뒤에 새로운 특징벡터 v가 입력되면 각각의 트리에 적용되어 나온 클래스별 확률을 결합하여 최종적으로 가장 큰 확률 값을 갖는 클래스로 분류하게 된다.

예를 들어 T개의 트리가 있고, 모든 트리들에 대한 각각의 분포를 $L=(l_1, l_2, \ldots, l_T)$이라고 할 때, c_i클래스에 대한 최종 확률 분포는 각 트리별 확률 분포의 평균으로 계산된다.

$$P(c_i|L)=\frac{1}{T}\sum_{t=1}^{T}P(c_i|l_t) \qquad (9.5)$$

이렇게 계산된 클래스별 최종 확률 분포 중에서 가장 큰 확률 값을 갖는 클래스가 최종 클래스로 신택된디.

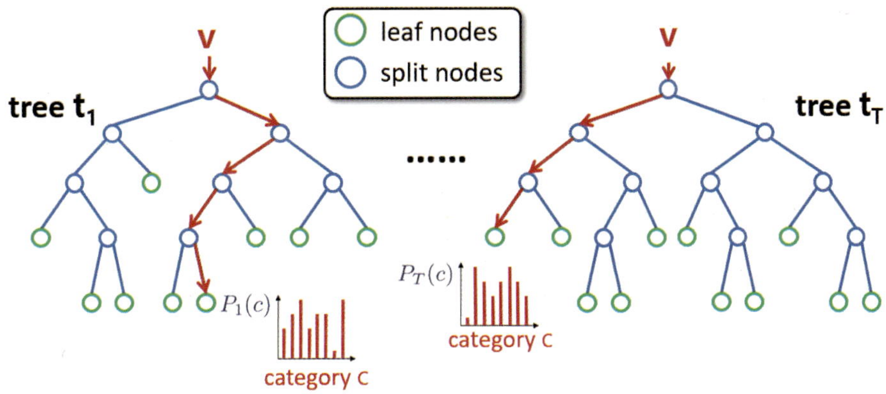

(그림 9.8) 랜덤 포레스트 구성

그림 9.9는 랜덤 포레스트를 이용하여 실제 X-ray영상을 클래스별로 분류하는 예이다. 그림에서 보는 것과 같이 입력 영상에서 특징벡터가 추출되고 각 특징벡터가 개별적인 결정트리에 적용이 된다. 개별 트리에서 최종 분류된 리프노드의 클래스별 확률 분포를 결합하여 평균하고 최종적으로 확률 값이 가장 큰 클래스를 선택하게 된다.

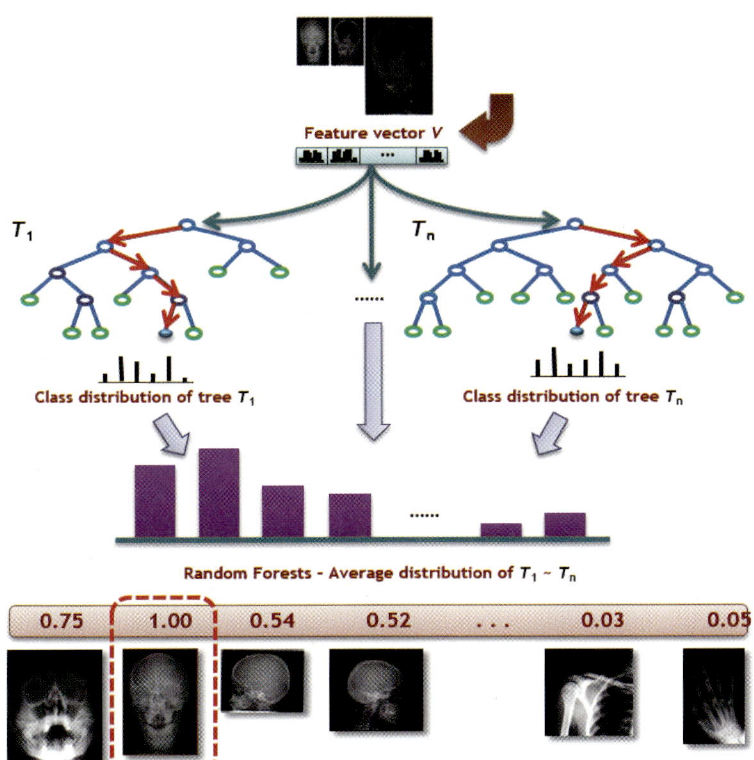

(그림 9.9) 랜덤 포레스트를 이용한 x-ray영상 분류의 예

9장 정 리

1. 결정 트리는 귀납적 추론을 위한 실제적인 방법으로 광범위하게 사용되고 있는 학습 알고리즘이다. 결정트리 학습 방법은 잡음(noisy) 데이터에 강하고 선언적 표현(예, x>10, y<3.5)들을 포함하는 함수로 구성된다.

2. 트리는 각 층(layer)마다 노드(node)와 에지(edge)로 구성된다. 노드는 보통 원이나 사각 박스로 표시되고 노드와 노느는 에지라는 선으로 이어진다. 각 노드들은 자식을 가질 수 있다. 노드 중에서 최상위 노드를 루트(root) 노드라고 하고 맨 말단의 노드를 리프(leaf) 노드 또는 단말(terminal) 노드라고 한다.

3. 가장 대표적인 결정트리 학습방법은 Quinlan등이 1986년에 제안한 ID3방법과 1993년에 ID3를 개선한 C4.5, C5.0방법이 있다.

4. Breiman등에 의해 1993년도에 제안된 CART(Classification and Regression Tree)방식은 ID3 방법의 결정트리와 기본적인 개념은 같지만 이진트리 방식으로 결정트리를 만들고 분류 이외에도 회귀가 가능한 것이 특징이다.

5. 노드에서 결정함수는 랜덤하게 만들어 질 수 있는데 이렇게 만들어지는 결정함수를 측정하기 위한 도구에는 엔트로피(entropy), 지니 불순도(Gini impurity), 정보이득(information gain)이 있다.

6. 엔트로피는 집단의 무질서도를 측정하는 단위로서 한 그룹에 M개의 클래스가 있다고 할 때 각 클래스별 원소의 개수 동일하다면 값이 최대(무질서도 최대)가 된다. 반대로 한 그룹에 동일한 1개 클래스의 원소들만 존재할 때 엔트로피는 0으로 최소(무질서도 최소)가 된다.

7. 지니 불순도는 엔트로피와 유사하게 한 노드에 속한 샘플 데이터들이 모두 같은 클래스에 속할 때 최솟값 0(불순도 최소)을 갖고, 모든 클래스들이 동일한 샘플개수를 가질 때 최댓값을 갖는다.

8. 정보이득이 이전의 엔트로피, 지니 불순도 방법과 다른 점은 단순히 한 노드에서의 클래스별 확률 분포만을 보는 것이 아니라 왼쪽과 오른쪽 분기 노드의 분기 개수에 비례하여 엔트로피를 반영한다는 점이다.

9. 이진트리의 결정함수는 주로 직선으로 만들어 지며, 각 노드별로 만들어진 직선함수들을 연결하여 최종 비선형 분류기를 만들 수 있다. 첫 번째는 여러 특징 벡터 중에서 한 번에 한 개의 특징벡터만을 이용하여 (한 특징 벡터에만 평행한) 결정함수를 만드는 축-수평(axis-aligned splitting) 방법이 있고 2개 이상의 특징 벡터를 동시에 이용하는 방법으로 일반평면(general plane splitting) 방법이 있다.

10. 임계값 t는 결정함수가 가질 수 있는 최댓값부터 최솟값 사이에서 랜덤하게 결정되어야 한다.

11. 결정트리를 만들 때 노드의 엔트로피가 0이 아니라고 해서 무작정 트리를 분기 시키는 것은 학습데이터에 대한 과적합(over-fitting) 문제를 발생시킨다. 과적합은 생성된 분류기가 학습데이터에 과하게 학습되어 학습데이터에는 잘 분류하지만 실제 테스트 데이터는 잘 분류하지 못하는 현상을 말한다. 과적합의 반대되는 경우가 under-fitting(과소적합)이다.

12. 랜덤 포레스트란 다수의 결정 트리들을 결합하여 각 결정트리의 확률값을 결합하여 최종 분류 결과로 판정하는 알고리즘이다.

13. 랜덤 포레스트에서는 개별 트리에서 최종 분류된 리프노드의 클래스별 확률 분포를 결합하여 평균하고 최종적으로 확률 값이 가장 큰 클래스를 선택하게 된다.

연습문제

1. 아래와 같이 총 9개로 구성된 데이터 샘플이 있다고 가정하자. T노드에서 결정함수 f1(x)에 의해 데이터가 왼쪽 서브노드와 오른쪽 서브 노드로 분기되었다고 할 때, 결정함수 f(x)의 결과에 대해 엔트로피, 지니 불순도, 정보이득을 구해보자. (T노드에서의 엔트로피도 구하여 계산하시오)

$$X_T = \{(x_1,w_1),(x_2,w_2),(x_3,w_3),(x_4,w_1),(x_5,w_2),(x_6,w_3),(x_7,w_1),(x_8,w_2),(x_9,w_3)\}$$
$$X_{Tleft} = \{(x_2,w_2),(x_4,w_1),(x_6,w_3),(x_7,w_1)\}$$
$$X_{Tright} = \{(x_1,w_1),(x_3,w_3),(x_5,w_2),(x_8,w_2),(x_9,w_3)\}$$

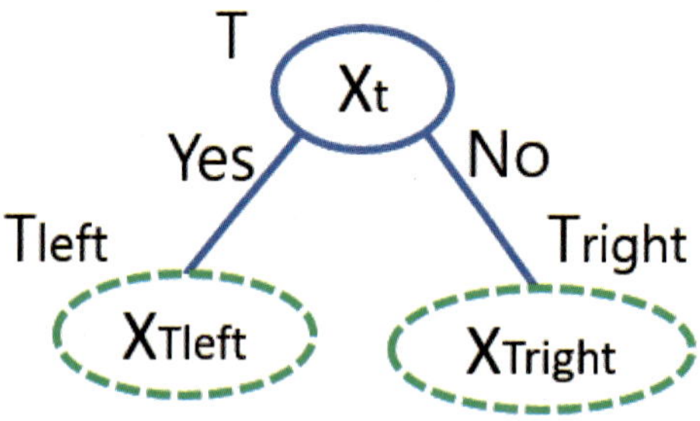

2. 1번 문제에 대해 또 다른 결정함수 f2(x)를 적용하였더니 아래와 같이 서브노드로 분기되었다. 1번에서 사용된 결정함수와 2번에서 사용된 결정함수 중에 어떤 결정함수를 T노드의 결정함수로 정하는 것이 바람직한지 결정하여 보자.

$$X_{Tleft} = \{(x_2,w_2),(x_5,w_2),(x_7,w_1)\}$$
$$X_{Tright} = \{(x_1,w_1),(x_3,w_3),(x_4,w_1),(x_6,w_3),(x_8,w_2),(x_9,w_3)\}$$

3. 아래 그림에서 왼쪽 그림은 질의 영상이고 오른쪽 영상은 테스트영상이다. 왼쪽 질의 영상에서 크기, 둘레, 좌우대칭 등의 정보를 추출하여 오른쪽 영상에서 가장 유사한 영상을 찾는 문제를 결정트리로 해결해 보자.

* 오른쪽 영상은 영상분할 되고 각 영역별로 레이블 되어야 한다.
* 만약 영상 분할과 영역레이블이 힘들다면 각 영역별로 잘라내어 테스트 해보자.
* 사용되는 특징벡터의 차원은 본인이 정하도록 한다.

* 결정 트리에서 사용되는 결정함수는 축-수평 방법이나 일반평면 방법 중 선택해서 사용한다.
* 한 개의 결정트리에서 해결하기 힘들다면 여러 개의 결정트리를 결합하는 랜덤 포레스트 방법을 적용해 보자.

참고문헌

[1] 고병철, "결정 트리의 확장: Random Forest 분류기의 이론과 응용," 2013 제1회 영상이해 여름학교 강의자료, 2013

[2] Leo Breiman, Random Forests, Machine Learning, 45, 5-32, 2001

[3] http://www.stat.berkeley.edu/~breiman/RandomForests/cc_home.htm

[4] J. Shotton, T-K Kim, B. Stenger, "Boost & Randomized Forests for visual recognition," ICCV 2009 Tutorial

[5] 오일석, "패턴인식", 교보문고, 2008

[6] 한학용, "패턴인식 개론", 한빛미디어, 2009

10. 인공신경망

10.1. 뉴런과 인공신경망

인간의 뇌는 천억 개 이상의 뉴런(neuron)이라고 불리는 신경세포들로 구성되어 있다. 신경세포들은 서로 연결되어 자극(전기적 신호)을 주고받는 신경망(neural network)을 형성하고 있다. 신경세포는 그림 10.1과 같이 세포핵(nucleus), 세포체(cell body), 수상돌기(dendrite), 축삭돌기(축색) (axon), 시냅스(synapse)로 구성된다. 세포체는 세포핵을 포함하는 신경세포의 크고 둥근 부분을 가리키고, 수상돌기는 다른 세포로부터 오는 신호 대부분을 받아들이는 신경세포의 연장부분이다. 축삭돌기는 다른 신경세포로 신호는 보내는 수단이다. 시냅스는 신경세포간의 연결부위로 화학적 또는 전기적 수단으로 다른 신경세포와 소통하는 통로역할을 한다.

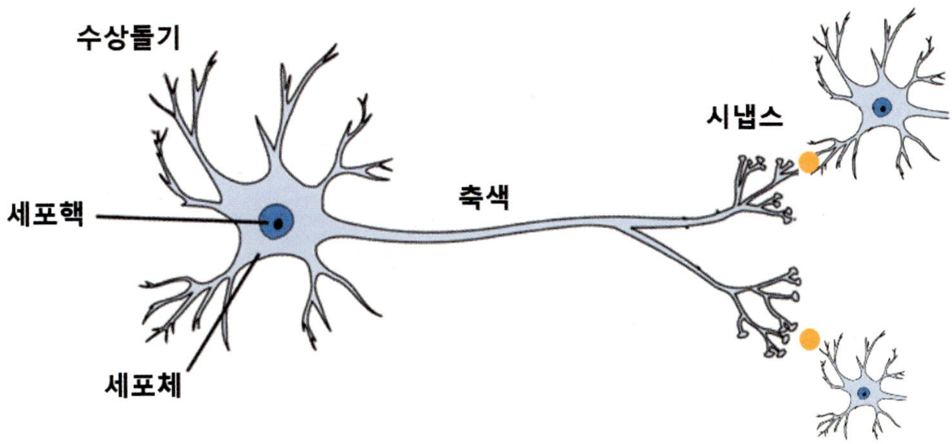

(그림 10.1) 뉴런(신경세포)망의 구조

수상돌기로부터 입력된 전기신호는 세포체로 전달되고, 다른 세포와 연결되어 있는 여러 수상돌기로부터 전달된 전기 신호의 합이 임계값 이상일 경우 활성화되어 축색돌기를 통해 화학적 물질로 배출한다. 이렇게 배출된 화학적 물질은 시냅스에서 전기적 신호로 다시 변환되어 다른 신경세포에게 전달된다. 이때 신경세포에서 출력되는 전기 신호는 그대로 다음 세포에 전달되는 것이 아니라 두 세포간의 연결강도에 따라 다른 값을 전달하게 된다. 신경세포들은 학습이라는 과정을 통해 세포간의 연결강도를 조절하게 된다. 신경 세포들은 시냅스와 수상돌기를 통해 서로 연결되어 망을 형성하게 되는데 이것을 신경망(neural network)이라고 부른다. 인간의 신경망을 흉내 내어 만들어낸 것이 바로 인공 신경망이다.

10.2. 인공신경망의 역사

딥 러닝 알고리즘의 토대는 Rosenblatt이 제안한 퍼셉트론으로부터 출발한다. 초창기에는 인공신경망이 모든 문제를 단번에 해결할 것처럼 관심을 받았지만 이후 단순한 선형 분리만 가능하다는 한계에 봉착하면서 관심이 점차 시들해져갔다. 이후 80년대에 들어서 Hopfield network, Boltzmann machines, Rumelhart 가 제안한 다층 퍼셉트론과 오류 역전파 알고리즘을 통해서 다양한 비선형분리가 가능한 분류 문제를 해결할 수 있다는 연구가 발표되면서 다시 주목을 받기 시작한다. 다층 퍼셉트론의 등장과 함께 인공신경망은 여러 개의 층으로 구성되게 되었으며 이러한 구조를 딥 러닝(deep learning, 심층신경망)연구라고 생각하면 된다. 80년대 후반에는 LeCun에 의해 컴퓨터 비전 분야에 적용 가능한 Convolutional Neural Network(CNN)이 개발되었다. 최근에는 CNN 기반의 딥 러닝 알고리즘이 컴퓨터 비전 분야에서 가장 핵심적인 딥 러닝 알고리즘이지만 초창기에는 주목을 받지 못하였고, 2000년 중반 이후에 다시 연구자들의 관심을 받기 시작했다. 딥 러닝에 대한 보다 자세한 내용은 10장 후반에 다루기로 한다.[24)]

※ 인공 신경망의 발전 과정

- 1958 Perceptron(Rosenblatt)
- 1980 Neocognitron(Fukushima)
- 1982 Hopfield network, SOM(Kohonen)
- 2982 Neural PCA(Oja)
- 1985 Boltzmann machines(Ackley et al.)
- 1986 Multilayer perceptrons and backpropagation(Rumelhart et al.)
- 1988 Restricted Boltzmann Machine(Broomhead&Lowe)
- 1989 Autoencoders(Baldi&Hornik)
- 1989 Convolutional neural network(LeCun)
- 1992 Sigmoid belief network(Neal)
- 1993 Sparse coding(Field)
- 2005 Loss Functions for Discriminative Training(LeCun)
- 2006 Fast Deep Belief Nets(Hinton)

24) http://sanghyukchun.github.io/75/와 https://mathemedicine.github.io/deep_learning.html의 내용을 요약 정리한 것임

• 2009 Deep Boltzmann machines(Hinton)
• 2010 Rectified Linear Units Improve Restricted Boltzmann Machines(Hinton)

10.3. 인공신경망의 구조

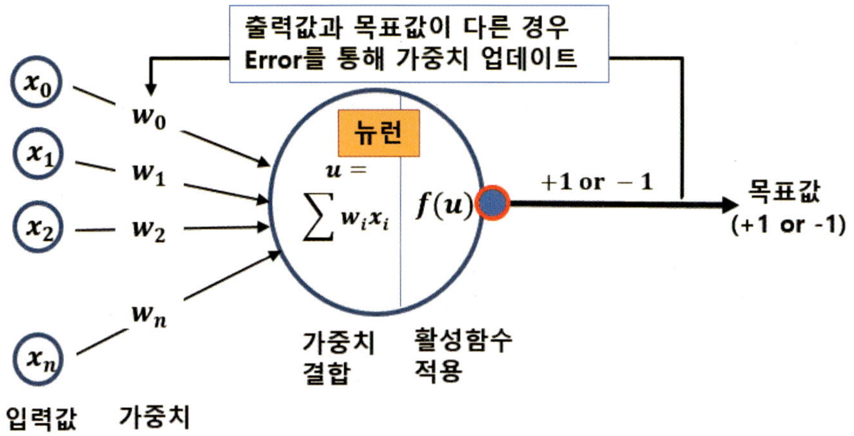

(그림 10.2) 뇌 신경망을 모방한 인공신경망의 구조

그림 10.2에서는 생물학적 신경망을 모방한 인공 신경망을 도식화해 보았는데, 그림에서 알 수 있듯이 생물학적 신경망과 인공 신경망 간에는 많은 유사점을 가지고 있다. 인공신경망은 그림 10.2와 같이 복수의 입력을 받아서 하나의 출력을 계산한다. 입력 값들은 각 입력마다 다른 가중치(weight)를 곱한 값을 모두 더하고 여기에 바이어스(bias)라고 불리는 값을 더한다. 이렇게 더해진 계산된 총합은 활성화 함수라 불리는 함수 f에 적용되어 활성화 수준을 계산하고, 출력 링크로 출력신호를 보내거나 다른 뉴런의 입력으로 연결된다.

인공신경망을 학습시킨다는 것은 입력 값에 곱해지는 가중치를 반복적으로 조정하여 학습한다는 것을 의미한다. 이러한 가중치는 입력 값과 목표 값이 주어지면 목표 값을 만족시키기 위한 학습과정에서 결정되며 장기기억을 위한 기본적인 수단으로 각 뉴런의 입력강도, 또는 중요도를 표현한다.

뉴런의 특성은 보통 활성화 함수에 의해 좌우 되는데, 일반적인 활성화 함수는 표 10.1과 같이 크게 6가지로 나누어 볼 수 있다.

(표 10.1) 대표적인 활성화 함수 그래프와 함수식

(a) 계단함수(step function)	(b) 부호함수(sign function)	(c) 항등함수(identity function)
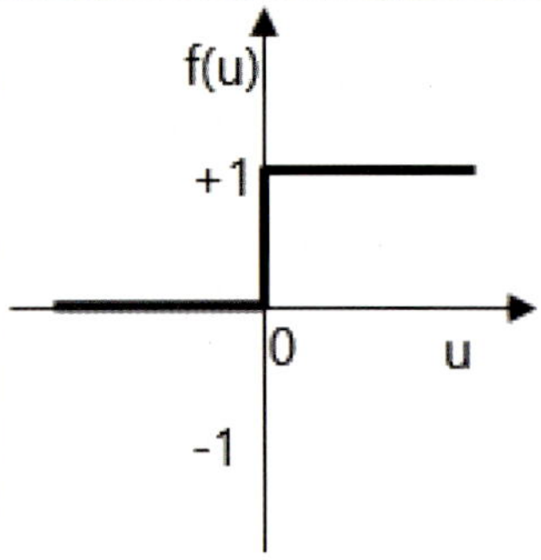	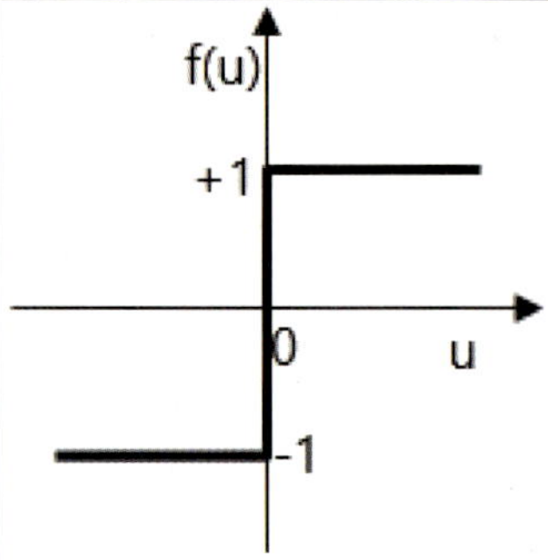	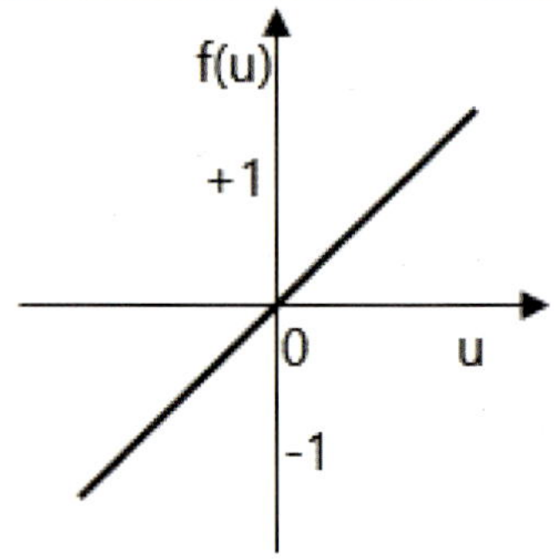
$f_{step} = \begin{cases} 1\, if\, u \geq 0 \\ 0\, otherwise \end{cases}$	$f_{sign} = \begin{cases} 1 \quad if\, u \geq 0 \\ -1\, otherwise \end{cases}$	$f_{id} = u$
(d) 시그모이드 함수 (sigmoid function)	(e) 하이퍼 탄젠트 함수 (hyper tangent function)	(f) 램프함수(ramp function, Rectified Linear Function)
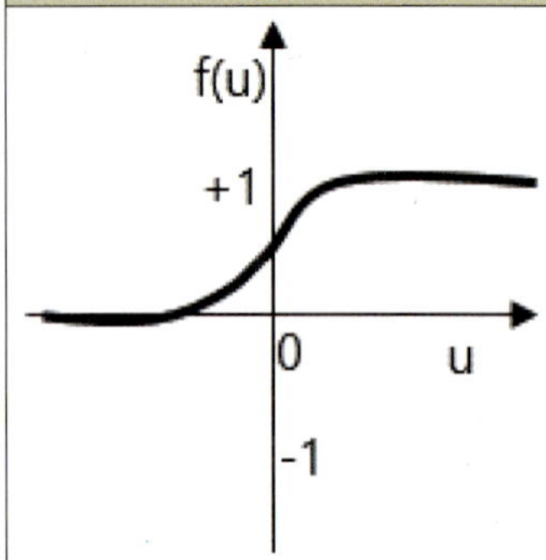	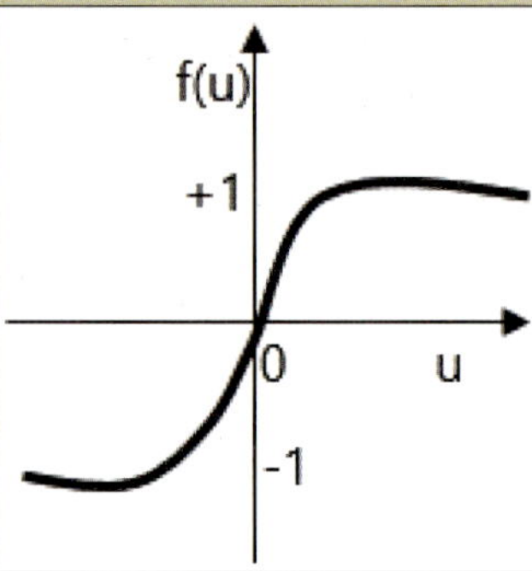	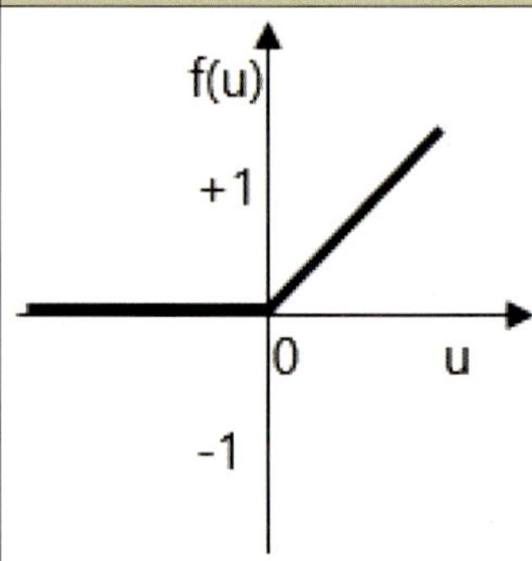
$f_{sig} = \frac{1}{1+e^{-u}}$	$f_{\tanh} = \frac{e^{u}+1}{e^{u}-1}$	$f_{ReLU} = \max(u,0)$

표 10.1에서 계단함수와 부호 함수는 수식에 따라 총합이 0 이상일 경우 +1 아닐 경우 0 또는 -1을 출력한다. 항등함수는 총합의 수치와 동일한 값을 출력한다. 시그모이드 함수와 하이퍼 탄젠트 함수는 인공신경망에서 가장 널리 사용되는 활성화 함수로 계단함수나 부호 함수와 다르게 미분이 가능하고 0~1사이 혹은 -1~1사이에로 출력 값이 서서히 그리고 매끄럽게 변화한다는 특징이 있다. 램프함수는 최근 딥 러닝(deep learning)에 많이 사용되는 활성화 함수로, 총합이 0보다 작거나 같을 경우는 무조건 0을 할당하고 0보다 큰 경우는 그 값을 출력으로 사용한다. 이 방법은 단순하고 계산량이 적으며, 시그모이드나 하이퍼 탄젠트 함수보다 학습이 빠르다는 장점으로 인해 연산 량이 많이 필요한 딥 러닝 네트워크에 주로 사용된다.

이번에는 신경망의 연결 방법에 대해서 살펴보도록 하자. 인공신경망은 기본적으로 외부로부터 입력 값을 받아들이는 입력 층(input layer)과, 활성함수를 적용하여 값을 외부로 내보내는 출력 층(output layer)로 구성된다. 여기에 입력 층과 출력 층 사이에 존재하면서 출력 층의 값에 영향을 미치는 은닉 층(hidden layer)이 있다. 은닉 층으로 이름을 붙인 이유는 외부에 직접적으로 드러나지 않지만 출력 값의 변화에 영향을 끼치기 때문이다. 이렇게 입력 층에서부터 은닉 층을 거쳐 출력 층으로 한 방향으로만 전파되는 신경망 구조를 피드포워드 신경망(feedforward neural network)라고 부른다.

그림 10.3과 같이 한 개의 입력 층과 한 개의 출력 층으로만 구성된 망을 단층 신경망이라고 한다. 단층 신경망(single layer NN)은 목적에 따라 출력 층에 한 개의 노드(node)[25] 만 존재할 수도 있고 그림과 같이 여러 개의 노드가 존재할 수도 있다.

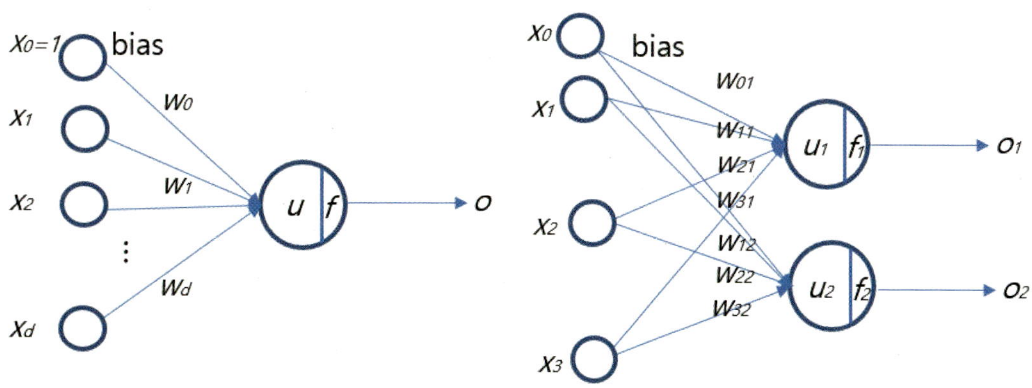

(그림 10.3) 단층 신경망 구조의 예 (왼쪽: 단일 노드, 오른쪽: 복수 노드)

그림 10.3과 같이 단층 신경망은 2가지 형태로 구성할 수 있다. 회귀문제라든지 이진 분류 등의 문제에서는 출력 노드가 하나만 사용될 수 있고, 다수의 클래스를 분류해야 하는 문제일 경우 복수의 출력 노드가 사용될 수 있다. 단층 신경망 구조는 아래와 같이 수식으로 표현할 수 있다(b는 bias).

$$u = x_1 \cdot w_1 + x_2 \cdot w_2 + x_3 \cdot w_3 + b \quad (10.1)$$

또는

$$u_1 = x_1 \cdot w_{11} + x_2 \cdot w_{21} + x_3 \cdot w_{31} + b_1 \quad (10.2)$$

25) 뉴런들을 인공신경망에서는 유닛(unit) 또는 노드(node)로 호칭한다. 뇌 신경망에서의 뉴런과 구분하기 위해 인공신경망을 설명하는 본 장부터는 뉴런들을 노드로 호칭한다.

$$u_2 = x_1 \cdot w_{12} + x_2 \cdot w_{22} + x_3 \cdot w_{32} + b_2$$

여기에 다시 활성화 함수 f를 적용하면

$$o = f(u)$$
$$o_1 = f(u_1), o_2 = f(u_2)$$

와 같이 표현할 수 있다. 입력의 수를 I $(i=1,\ldots,I)$, 출력의 수를 $J(j=1,\ldots,J)$라 하고 수식들을 다시 일반화하면

$$u_j = \sum_{i=1}^{I} x_i w_{ij} + b_j \tag{10.3}$$
$$o_j = f(u_j) \tag{10.4}$$

와 같고 이를 벡터 식으로 변환하면 (O는 출력 벡터)

$$U = XW+B, \quad O = f(U) \tag{10.5}$$

와 같이 간단히 표현할 수 있다.

이제 단층 신경망의 층수를 늘려 다층 신경망(multi-layer NN)에 대해서 살펴보자. 그림 10.4와 같이 입력 층과 출력 층 사이에 한 개의 은닉 층을 추가한 2층 구조의 신경망을 만들 수 있다. 단층 신경망과 마찬가지로 정보는 왼쪽 입력 방향에서 오른쪽 출력방향으로 이동하는 피드포워드 네트워크 구조이다.

다층 신경망에서 중간 은닉 층의 출력은 아래와 같이 구할 수 있다. 아래 수식에서 X, U, W, B, O는 각각 층마다 입력, 합, 가중치, 바이어스, 출력에 대한 벡터 표현이다.

$$U_1 = XW_1+B_1 \tag{10.6}$$
$$O_1 = f(U_1) \tag{10.7}$$
$$U_2 = O_1W_2+B_2 \tag{10.8}$$
$$O_2 = f(U_2) \tag{10.9}$$

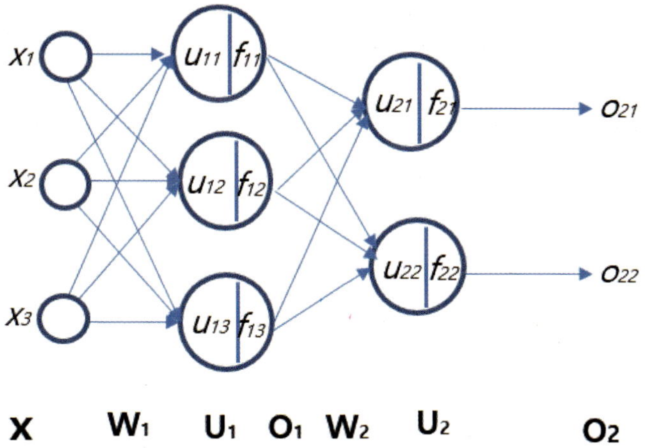

(그림 10.4) 다층 신경망 구조의 예

위의 예제에서는 2층 신경에 대해서 살펴보았지만 필요에 따라 은닉층을 더 추가하여 보다 복잡한 다층 신경망을 구성할 수 있다.

은닉층(hidden layer)의 의미

실제 신경망에서 입력 층은 입력 값을 전달하는 역할만을 한다. 마찬가지로 출력 층은 연산된 결과 값을 출력하는 역할만 한다. 은닉 층의 노드들은 올바른 목적 결과를 출력하기 위해 입력 값의 특성을 파악하는 중요한 역할을 한다. 이러한 특성은 각 은닉 층에 부여된 가중치에 나타나게 되며 은닉 층의 가중치에 따라서 출력 값의 패턴이 결정된다. 은닉 층은 수가 많을수록 복잡한 연산이 가능하고 분류성능이 어느 정도까지는 우수하지만 반대로 과적합(over-fitting)[26]에 빠질 수 있어 일반화 성능이 떨어지는 단점과, 연산시간이 오래 걸리는 문제점이 있다. 이러한 문제는 딥 러닝 알고리즘으로 넘어가면서 많은 부분이 해결되어 현재는 은닉층이 수백 개 이상인 신경망도 많이 사용되고 있다. 2015년 ILSVRC 대회에서 중국 카이밍 허가 이끄는 MSRA팀은 은닉 층을 1000층까지 쌓는 데 성공했다.

10.4. 퍼셉트론(Perceptron)

지금까지 우리는 인공신경망의 기본적인 이론에 대해서 공부해봤다. 이제부터는 구체적인 인공신경망 알고리즘에 대해 살펴보기로 하자. 가장 기본적인 인공신경망 알고리즘은

26) 과적합이란 학습과정에서 학습데이터에 편향적으로 분류기가 생성되는 경우를 말하는 것으로 학습데이터에 대해서는 뛰어난 성능을 보여주지만 새로운 테스트 데이터에 대해서는 분류 성능이 현저히 떨어지는 문제점이 있다.

1957년 미국의 코넬 항공 연구소에서 근무하던 프랑크 로젠블라트(Frank Rosenblatt)의 의해 제안된 퍼셉트론(Perceptron)이다. 초기 발표된 퍼셉트론은 단층퍼셉트론으로 입력벡터를 두 개의 클래스로 분류하는 선형분류기이다.

퍼셉트론을 보다 자세히 고찰해보도록 하자. 퍼셉트론은 그림 10.5 (a)와 같이 맨 왼쪽에 입력벡터를 받는 입력 층이 있고, 값을 결합하여 시그모이드 함수를 적용하여 출력하는 출력 층으로 구성된다. 입력 층은 입력벡터 x= $(x_1, x_2, \ldots, x_d)^T$가 d차원일 경우 바이어스(bias)를 포함하여 d+1의 입력 노드를 갖는다. 바이어스는 선형경계의 절편을 나타내는 값으로서 직선에서 y의 절편에 해당한다. 초기 바이어스 값은 항상 $x_0 = 1$을 갖는다고 간주하여도 된다. 각 입력 층의 노드들 출력 층과 연결되면서 각자의 가중치를 갖게 된다. 가중치는 퍼셉트론의 학습목표인 학습 벡터를 두 부류로 선형분류하기 위한 경계를 찾는 것으로 가중치는 이러한 선형경계의 방향성 또는 형태를 나태 내는 값이다.[27] 다음으로 입력 값과 가중치의 곱을 합하여($u = \sum_{i=1}^{d} x_i w_i + x_0 w_o$) 총합을 구하게 되는데, 이 과정은 선형경계의 방정식에 해당한다. 이렇게 계산된 총합은 활성화 함수(그림 10.5 (b))에 적용되어($o_j = f(u_j)$) 임계치보다 크면 1을 출력하고, 그 반대의 경우 0을 출력($o = f_{sign} = \begin{cases} 1 & \text{if } u \geq 0 \\ -1 & otherwise \end{cases}$) (그림 10.5 (c))한다.

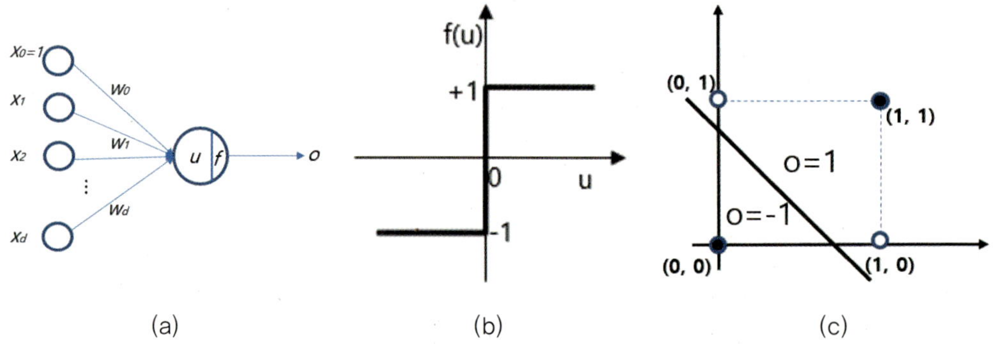

(그림 10.5) 퍼셉트론 구조 (a) 단층 퍼셉트론 구조, (b) 부호 활성 함수, (c) 입력이 2개 경우 퍼셉트론에 의한 선형경계 함수

10.4.1 단층 퍼셉트론 학습 과정

먼저, 지금까지 학습한 퍼셉트론의 분류과정을 살펴보자. 먼저 그림 10.5 (c)와 같이 4개의 입력 값이 입력될 경우(각 입력 값의 벡터 차원 d=2), 각 입력 값의 클래스를 분류해 보

27) [머신러닝]-단층 퍼셉트론 http://untitledtblog.tistory.com/27

자. 학습과정은 이후에 배우기로 하고, 초기 가중치가 $w_0 = -0.5, w_1 = 1, w_2 = 1$ 로 학습되었다고 가정해 보자. 이 경우 우선 (0, 0) 입력 값에 대해 수식 (10.3)과 수식 (10.4)를 적용하면,

$$u = x_0 w_0 + x_1 w_1 + x_2 w_2$$
$$u = 1 \cdot (-0.5) + 0 \cdot (1) + 0 \cdot (1) = -0.5$$
$$o = f_{sign} = \begin{cases} 1 & \text{if } u \ge 0 \\ -1 & otherwise \end{cases} \Rightarrow -1$$

와 같이 -1 클래스로 분류된다. 이번에는 (0, 1)의 값을 입력을 대입하여 보자.

$$u = 1 \cdot (-0.5) + 0 \cdot (1) + 1 \cdot (1) = +0.5$$
$$o = f_{sign} = \begin{cases} 1 & \text{if } u \ge 0 \\ -1 & otherwise \end{cases} \Rightarrow +1$$

같은 방법으로 (1, 1)의 값을 입력으로 대입하여 보자.

$$u = 1 \cdot (-0.5) + 1 \cdot (1) + 1 \cdot (1) = +1.5$$
$$o = f_{sign} = \begin{cases} 1 & \text{if } u \ge 0 \\ -1 & otherwise \end{cases} \Rightarrow +1$$

그림 10.5 (c)와 같이 (0, 0)의 경우 -1클래스로, 나머지 3가지 입력 값에 대해서는 +1클래스로 분류하는 것을 알 수 있다. 그렇다면, 분류에서 결정적 영향을 미치는 가중치는 어떻게 결정되는 것일까?

이제부터는 단일 퍼셉트론의 핵심인 가중치 결정 방법에 대해서 알아보도록 하자. 퍼셉트론을 이용하여 학습하는 방법에는 패턴 모드와 배치 모드가 있다. 패턴 모드는 하나의 입력 값이 주어질 때마다 가중치를 갱신하는 방법이고 배치모드는 모든 입력 값에 대해 에러를 결합하여 가중치를 갱신하는 방법이다. 알고리즘 10.1은 패턴 모드를 이용한 단일 퍼셉트론에 대한 기본 학습과정을 기술한 것이다.

알고리즘 10.1 단일 퍼셉트론 학습 과정(패턴 모드)

1. 가중치(weight)를 임의의 값으로 초기화
   - 가중치는 보통 [-0.5 ~ 0.5] 사이의 값으로 초기화, epoch p = 1

2. 바이어스(bias)값을 임의의 값으로 초기화
   - 보통 1의 값을 부여

3. while(학습 데이터 수)

   {

   3-1] p 단계에서 우선 한 개의 학습벡터를 입력하고 출력 값 u를 계산

$$u(p) = \sum_{i=1}^{d} x_i w_i + x_0 w_o \tag{10.10}$$

   3-1] 활성함수에 출력 값 u를 적용하여 출력 층의 실제 출력 값을 계산(계단함수)

$$f(u(p)) = \begin{cases} 1 \, if \, u \geq 0 \\ 0 \, otherwise \end{cases} \tag{10.11}$$

   3-2] 출력 노드의 출력 값 $y_d(p)$과 원래 목표 값 $y(p)$의 오차 e를 계산

$$e(p) = o_d(p) - o(p) \tag{10.12}$$

   3-3] 노드의 출력 값과 원래 목표 값의 e를 이용하여 다음 입력의 가중치 갱신

$$w_i(p) = w_i + \alpha \cdot x_i(p) \cdot e(p) \tag{10.13}$$

   수식 (10.13)에서 α는 학습률(learning rate)[28]을 나타냄 $(\alpha < 1)$

   total_error += e(p)

   }

4. If(total_error〈 threshold) goto Step 5

   Else

      Increase epoch p=p+1

      goto Step 3

5. 학습 종료

이제 알고리즘 10.1를 코드로 변환해 보자. 코드에서는 가중치를 임의의 값으로 설정하고, 활성화 함수는 시그모이드 함수 대신에 간단한 계단함수를 사용하였다.

28) 학습률(learning rate)는 학습의 속도를 조절하는 작은 실수 값으로 값이 크면 학습속도가 빨라지지만 학습이 불안정해지고, 반대로 값이 작으면 안정적으로 학습이 가능하지만 속도가 느려지는 문제점이 있다. 따라서 각기 주어진 문제에 따라 적당한 학습률을 선택해 주어야 한다.

(연습 10.1) 단일 퍼셉트론 코드(OR연산)

```
#include <stdio.h>
#include <stdlib.h>
#include "math.h"

double step(double x);   //활성화 함수

int main(int argc, char* argv[])
{

  double input[4][2] = {0,0,0,1,1,0,1,1 }; //2차원 입력 값
  //초기 가중치 설정, 1) 사용자 설정, 2) 랜덤하게 설정
  double w[2] = { -0.2, 0.2};
  double thold = 0.0; // 오차 임계치
  double x[2]; // 입력 값 저장 배열
  double bias = 1, w0=-0.5;

  double y = 0; // 출력 결과 값
  const int xnum = 2;//입력 값의 차원
  int cnt =0;
  double error = 0; // 에러

  double alpa = 0.1; //학습률

   int iteration = 0, i;
   double sum =0; //선형결합
   double error_tot=0.0;

 printf("로젠블렛 퍼셉트론 OR연산 학습 ₩n");
//반복: 1) 반복 회수를 특정 값으로 설정, 2) 오차 임계값 이하일 경우 멈춤
 while(1)
  {
     printf(" ₩n%d 회차(epoch)₩n",iteration);
     printf("가중치 : w[0] : %lf , w[1] : %lf ₩n",w[0],w[1]);
     for(i=0;i<4;i++)
     {
        for(cnt =0; cnt < xnum; cnt++)x[cnt]=input[i][cnt];

             for(cnt =0; cnt < xnum; cnt++)  sum += (x[cnt]*w[cnt]);
```

```
                sum+=(bias*w0);

                y = step(sum);  //활성화 함수 호출

                //에러 계산
                error = (x[0] || x[1]) - y;

                printf("%f  %f 결과값 : %lf ₩n",x[0],x[1],y);

                //가중치 보정
                for(cnt =0; cnt < xnum; cnt++)
                    w[cnt] = w[cnt] + alpa * x[cnt] * error;
            error_tot+=error;
        }

        if(error_tot<=thold) break;
        else error_tot=0;
        iteration++;
        sum=0.0;
    }

    system("PAUSE");
    return 0;
}

double step(double x)   // 활성화 함수
{
    if( x >= 0 ) return 1;
    else return 0;
}
```

이번에는 패턴 모드를 배치모드로 변경해 보자. 배치모드는 아래와 같이 일부 코드만 변경하면 쉽게 구현 할 수 있다.

```
while(1)
  {
      ........
      for(i=0;i<4;i++)
      {
```

```
            ........
            y = step(sum);  //활성화 함수

            //에러 계산
            error_tot += (x[0] && x[1]) - y;
            printf("%f  %f 결과값 : %lf ₩n",x[0],x[1],y);
                    }
            //가중치 보정
              for(cnt =0; cnt < xnum; cnt++)
                    w[cnt] = w[cnt] + alpa * x[cnt] * error;
              if(error_tot<=thold) break;
          else error_tot=0;
          iteration++;
          sum=0.0;
  }
```

패턴모드로 프로그램을 실행하면 그림 10.6과 같은 학습과정을 볼 수 있다.

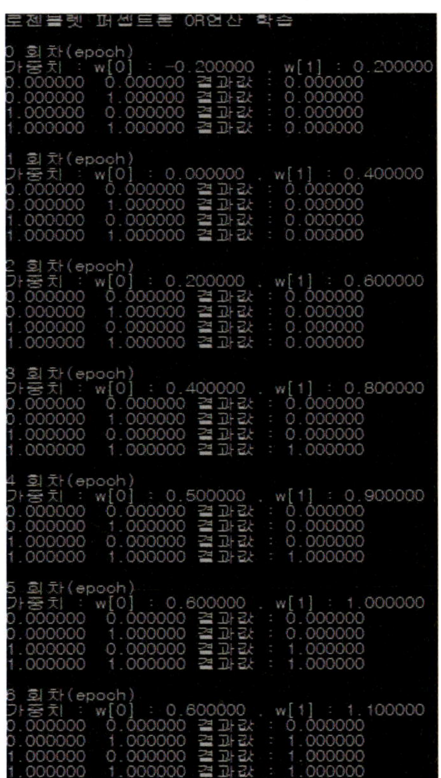

(그림 10.6) 단층 퍼셉트론 OR 연산 코드 실행 결과(패턴 모드)

입력은 (0, 0), (0, 1), (1, 0), (1, 1)의 네 가지 경우이고, 각 입력 값에 대한 목표 값은 0, 1, 1, 1로 결국 OR연산자를 학습하는 코드이다. 초기 가중치는 w1=-0.2, w2=0.2가 부여되었지만, 6회의 반복 학습과정을 통해 최종적으로 w1=0.6, w2=1.10으로 수렴된 것을 알 수 있다. 인공신경망에서는 반복학습과정을 에폭(epoch)이라고 부른다.

이번에는 입력 변수에 따라 AND 연산과 Exclusive-OR(XOR) 연산을 할 수 있는 연산자를 만들어보자(연습문제를 통해 코드로 확인해 보자). 그림 10.7은 입력 값 2개를 바탕으로 OR, AND, XOR함수를 2차원 도면상에 나타낸 것이다. 그림 10.7 (a) (b)에서 보는 것과 같이 AND, OR연산은 하나의 함수로만으로 선형분리가 가능하다. 하지만 XOR의 경우 그림 10.7 (c)와 같이 하나의 함수로는 선형분리가 불가능하고 최소 두 개의 직선을 결합하여 사용해야 한다. 이러한 구조는 단층 퍼셉트론으로는 불가능하며 10.2장에서 배운 은닉 층을 가지는 다층 신경망 구조를 만들어야 한다.

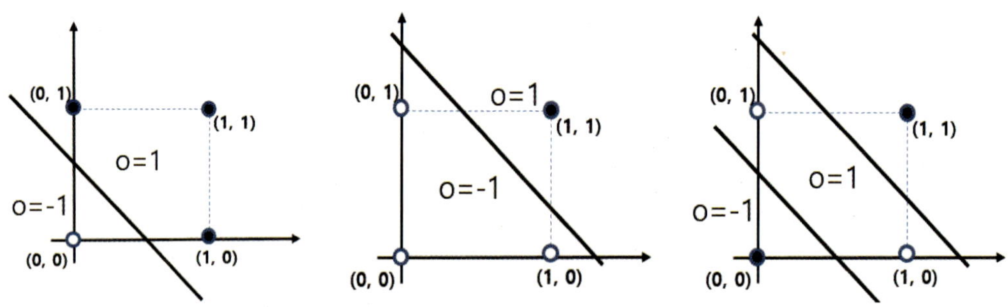

(a) OR 연산 (b) AND 연산 (c) Exclusive-OR (XOR)연산

(그림 10.7) 입력의 차원이 2차원인 경우 OR, AND, XOR 선형 분리함수

그림 10.7 (c)와 같은 복잡한 데이터 분포를 분류하기 위한 비선형 결정경계 함수를 만들기 위해 은닉 층을 추가한 신경망 중에서 퍼셉트론을 확장한 다층 퍼셉트론(Multi- Layer Perceptron, MLP)이 개발되었는데 10.4.2에서 다층 퍼셉트론에 대해 살펴보도록 하자.

10.4.2 다층 퍼셉트론 학습 과정

10.4.1장에서 살펴본 바와 같이 단층 퍼셉트론은 OR, AND문제와 같이 선형분리가 가능한 문제에서는 좋은 성능을 보여주었지만 XOR문제와 같이 직선하나로 분리가 불가능한 경우에는 비선형적으로 분류할 수 있는 신경망을 설계해야 한다. 이미 우리가 학습한 것과 유사하게 은닉 층을 추가하여 층을 여러 개로 구성하는 다층 신경망을 통해 이러한 비선형 결정경계 함수를 설계할 수 있다. 우리는 여러 가지 다층 신경망 학습 방법에서 다층 퍼셉트론에 대해 공부할 것이다.

다층 퍼셉트론도 기본 골격은 단층 퍼셉트론과 유사하다. 우선 학습 벡터가 입력되고 연산된 출력 층의 출력 값을 계산하는 전방향 연산(feedforward)이루어 지고 학습벡터의 목표 값을 비교하여 둘 간의 차이가 허용오차보다 크다면 에폭을 반복하면서 가중치를 조절한다. 하지만 은닉 층이 추가되었음으로 가중치를 조절하는 방법을 다르게 적용해야 하는데, 다층 퍼셉트론에서는 그림 10.8과 같이 에러를 앞 단계로 다시 되돌림으로써 가중치를 갱신하는 오류 역전파 학습 알고리즘(error backpropagation algorithm)을 사용한다.

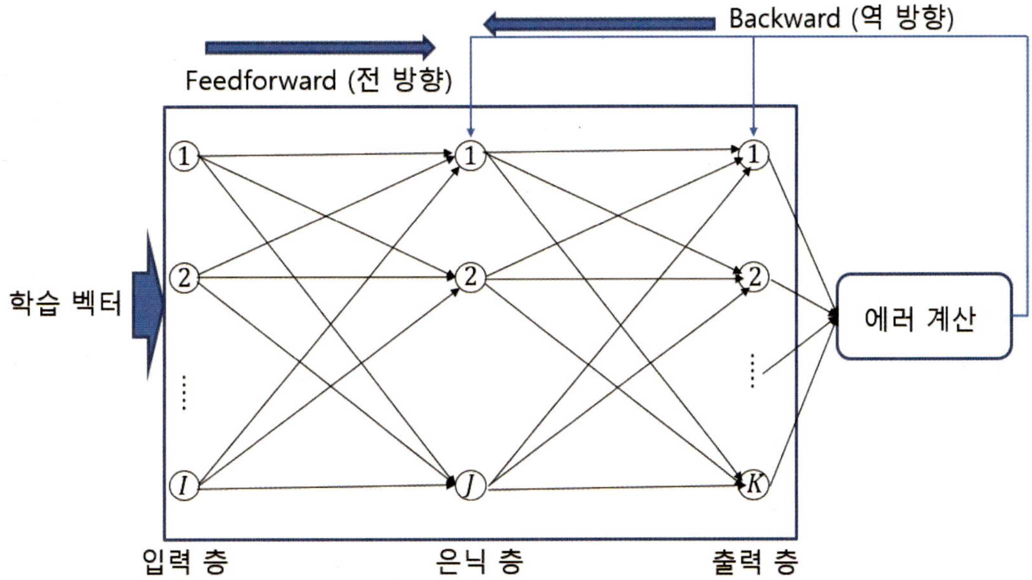

(그림 10.8) 전 방향 연산과 역 방향 연산을 이용하는 다층 퍼셉트론 구조

그림 10.8의 다층 신경망을 생각해보자. 이 신경망에서는 입력 벡터 X=$[x_1,x_2,x_3,..,x_N]^T$와 분류함수에 필요한 파라미터 W를 이용하여 결과 값을 출력 측으로 전달한다. 이때 학습데이터는 입력출력의 순서쌍$(x_i,d_i)(i=1,...,N)$으로 주어진다면 전체학습데이터에 대한 오차의 총합은 아래와 같이 평균제곱오차로 정의할 수 있다.

$$E_n(W)=\frac{1}{2}\sum_{k=1}^{K}(d_{nk}-o_{nk})^2 \tag{10.14}$$

$$E(W)=\sum_{n=1}^{N}E_n \tag{10.15}$$

E_n은 n번째 학습데이터에 대한 출력 층의 오차, E는 전체 학습데이터의 오차를 나타내고, N은 학습 데이터의 수, d_{nk}는 n번째 학습데이터의 k번째 출력 층에서의 목표 값, o_{nk}는

n번째 학습데이터에 대한 k번째 출력 층 노드의 출력 값, K는 출력 층의 크기(노드의 개수)를 나타낸다.

학습의 목표는 오류 E를 줄이는 쪽으로 가중치 W를 수정해 가면서 0 (E=0) 인 W를 찾아야 한다. 이것을 수식으로 표현하면

$$W = \arg\min_{W} E(X, W) \tag{10.16}$$

일반적으로 수식 (10.16)을 만족하는 최적화 알고리즘으로는 기울기 경사 하강법(gradient descent method)이 사용된다. 다층 퍼셉트론에서 인공지능의 학습알고리즘으로 사용되는 오류 역전파 알고리즘은 기울기 경사 하강법에 기반을 하고 있다. 따라서 우선 기울기 경사 하강법에 대해 먼저 설명하고 이를 기반으로 하는 오류 역전파 알고리즘에 대해 설명하기로 한다.

① 기울기 경사 하강법

이 방법은 현재위치에서 경사가 가장 급하게 하강하는 방향을 찾고, 그 방향으로 약간 이동하여 새로운 위치를 잡는 과정을 반복하면서 가장 낮은 지점(최저점)을 찾아가는 방법이다. 우선 그림 10.9를 살펴보자. 그림 10.9는 가중치 W의 변화에 따른 목적함수(에러) E의 변화를 나타낸다.

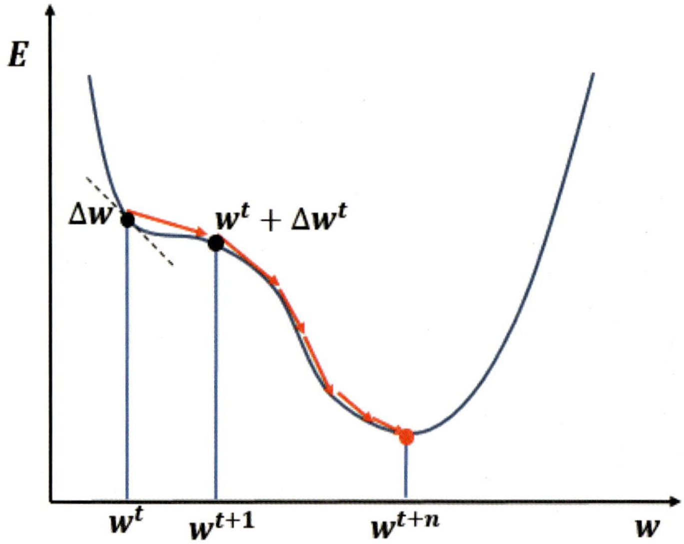

(그림 10.9) 기울기 경사 하강법을 이용한 최적의 해 찾기

그림의 2차 곡선 위에 있는 임의의 점에서 출발해서 현재의 W를 음의 기울기 방향으로 델타 (△)만큼 조금씩 움직이는 것을 반복하다보면 최저점에 접근할 수 있다. 그리고 만약 이 최저점이 전역 극소점이면 최종 해가 된다. 즉, 현재의 가중치 $W(t)$, 그리고 움직인 후의 가중치를 $W(t+1)$이라고 하면, t+1에서의 W위치는 다음 수식을 통해 얻을 수 있다.

$$W(t+1) = W(t) + \Delta W \tag{10.17}$$

수식 (10.17)에서 기울기 방향은 아래를 향해야 함으로 기울기 델타에 -값을 취해야 한다. 따라서 실제 (10.17)은 (10.18)과 같다.

$$W(t+1) = W(t) - \alpha\frac{\partial E}{\partial W} (\because \Delta W = -\alpha\frac{\partial E}{\partial W}) \tag{10.18}$$

기울기 경사 하강법에서 기울기 델타를 구하기 위해서는 목적함수 E를 W로 편미분 한다. 수식 (10.18)에서 가중치 위치를 결정하기 위한 또 다른 변수 α를 학습률(learning rate)라고 한다. 학습률은 W벡터의 변화량 크기를 결정하는 값으로, 학습률이 작다면 발산하지 않고 안전하게 정확한 해에 접근 할 수 있지만, 반복회수가 많아져서 계산 시간이 오래 걸리는 단점이 있다. 반대로 학습률이 너무 크면 해에 접근하는 속도는 빨라지지만 정확하게 수렴하지 못하고 발산할 수 있다. 따라서 학습률의 결정은 학습속도와 정확도면에서 중요한 파라미터다. 학습률은 사용자에 의해 경험적으로 결정되지만 최근에는 학습이 진행되는 과정에서 w의 수렴 정도에 따라 학습률을 가변적으로 조정하는 방법도 연구되고 있다.

수식 (10.18)은 수식 (10.19)와 같이 각 세부 가중치별로 목적함수 E를 편미분한 것과 같다.

$$\Delta W = \alpha \cdot \frac{\partial E}{\partial W} = \alpha \cdot \left[\frac{\partial E}{\partial w_1}, \ldots, \frac{\partial E}{\partial w_M}\right]^T \tag{10.19}$$

수식에서 M은 가중치 W의 총 성분 수이다.

② 오류역전파 학습법

그림 10.10은 한 개의 입력층과 은닉층, 출력층으로 구성된 다층 신경망이다. 입력층과 은닉층 사이의 가중치를 $w^{(l)}$라하고, 은닉층과 출력층 사이의 가중치를 $w^{(l+1)}$라 하자. 따라서 i번째 입력 노드에서 j번째 은닉노드로 가는 에지의 가중치를 $w_{ij}^{(l)}$라고 표현 할 수 있고 j번째 은닉노드에서 k번째 출력노드로 가는 에지의 가중치를 $w_{jk}^{(l+1)}$로 표현 할 수 있다. 다층 신경망에서는 은닉층에서도 출력을 갖는다. 따라서 은닉층의 출력은 $z = f^{(j)}(x)$으로

표현할 수 있다. 마찬가지로 출력층의 출력은 $o = f^{(k)}(z)$로 표현하거나 $o = f^{(k)}(f^{(j)}(x))$로 표현 할 수 있다.

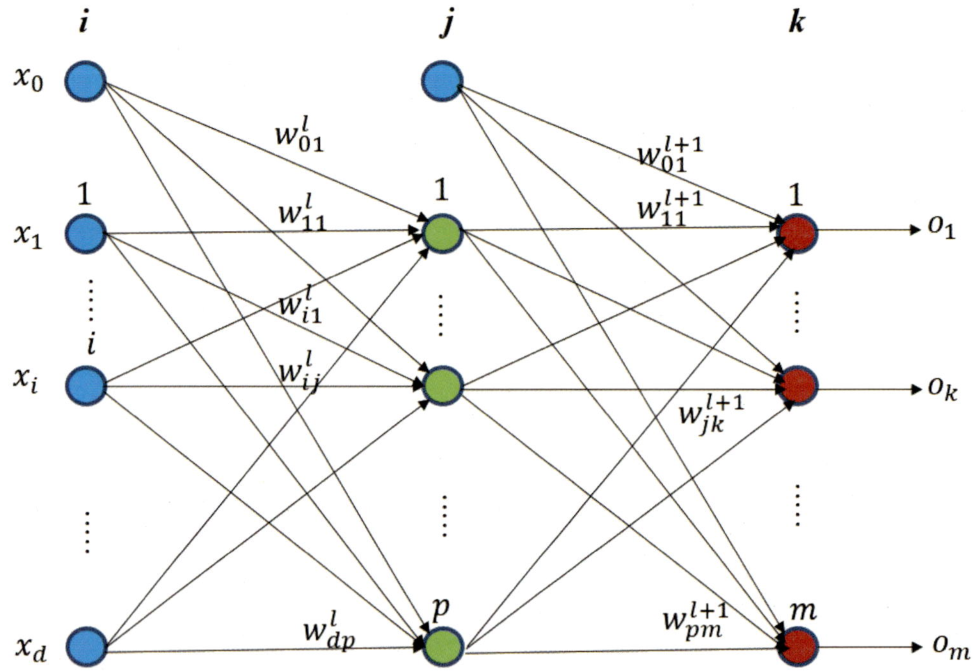

(그림 10.10) 1개의 입력 층, 1개의 은닉 층, 출력 층으로 구성된 다층 퍼셉트론 구조

구체적으로 j번째 은닉층의 출력 값은 아래와 같이 계산할 수 있다 (d는 입력 노드의 개수).

$$z_j = f^{(j)}\left(\sum_{i=1}^{d} x_i W_{ij}^{l}\right) \tag{10.20}$$

마찬가지로 k번째 출력층의 출력 값은 아래와 같이 계산할 수 있다 (p는 은닉 노드의 개수).

$$o_k = f^{(k)}\left(\sum_{j=1}^{p} z_j W_{jk}^{l+1}\right) \tag{10.21}$$

이제 오류를 줄이기 위해 기울기 경사 하강법을 적용해보도록 하자. 단층 신경망과 다르게 은닉층이 생겼음으로 은닉층과 출력층의 가중치 갱신은 아래와 같이 다르게 적용되어야 한다. (t는 가중치 변화 회수)

$$W^l(t+1) = W^l(t) + \triangle W^l, \left(\triangle W^l \equiv -\alpha \frac{\partial E}{\partial W^l}\right) \quad (10.22)$$

$$W^{l+1}(t+1) = W^{l+1}(t) + \triangle W^{l+1}, \left(\triangle W^{l+1} \equiv -\alpha \frac{\partial E}{\partial W^{l+1}}\right) \quad (10.23)$$

우선 j번째 은닉노드와 k번째 출력 노드간의 가중치 $W_{j,k}^{l+1}(t)$를 위한 갱신 값 $\triangle W_{jk}^{l+1}\left(= \frac{\partial E}{\partial W_{jk}^{l+1}}\right)$를 계산해보자.

$$W_{jk}^{l+1}(t+1) = W_{jk}^{l+1}(t) - \alpha \frac{\partial E}{\partial W_{jk}^{l+1}} \quad (10.24)$$

여기서 $\frac{\partial E}{\partial W_{jk}^{l+1}}$를 계산해보면

$$\frac{\partial E}{\partial W_{jk}^{l+1}} = \frac{\partial\left(\frac{1}{2}\sum_{r=1}^{m}(d_r - o_r)^2\right)}{\partial W_{jk}^{l+1}} \quad (10.25)$$

k출력에 대해서만 계산하면 됨으로 아래와 같이 줄여 쓸 수 있다.

$$= \frac{\partial\left(\frac{1}{2}(d_k - o_k)^2\right)}{\partial W_{jk}^{l+1}} \quad (10.26)$$

이 수식을 다시 정리하면

$$= -(d_k - o_k)\frac{\partial(o_k)}{\partial W_{jk}^{l+1}} \quad (10.27)$$

식 (10.27)은 체인 룰(chain rule)에 의해 아래와 같이 수정할 수 있다.

$$= -(d_k - o_k)\frac{\partial(o_k)}{\partial(u_k)}\frac{\partial(u_k)}{\partial W_{jk}^{l+1}} \quad (10.28)$$

$$=-(d_k-o_k)f'(u_k)\frac{\partial(u_k)}{\partial W_{jk}^{l+1}} \tag{10.29}$$

$$=-(d_k-o_k)f'(u_k)z_j \tag{10.30}$$

수식에서 u_k는 k번째 출력 층의 연산 합이고 z_j는 j번째 은닉층 (이전 층)의 출력 값이다. 수식 (10.29)에서 f'은 활성화 함수를 1차 미분한 도함수를 나타낸다. 만약 활성화함수로 시그모이드 함수가 사용되었다면 f'은 다음과 같이 계산할 수 있다.

$$f(x)=\frac{1}{1+e^{-x}} \tag{10.31}$$

$$f'(x)=f(x)(1-f(x)) \tag{10.32}$$

이제 수식 (10.30)에서 은닉층의 출력 값 z_j만을 제외한 나머지 부분을 δ_k라고 표기하고 아래와 같이 정리해 보자. δ_k는 출력층 노드에 대해 오차 기울기를 계산한다.

$\delta_k=(d_k-o_k)f'(u_k), 1\le k\le m$ 은 (10.32)에 의해 아래와 같이 표현 할 수 있다.

$$\delta_k=f(u_k)(1-f(u_k)(d_k-o_k), 1\le k\le m$$
$$\delta_k=o_k(1-o_k)(d_k-o_k), 1\le k\le m \tag{10.33}$$

최종적으로 구하고자 하는 출력층에서의 델타 값은 아래와 같이 간단히 표현 할 수 있다.

$$\triangle W_{jk}^{l+1}=-\alpha\frac{\partial E}{\partial W_{jk}^{l+1}}=\alpha\delta_k z_j,\ 0\le j\le p, 1\le k\le m \tag{10.34}$$

수식 (10.34)으로부터 우리는 출력층의 가중치 갱신 델타 값($\triangle W_{jk}^{l+1}$)을 구하기 위해서는 **에러 항과 출력층의 출력 값, 출력층으로 들어오는 은닉층의 출력 값** 등이 필요하다는 것을 알았다.

이제는 은닉층의 가중치 갱신 델타 값($\triangle W_{ij}^{l}$)을 구해보도록 하자. 식 (10.25)와 같은 방법으로 미분을 해보면

$$\frac{\partial E}{\partial W_{ij}^{l}}=\frac{\partial\left(\frac{1}{2}\sum_{k=1}^{m}(d_k-o_k)^2\right)}{\partial W_{ij}^{l}} \tag{10.35}$$

$$=-\sum_{k=1}^{m}(d_k-o_k)\frac{\partial(o_k)}{\partial W_{ij}^{l}}$$ [29] (10.36)

체인 룰(chain rule)에 의해 아래와 같이 수정할 수 있다.

$$=-\sum_{k=1}^{m}(d_k-o_k)\frac{\partial(o_k)}{\partial(u_k)}\frac{\partial(u_k)}{\partial W_{ij}^{l}} \tag{10.37}$$

$$=-\sum_{k=1}^{m}(d_k-o_k)\frac{\partial(o_k)}{\partial(u_k)}\frac{\partial(u_k)}{\partial(z_j)}\frac{\partial(z_j)}{\partial W_{ij}^{l}}$$

$$=-\sum_{k=1}^{m}(d_k-o_k)f'(u_k)W_{jk}^{l+1}\frac{\partial(z_j)}{\partial W_{ij}^{l}} \tag{10.38}$$

$$=-\sum_{k=1}^{m}(d_k-o_k)f'(u_k)W_{jk}^{l+1}f'(u_j)x_i \tag{10.39}$$

여기에 식 (10.33)을 대입하면

$$=-\sum_{k=1}^{m}\delta_k W_{jk}^{l+1}f'(u_j)x_i \tag{10.40}$$

수식 (10.40)에서 k와 상관없는 항을 앞쪽 항으로 분리하여 다음과 같이 표현하자. η_j는 은닉층 노드에 대해 오차 기울기를 계산한다 (x_i는 입력임으로 따로 떼어두자).

$$\eta_j = f'(u_j)\sum_{k=1}^{m}\delta_k W_{jk}^{l+1},\ 1\le j\le p$$

수식 (10.32)에 의해

$$\eta_j = f(u_j)(1-f(u_j))\sum_{k=1}^{m}\delta_k W_{jk}^{l+1},\ 1\le j\le p$$

$$\eta_j = z_j(1-z_j)\sum_{k=1}^{m}\delta_k W_{jk}^{l+1} \tag{10.41}$$

최종적으로 구하고자 하는 은닉층에서의 델타 값은 아래와 같이 정리할 수 있다.

29) 식 10.36에서는 합 연산을 그대로 사용한다. 이것은 하나의 은닉 노드의 값은 연결되어 있는 모든 출력 노드의 결과값으로부터 역전파 되기 때문이다.

$$\triangle W_{ij}^{l} = -\alpha \frac{\partial E}{\partial W_{ij}^{l}} = -\alpha \eta_j x_i,\ 0 \le i \le d, 1 \le j \le p \qquad (10.42)$$

이제 지금까지 전개해 본 은닉 층과 출력 층에서의 가중치 갱신 수식들을 알고리즘으로 정리해보자.

알고리즘 10.2 오류 역전파를 이용한 다층 퍼셉트론 학습 과정

훈련 집합 $X = \{(x_1,d_1),(x_2,d_2),\ldots,(x_N,d_N)\}$, 학습률 α 설정

1. 가중치, W_{ij}^{l}, W_{jk}^{l+1}를 임의의 값으로 초기화 [$-0.5 \sim +0.5$]

2. 바이어스(bias)값을 임의의 값으로 초기화
   - 보통 1의 값을 부여

3. 활성화 단계: 한 개의 데이터에 대해 입력 벡터와 $\mathbf{x} = (x_1, x_{2,\ldots,} x_d)^T$, 출력 노드의 목표 값 $\mathbf{d} = (d_1, d_{2,\ldots,} d_m)^T$을 가져옴

   //입력 값, 가중치, 시그모이드 함수를 이용한 전방(feed-forward)계산

   for(j=1;j<=p;j++) $\quad z_j = f^{(j)}(\sum_{i=1}^{d} x_i W_{ij}^{l})$ (10.20)

   for (j=1;j<=p;p++, k=1;k<=m;k++) $\quad o_k = f^{(k)}(\sum_{j=1}^{p} z_j W_{jk}^{l+1})$ (10.21)

4. 가중치 학습: 출력 노드에서 계산된 오차를 역방향으로 역전파 시키면서 출력층과 은닉층의 가중치를 갱신

   //출력층 노드에 대한 오차 기울기 계산

   for(k=1;k<=m;k++) $\quad \delta_k = o_k(1-o_k)(d_k - o_k)$ (10.33)

   //갱신될 가중치 보정 값(delta) 계산

   for(j=1;j<=p;j++, k=1;k<=m;k++) $\quad \triangle W_{jk}^{l+1} = -\alpha \delta_k z_j$ (10.34)

   //출력 노드의 가중치 갱신

   for(j=1;j<=p;j++, k=1;k<=m;k++) $\quad W_{jk}^{l+1}(t+1) = W_{jk}^{l+1}(t) + \triangle W_{jk}^{l+1}$ (10.23)

   //은닉층 노드에 대한 오차 기울기 계산

for(j=1;j<=p;j++) $$\eta_j = z_j(1-z_j)\sum_{k=1}^{m}\delta_k W_{jk}^{l+1} \quad (10.41)$$

//갱신될 가중치 보정 값(delta) 계산

for(i=1;i<=d;i++, j=1;j<p;j++) $$\Delta W_{ij}^{l} = -\alpha\eta_j x_i \quad (10.42)$$

//은닉 노드의 가중치 갱신

for(i=1;i<=d;i++, j=1;j<p;j++) $$W_{ij}^{l}(t+1) = W_{ij}^{l}(t) + \Delta W_{ij}^{l} \quad (10.23)$$

5. 오차기준을 만족했는가? 만족하지 못했으면 단계 3으로 이동.
   만족했으면 종료하고 W_{ij}^{l}, W_{jk}^{l+1}를 저장.

알고리즘 10.2의 다층 퍼셉트론 알고리즘을 이용하여 XOR문제를 풀어보자.[30] 4개의 학습 값과 목표 값을 입력하여 실제 프로그램을 돌려본 결과는 표 10.2와 같았다. 표에서 보는 것과 같이 에폭(모드 데이터가 입력되어 역전파 된 회수, 아래 예제의 경우 4개의 데이터가 입력되었음으로 에폭 1회당 반복회수는 4회) 회수가 1회인 경우 목표 값에 대한 실제 출력 값은 모든 입력에 대해 유사한 값을 갖는다. 에폭이 100회 반복된 경우에는 실제 출력 값에 약간의 변화가 있었지만 오히려 오차의 합이 약간 커진 것을 알 수 있다. 에폭이 200회가 되었을 때는 실제 출력 값은 유사했지만 오차 합의 값이 약간 줄었다. 에폭이 5,000회가 되었을 때 실제 출력 값은 목표 출력 값에 근사하게 되고 오차 합도 상당히 줄어 든 것을 알 수 있다.

(표 10.2) 다층 퍼셉트론 프로그램을 이용한 XOR문제 풀이

에폭		1회		
입력		목표 출력(d)	실제출력(o)	오차 합(E)
x_1	x_2			
1	0	1	0.52	0.499951
0	0	0	0.51	
0	1	1	0.52	
1	1	0	0.53	

30) 표 10.4에 대한 예제 코드는 출판사 홈페이지에서 다운 받을 수 있음

에폭		100회		
입력		목표 출력(d)	실제출력(o)	오차 합(E)
x_1	x_2			
1	0	1	0.50	0.499954
0	0	0	0.49	
0	1	1	0.50	
1	1	0	0.51	
에폭		200회		
입력		목표 출력(d)	실제출력(o)	오차 합(E)
x_1	x_2			
1	0	1	0.50	0.499942
0	0	0	0.49	
0	1	1	0.50	
1	1	0	0.51	
에폭		5,000회		
입력		목표 출력(d)	실제출력(o)	오차 합(E)
x_1	x_2			
1	0	1	0.82	0.173238
0	0	0	0.12	
0	1	1	0.83	
1	1	0	0.23	

10.5. 다층 퍼셉트론 학습의 추가 고려 사항

지금까지 공부해본 다층 퍼셉트론의 학습과정에서는 알고리즘의 계산 효율을 높이기 위해 아래와 같은 몇 가지 방법들을 고려해야 한다.

① 경사 하강법

본 교재에서는 델타 값(Δw)을 구하기 위해 에러에 대해 미분을 취하는 기울기 경사 하강법을 설명하였다. 하지만 학습데이터가 상당히 많은 경우 모든 데이터를 적용하여 델타를 구하는 것은 연산 량이 많이 필요하고 (이러한 방식을 full batch방식이라고 한다), 가중치의 초기 설정 값에 따라 근사해가 지역 최솟값에 빠지는 경우가 발생할 수 있다. 이러한 문제점을 해결하기 위해 가중치의 변화폭을 결정하는 학습률을 고정시키지 않고 상태에 따라 적응적으로 조절하는 방법을 사용할 수 있다. 가중치 경사 하강법의 문제점을 해결하기 위해 전체 학습데이터를 사용하지 않고 확률적으로 선택한 샘플의 일부 샘플만을 사용하는 미니배치 경사 하강법(mini-batch gradient descent)방법이 있다. 미니배치 경사 하강법은 전체 샘플의 일부를 선택하여 묶은 작은 집합(미니배치)으로 가중치를 갱신하는 방법이다. 예를 들어 10,000개의 훈련 샘플이 있을 경우 이 중에서 100장을 확률적으로 무작위로 선택하여 100장만을 학습에 사용하는 것으로 학습결과가 10,000개를 사용했을 때와 정확히 일치 하지 않겠지만 전체적으로 유사한 값을 예측할 수 있다. 미니 배치의 크기는 일반적으로 메모리가 감당할 수 있을 정도를 고려하여 결정한다. 이러한 미니배치 경사 하강법은 최근에 딥 러닝의 학습에 많이 사용되고 있다. 이때 미니 배치에 사용할 샘플을 확률적으로 무작위로 골라내어 경사 하강에 사용함으로 이를 확률적 경사 하강법(stochastic gradient descent)이라 부른다.

② 학습률 결정 방법

경사 하강법에서는 가중치의 갱신 정도를 학습률을 통해 조절한다는 것을 배웠다. 학습률을 결정하는 방법에는, ㉠ 고정된 학습률을 사용하는 방법, ㉡ 학습초기에 큰 값을 설정하고 학습의 진행에 따라 학습률을 조금씩 줄여가는 방법, ㉢ 신경망의 모든 층마다 서로 다른 학습률을 사용하는 방법 등이 있다.

③ 모멘텀(Momentum)

경사하강법의 수렴속도를 높이기 위해 학습률을 조정하는 방법 외에 모멘텀을 추가할 수 있다. 모멘텀은 가중치의 갱신 값에 이전 갱신 값의 일정 비율을 더하는 방법으로 아래와 같이 표현 할 수 있다.

$$w^{t+1} = w^t + \Delta w^t + \mu \Delta w^{t-1} \tag{10.43}$$

수식 10.42에서 μ는 이전 갱신 값의 비율을 결정하는 hyper-parameter이며 일반적으로 0.5~0.9 사이의 값을 부여한다.

④ 출력층의 노드 수

그림 10.10에서는 출력 층에서 m개의 출력 노드를 가지고 있다. 출력 노드의 값을 그대로 사용할 경우 이를 항등함수라고 하고 주로 회귀(regression)에 사용된다. 반대로 출력 노드의 값에 다시 활성화 함수(소프트맥스(softmax) 함수)를 적용하는 경우 분류(classification)에 사용 한다 (그림 10.11 참조). 항등 함수의 경우는 출력 노드의 출력 값을 그대로 사용하여

분류에 적용할 수 도 있다. 소프트맥스는 입력 값을 모두 0~1사이의 값으로 정규화 하여 출력한다. (이 경우 출력 값들의 총 합은 1이 된다). 소프트맥스는 출력 값이 모든 입력신호로부터 영향을 받도록 하여 확률적 해석을 가능하게 하는 특징을 가지고 있다.

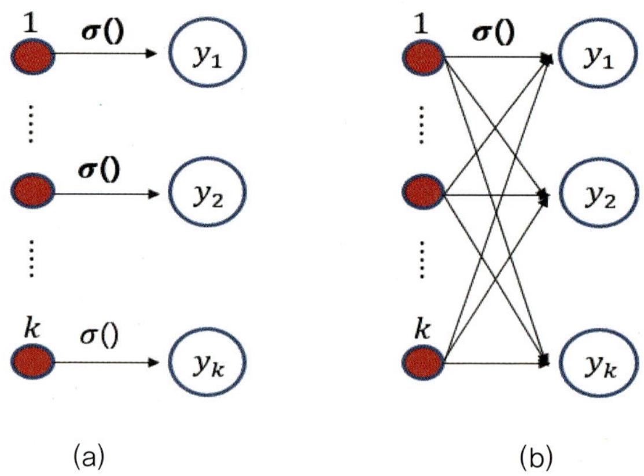

(그림 10.11) 항등함수(a)와 소프트맥스 함수 (b)

소프트맥스는 수식 (10.44)로 계산한다.

$$y_k = \frac{\exp(a_k)}{\sum_{i=1}^{n} \exp(a_i)} \tag{10.44}$$

수식 (10.44)에서 exp(x)는 지수함수(exponential function)이고 n은 출력층의 노드 수, 분자 a_k는 k번째 출력 노드에 전달된 k번째 입력 값(그림 10.11)의 k번째 노드 출력 값이 소프트맥스에서는 다시 k번째 출력 노드를 위한 입력값으로 취급된다. 분모는 모든 입력신호의 합이다. 수식 (10.44)는 출력 노드의 수가 많을 경우 지수 함수 연산으로 인해 오버플로가 발생할 문제점이 있다. 이를 개선하기 위해 수식 (10.44)는 수식 (10.45)와 같이 임의의 값 C를 분모와 분자에 곱하여 계산할 수 있다.

$$y_k = \frac{C\exp(a_k)}{C\sum_{i=1}^{n} \exp(a_i)} = \frac{\exp(a_k + C^*)}{\sum_{i=1}^{n} \exp(a_i + C^*)} \tag{10.45}$$

위 수식 (10.45)는 다른 형태로도 표현 가능한대, 우측 수식에서 C^*은 입력 신호 중 최댓값을 이용하는 것이 일반적이다.

10.6. 딥 러닝(Deep Learning)알고리즘

2016년 한국을 떠들썩하게 만들었던 이세돌과 인공지능 컴퓨터인 알파고(AlphaGo)와의 바둑 대결로 인해 딥 러닝알고리즘에 대한 일반인들의 관심이 크게 늘어났다. 딥 러닝 알고리즘은 지금까지 우리가 배워온 다층 신경망을 보다 많은 여러 겹의 계층으로 쌓아서 학습 모델을 구현한 것으로 이해하면 된다. 따라서 딥 러닝 알고리즘은 딥 뉴럴 네트워크(deep neural networks, 심층 인공 신경망)라고 부르는 것이 올바른 표현이다.

지금까지 우리가 배운 다층 퍼셉트론은 은닉층이 1~2개 정도의 얕은 신경망 구조(shallow architecture)이라면 심층 신경망은 그림 10.12와 같이 은닉 층이 수십 개에서 수백 개에 이를 정도로 깊은 인공 신경망 구조(deep architecture)를 이루고 있다.

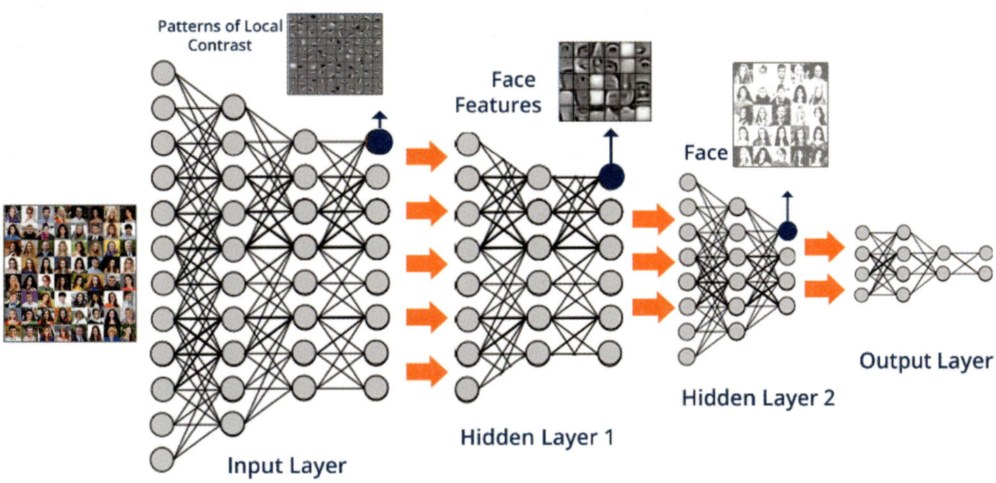

(그림 10.12) 얼굴인식을 위한 심층 인공 신경망의 예[31)]

80년대 이전부터 다층 퍼셉트론의 계층을 길게 연결한 심층 인공 신경망이 연구되어 왔다. 초기 심층 인공 신경망은 오류 역전파 알고리즘에 의해 학습이 이루어졌는데 은닉층의 수가 많아질수록 지역 최소점에 빠지는 문제점과 과적합(over-fitting)에 빠지는 문제가 발생하였다. 이외에도 학습에 사용 가능한 대용량의 학습데이터를 모으는 문제, 심층 인공 신경망을 학습시킬 수 있는 프로세서의 능력 부족들도 한계점이었다. 이러한 문제는 최근에 고속의 GPU프로세서 사용이 가능해지고 다양한 매체를 통해 막대한 양의 학습데이터가 수집되면서 해결되었다. 또한 Hinton 교수는 심층 인공 신경망에서 역전파 학습의 또 다른 문

31) Edureka blog, What is Deep Learning? Getting Started With Deep Learning, https://www.edureka.co/blog/what-is-deep-learning

제점이었던 기울기 감소(vanishing gradient)문제를 해결할 수 있도록 시그모이드 활성화 함수 대신에 ReLU(Rectified Linear Unit)라는 활성화 함수를 제안하였다. ReLU 함수는 0보다 작을 때는 0을 사용하고, 0보다 큰 값에 대해서는 해당 값을 그대로 사용하는 방법이다 (표 10-1참조). 또한, 드랍 아웃(drop out)알고리즘을 개발하여 학습과정에서 노드의 일부를 생략하면서 링크를 연결하여 과적합 없이 학습의 안정성과 정확도를 향상 할 수 있는 알고리즘을 개발하였다.

① 컨벌루션 뉴럴 네트워크(Convolutional neural networks, CNN)

딥 러닝에서 주목할 만한 알고리즘인 컨벌루션 뉴럴 네트워크(Convolutional neural networks, CNN)에 대해 살펴보도록 하자. CNN은 1989년 LeCun박사가 발표한 'Backpropagation applied to handwritten zip code recognition'에서 소개된 알고리즘으로 필기체 zip code 인식을 위해 개발되었다. CNN은 인간 시각 시스템의 수용체(receptive field)구조와 유사하게 영상의 전체정보가 아니라 지역 정보를 활용한다는 특성을 이용하여 공간적으로 인접한 신호들에 대한 상관관계를 비선형 필터를 적용해서 추출해낸다. 이런 필터를 여러 개 적용(컨벌루션)하면 영상의 다양한 정보를 추출해 낼 수 있다.

그림 10.13은 속도 표지판 인식을 위해 4번의 컨벌루션과 2번의 서브 샘플링으로 구성된 간단한 CNN구조를 보여주고 있다.

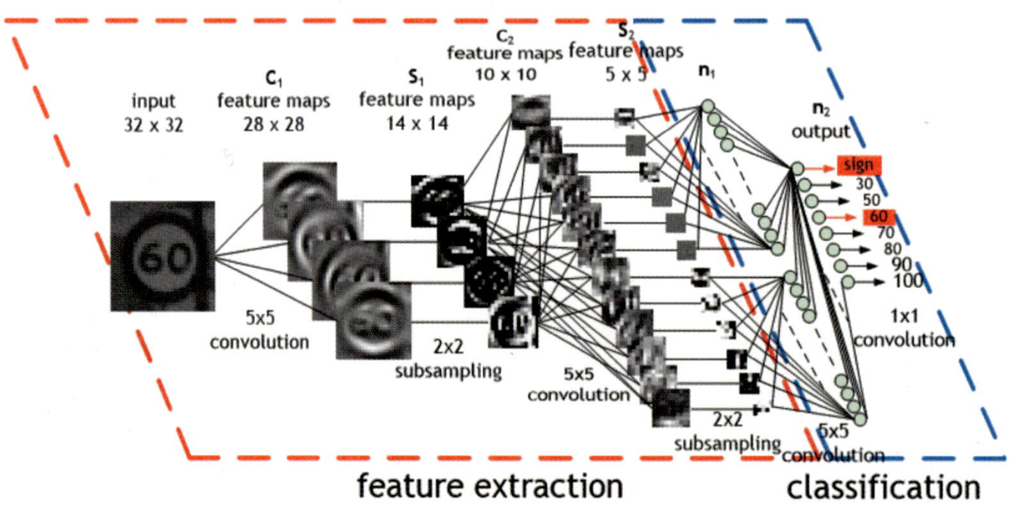

(그림 10.13) 속도 표지판 인식을 위한 간단한 CNN 구조[32)]

32) http://parse.ele.tue.nl/mpeemen

우리는 이미 3장에서 소벨에지 등 을 통해서 컨볼루션에 대해 배워 보았다. 컨벌루션은 미리 정의된 필터를 영상에 적용하여 적절한 특징을 뽑아내는 과정을 의미했다. CNN에서의 컨벌루션도 동일한 의미이며 컨벌루션이 적용된 결과를 특징 맵(feature map)이라고 부른다(그림 10.14 참조). 기존의 전통적인 머신러닝 기법에서는 특징을 추출하기 위해 컨벌루션 필터를 경험에 의해 선택하고 적용했지만 CNN에서는 실제 데이터를 학습하는 과정에서 최적의 특징 맵을 생성할 수 있는 컨벌루션 필터를 만들어 낸다.

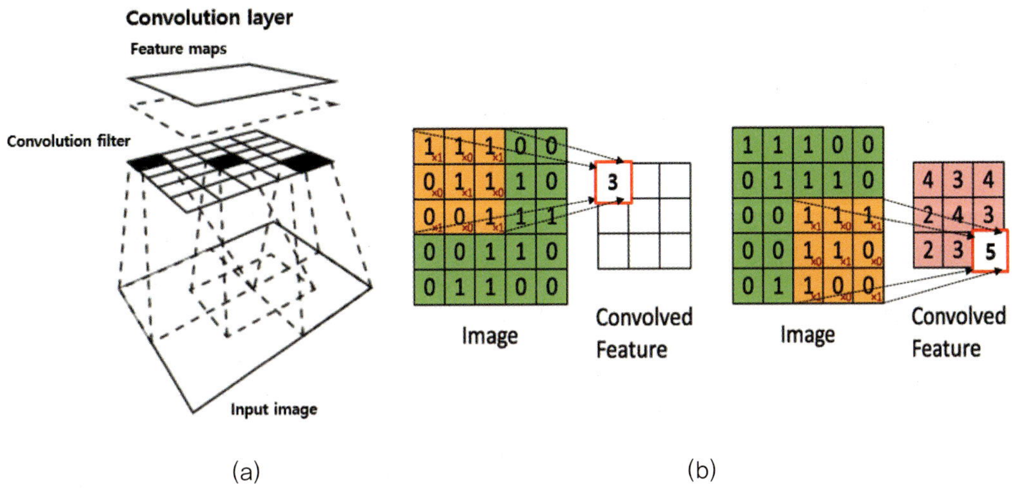

(그림 10.14) 컨벌루션 연산을 이용한 특징맵 생성 과정

CNN에서 컨벌루션 층은 또한 가중치 공유(weight sharing) 방법과 드랍아웃(dropout) 방법을 적용한다.

가중치 공유란 각 필터들이 입력에 적용될 때 필터가 적용되는 입력영상은 모두 같은 가중치를 갖는 필터가 적용된다. 여기서 혼동하지 말아야 한 것은 CNN에서는 가중치가 필터의 계수라는 것이다. 그림 10.14 (b)에서 보듯이 다음 층의 특징 맵을 만들기 위해 필터안의 계수들이 동일한 계수(가중치)값으로 영상을 스캐닝(공유)하면서 컨벌루션을 진행하게 되면 모든 픽셀에 대해 개별적으로 가중치를 적용하는 방법에 비해 적은 가중치만 가지게 됨으로 모델의 복잡성이 줄어든다는 장점이 있다. 각 입력 영상(특징 맵)에 적용된 필터 결과값은 다음번 층의 노드에 결합(합성곱) 되어 새로운 특징 맵을 생성한다(그림 10.16 (a)).

드랍 아웃이란 층과 층간의 모든 에지를 연결하는 대신 일부만 연결 하여 네트워크가 깊어질 경우 발생하는 과적합을 방지하는 목적으로 개발되었다(그림 10.15(b)).

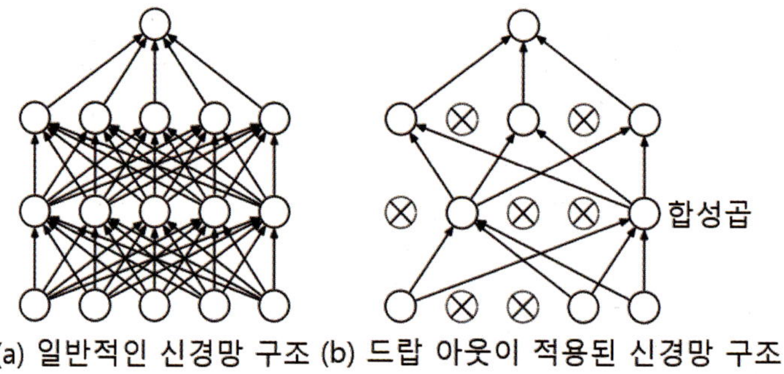

(그림 10.15) 심층 신경망에서 드랍 아웃 방식과 가중치 공유 방식

이후에 맥스 풀링(max pooling)이라는 작업을 통해 영상을 서브 샘플링(크기축소)시키고 다시 컨벌루션 작업을 반복한다. 이런 과정을 반복하다 보면 지역적 특징에서 점차 전역적(추상화된)인 특징을 얻을 수 있다 (그림 10.16 (b) 참조). 최종적으로 얻어진 전역 특징은 완전 연결된(fully connected) 다층 퍼셉트론에 입력으로 연결되어 특정 클래스를 분류할 수 있다.

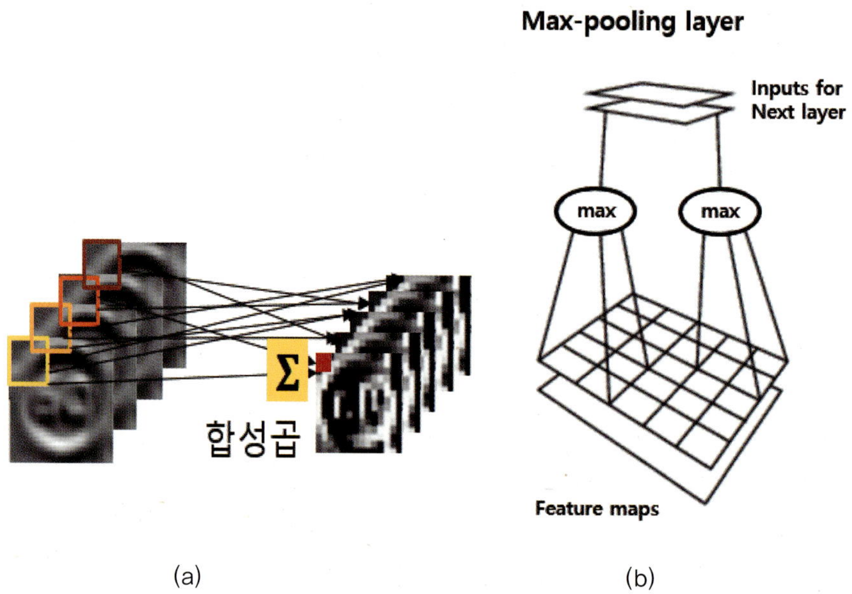

(그림 10.16) 심층 신경망에서 맥스 풀링 방법

CNN과 기타 딥 러닝 알고리즘에 대해 더 공부하고 싶다면 아래의 책과 사이트를 참고하도록 하자.

웹페이지:

http://deeplearning.net/tutorial/

https://www.toptal.com/machine-learning/an-introduction-to-deep-learning-from-perceptrons-to-deep-networks

https://hunkim.github.io/ml/

http://deeplearning.stanford.edu/tutorial/

교재:

밑바닥부터 시작하는 딥러닝, 사이토고키 지음, 한빛미디어

인공지능, 머신러닝, 딥러닝 입문, 김의중 지음, 위키북스

딥러닝 제대로 시작하기, 오카타니 타카유키 지음, 제이펍

인공지능과 딥러닝, 마쓰오 유타카 지음, 동아엠앤비

10장 정 리

1. 신경세포는 세포핵(nucleus), 세포체(cell body), 수상돌기(dendrite), 축삭돌기(axon), 시냅스(synapse)로 구성된다.

2. 신경세포들은 학습이라는 과정을 통해 세포간의 연결강도를 조절하게 된다. 신경 세포들은 시냅스와 수상돌기를 통해 서로 연결되어 망을 형성하게 되는데 이것을 신경망(neural network)이라고 부른다.

3. 인공신경망을 학습시킨다는 것은 입력 값에 곱해지는 가중치를 반복적으로 조정하여 학습한다는 것을 의미한다. 이러한 가중치는 입력 값과 목표 값이 주어지면 목표 값을 만족시키기 위한 학습과정에서 결정되며 장기기억을 위한 기본적인 수단으로 각 뉴런의 입력강도, 또는 중요도를 표현한다.

4. 인공신경망은 기본적으로 외부로부터 입력값을 받아들이는 입력층(input layer)과, 활성함수를 적용하여 값을 외부로 내보내는 출력층(output layer)로 구성된다. 여기에 입력층과 출력층 사이에 존재하면서 출력층의 값에 영향을 미치는 은닉층(hidden layer)이 있다. 은닉층으로 이름을 붙인 이유는 외부에 직접적으로 드러나지 않지만 출력 값의 변화에 영향을 끼치기 때문에 은닉층으로 이름 붙여졌다. 이렇게 입력층에서부터 은닉층을 거쳐 출력층으로 한 방향으로만 전파되는 신경망 구조를 피드포워드 신경망(feedforward neural network)라고 부른다.

5. 은닉층의 노드들은 올바른 목적 결과를 출력하기 위해 입력 값의 특성을 파악하는 중요한 역할을 한다. 이러한 특성은 각 은닉층에 부여된 가중치에 나타나게 되며 은닉층의 가중치에 따라서 출력값의 패턴이 결정된다.

6. 기본적인 인공신경망 알고리즘은 1957년 미국의 코넬 항공 연구소에서 근무하던 프랑크 로젠블라트(Frank Rosenblatt)의 의해 제안된 퍼셉트론(Perceptron)이다.

7. 학습률(learning rate)은 학습의 속도를 조절하는 작은 실수 값으로 값이 크면 학습속도가 빨라지지만 학습이 불안정해지고, 반대로 값이 작으면 안정적으로 학습이 가능하지만 속도가 느려지는 문제점이 있다. 따라서 각기 주어진 문제에 따라 적당한 학습률을 선택해 주어야 한다.

8. 단층 퍼셉트론은 OR, AND문제와 같이 선형분리가 가능한 문제에서는 좋은 성능을 보여주었지만 XOR문제와 같이 직선하나로 분리가 불가능한 경우에는 비선형적으로 분류할 수 있는 신경망을 실세해야 한다.

9. 다층 퍼셉트론도 기본 골격은 단층 퍼셉트론과 유사하다. 우선 학습 벡터가 입력되고 연산된 출력층의 출력 값을 계산하는 전방향 연산(feedforward)이루어 지고 학습벡터의 목표 값을 비교하여 둘 간의 차이가 허용오차보다 크다면 에폭을 반복하면서 가중치를 조절하고, 에러를 앞 단계로 다시 되돌림으로써 가중치를 갱신하는 오류 역전파 학습 알고리즘(error backpropagation algorithm)을 사용한다.

10. 최적화 알고리즘으로는 기울기 경사 하강법(gradient descent method)가 사용된다. 다층 퍼셉트론에서 인공지능의 학습알고리즘으로 사용되는 오류 역전파 알고리즘은 기울기 경사 하강법에 기반을 하고 있다.

11. 다층 퍼셉트론은 은닉 층이 1~2개 정도의 얕은 신경망 구조(shallow architecture)이라면 딥러닝은 은닉 층이 수십 개에서 수백 개에 이를 정도로 깊은 신경망 구조(deep architecture)를 이루고 있다.

12. 과적합이란 학습과정에서 학습데이터에 편향적으로 분류기가 생성되는 경우를 말하는 것으로 학습데이터에 대해서는 뛰어난 성능을 보여주지만 새로운 테스트 데이터에 대해서는 분류 성능이 현저히 떨어지는 문제점이 있다.

13. CNN은 인간 시각 시스템의 수용체(receptive field)구조와 유사하게 영상의 전체정보가 아니라 지역 정보를 활용한다는 특성을 이용하여 공간적으로 인접한 신호들에 대한 상관관계를 비선형 필터를 적용해서 추출해 내고 최종적으로 얻어진 전역 특징은 일반 다층 퍼셉트론에 입력으로 연결되어 특정 클래스를 분류한다.

연습문제

1. 연습 10.1의 단일 퍼셉트론 코드를 이용하여 AND와 XOR를 구현하여 보자.

① AND가 학습 선형 가능함을 보이고, 같은 방법으로 XOR가 선형 분리가 가능하지 못함을 보이시오.

② 계단 함수 이외에 부호함수(sign function), 시그모이드 함수(sigmoid function)를 이용하여 학습시켜 보자.

③ 수정 프로그램과 실행 결과 화면을 보고서에 포함시키고 반드시 프로그램 결과에 대해 분석하시오.

2. 입력 값에 대해 XOR분류가 가능한 다층 퍼셉트론을 프로그램 하시오.

① 표 10.4의 알고리즘을 이용하여 본인이 직접 구현하거나 교재에 추가되어 있는 소스 코드를 활용하여 프로그램을 수정하시오.

② 제공되는 코드에서는 종료조건을 회수로 지정하고 있는데, 회수가 아니라 에러의 합으로 종료조건을 수정하여 프로그램을 동작시켜 보고 올바르게 분류 하는지를 체크해 보시오.

③ 입력 층의 노드 개수를 2개, 출력 층의 개수를 1로 유지하고 은닉 층의 개수를 5개로 증가시켜서 프로그램을 테스트 해보시오.

④ 학습률의 값을 수정하면서 테스트 해보고 프로그램 결과가 어떻게 달라지는 확인해 보시오.

⑤ 가중치의 초기값을 평균(μ)이 0.5, 표준편차(σ)가 0.1이 되는 정규분포를 따르도록 랜덤하게 설정하고 이전의 방법론과 수렴속도와 성능을 비교해 보시오.

$$\bar{x} = \frac{(x-\mu)}{\sigma}$$

3. 2층 정도의 얕은 신경망에서는 델타의 발신이나 소실이 큰 문제가 되지 않지만 그보다 많은 층을 갖는 신경망에서는 심각한 학습 장애 문제가 발생하는 기울기 소실문제(vanishing gradient problem)에 대해 자세히 조사해 보시오.

참고문헌

[1] 머신러닝-단층 퍼셉트론, http://untitledtblog.tistory.com/27

[2] 오일석, "패턴인식", 교보문고, 2008

[3] Edureka blog, What is Deep Learning? Getting Started With Deep Learning, https://www.edureka.co/blog/what-is-deep-learning

[4] Y. LeCun, et al., "Gradient-based learning applied to document recognition", Proceedings of the IEEE, 1998

[5] 오카타니 타카유키, "딥러닝 제대로 시작하기," 제이펍, 2016

[6] 박혜영, 이관용, "패턴인식과 기계학습," 이한출판사, 2010

[7] 김의중, "알고리즘으로 배우는 인공지능, 머신러닝, 딥러닝 입문," 위키북스, 2016

[8] SanghyukChun's Blog, Machine Learning 스터디(18) Neural Network Introduction, http://sanghyukchun.github.io/74/

11. 회귀분석

11.1. 회귀 분석(regression analysis)의 정의

우리는 어떤 결정을 내릴 때 순간적인 판단보다는 과거에 본인의 경험을 바탕으로 최선의 결정을 내리려는 경향이 있다. 예를 들어 A라는 학생의 키를 기준으로 몸무게를 예측한다고 할 때, 이전 학생들의 몸무게 대비, 키 데이터를 기반으로 대략적인 A학생의 키를 예측 한다. 이렇게 회귀분석이란 둘 또는 그 이상의 변수들 간의 상관관계를 모델링하여 어떤 특정한 변수(종속변수, dependent variable) y의 값을 다른 하나 또는 그 이상의 변수(독립변수, independent variable) x 들로부터 설명하고 예측하는 통계적 기법이다. 종속변수는 우리가 알고 싶어 하는 결과 값 또는 예상 값이라고 할 수 있고, 독립변수는 결과 값에 영향을 주는 입력 값이다. 위의 예제에서 독립변수 x에는 신장이 될 수 있고 종속변수 y는 몸무게가 될 수 있다.

회귀분석은 아래와 같은 문제들을 예측하는데 적용 될 수 있다.

- 공부시간에 따른 인공지능 성적은 어떻게 되는가?
- 날씨가 더울수록 아이스크림의 판매량은 어떻게 증가하는가?
- 담배 판매량이 증가하면 폐암 환자가 얼마나 증가하는가?
- 강수량과 교통사고 횟수는 관계가 있는가?

이렇게 다양한 문제들을 종속변수와 독립변수 사이에 예측하고 설명하는 것이 회귀분석이다.

회귀 분석식은 아래와 같이 간단히 표현될 수 있다. 관계식에 보듯이 종속변수는, 한 개 또는 여러 개의 독립변수 식으로 구할 수 있다.

Y =	$X_1 + X_2 + X_3$
(종속변수)	(독립변수)
Dependent Variable	Independent Variable
Outcome Variable	Predictor Variable

위에서 살펴본 몸무게 대비 키에 대한 상관관계를 그림 11.1과 같이 회귀함수로 변형해

보자. 도표에서 가로축의 몸무게를 독립변수 x라 하고 세로축의 키를 종속변수 y할 경우 회귀식은 예를 들어 y=2.5x+147과 같이 표현 할 수 있다.

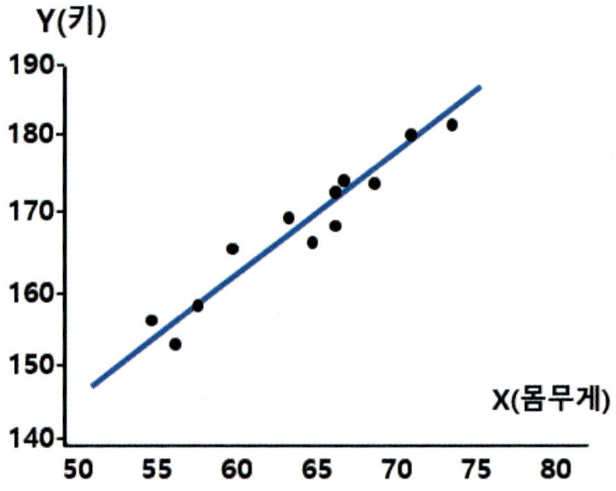

(그림 11.1) 몸무게에 대비, 키의 단순 회귀 직선

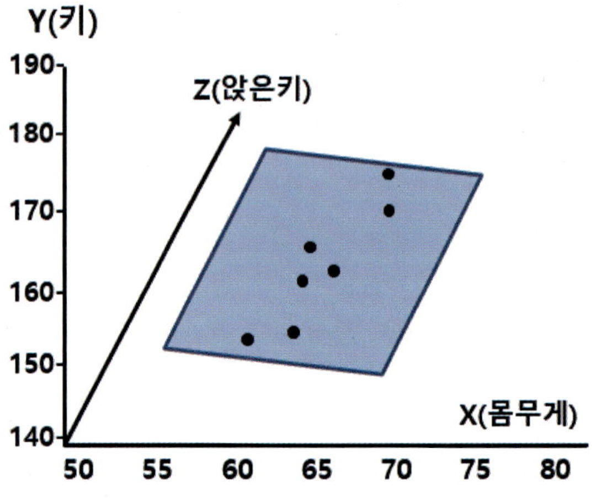

(그림 11.2) 몸무게와 앉은키에 대비, 키의 다중 회귀 직선

회귀란?

회귀(回歸, 돌회, 돌아갈 귀)의 한자의미는 원래로 돌아간다는 의미이다. 그런데 왜 회귀라는 용어를 사용했을까. 회귀라는 용어는 1880년대 영국 빅토리아 시대에 우생학(eugenics)으로 유명했던 유전학자 프랜시스 골턴(Francis Galton)에 의해 만들어졌다. 골턴은 부모와 자식 간의 신장과 몸무게의 상관관계를 분석했는데 신장이 큰 아버지의 아들은 아버지보다 작은 경

향이 있고, 반대로 신장이 작은 아버지의 아들은 신장이 큰 경향이 있다는 것을 발견하였다. 부모와 자식 간의 신장과 몸무게 사이에는 선형적관계가 있고 사람의 신장은 커지거나 작아지는 것보다 전체 신장 평균으로 돌아가려는(회귀하려는) 경향이 있다는 가설을 세우고 이러한 형태 분석을 회귀분석이라고 정의 하였다.[33] 이러한 초기의 회귀분석에 대한 정의는 현재 사용하고 있는 회귀분석과 다른 정의라 할 수 있다.

회귀분석은 변수의 개수에 따라 아래와 같이 분류 할 수 있다.

- **단순 선형 회귀** : 한 개의 스칼라 독립변수 x와 한 개의 스칼라 종속변수 y의 관계, 그림 11.1
- **다중 선형 회귀** : 여러 개의 스칼라 독립변수 x와 한 개의 스칼라 종속변수 y의 관계, 그림 11.2
- **다변량 선형 회귀** : 종속변수 Y가 벡터인 경우

본 교재에서는 단순 선형회귀에 대해서만 공부하기로 하고, 추가적인 선형회귀 방식에 대해 궁금한 학생들은 참고문헌의 교재들을 참고하도록 한다.

11.2. 선형 회귀함수 만들기

회귀분석은 선형 회귀분석(linear regression)과 비선형 회귀분석(non-linear regression)으로 나눌 수 있다. 선형 회귀분석은 두 변수간의 데이터 분포를 직선의 식으로 표현한 것으로 독립변수가 1차항으로 되어 있다는 의미이다. 따라서 독립변수와 종속변수의 관계가 2차원에서는 직선으로, 3차원에서는 평면으로 나타난다. 비선형 회귀분석은 직선의 관계가 아닌 곡선의 관계가 있는 데이터를 2차, 3차, 4차의 다항식으로 표현한 것을 말한다. 비선형 회귀함수는 다항식이외에도 exponential 함수, S자 모양의 로지스틱(logistic) 회귀함수 등으로도 표현 가능하다. 그림 11.3은 선형회귀 함수와 비선형회귀함수의 예를 그래프로 표시한 것이다.

33) 김의중, "알고리즘으로 배우는 인공지능,머신러닝,딥러닝 입문," 위키북스, 2016, 참조

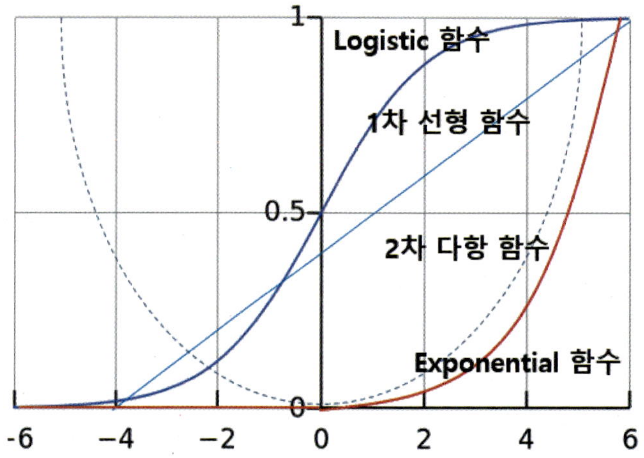

(그림 11.3) 선형회귀 및 비선형 회귀함수의 예

로지스틱 회귀함수는 종속변수가 주로 '예/아니오', '1/0', '춥다/덥다', '구매/비구매', '합격/불합격'과 같이 범주형 값을 가지는 이항형 로지스틱 회귀와 '빠름/보통/느림'과 같이 2개 이상의 범주를 갖는 다항형 로지스틱 함수로 나눈다. 이항형 로지스틱 회귀분석에서 2개의 범주는 0과 1로 나타낼 수 있고 각각의 범주로 분류될 확률의 합은 1이 된다. 선형회귀와 다르게 종속변수가 범주형 데이터를 대상으로 하고 입력 데이터가 주어졌을 때 해당 데이터의 결과가 특정 분류로 나뉘기 때문의 '회귀'라는 용어를 사용하고 있지만 실제로는 예측 보다는 분류 모델에 가깝다고 할 수 있다. 로지스틱 함수는 출력값이 [0, 1]을 경계로 결정되며 이를 시그모이드(sigmoid) 함수라고도 부른다. 시그모이드 함수는 10장 인공지능에서 살펴보았음으로 여기서는 따로 언급하지 않는다.

11.2.1 선형회귀 함수

일반적으로 선형회귀 함수는 수식 (11.1)과 같이 직선으로 표시할 수 있다.

$$f(x) = ax + b \tag{11.1}$$

수식 (11.1)을 이용한 회귀 직선의 목적은 주어진 데이터에 잘 맞는 함수 f(x)의 계수 a와 b를 유추하는 것이다.

수식 (11.1)에서 어떻게 하면 각 데이터들에 가장 잘 매칭이 되는 계수를 뽑아 낼 수 있을까? 이를 위해 각 주어진 데이터를 바탕으로 임의의 직선들을 그림 11.4와 같이 만들어 보도록 하자.

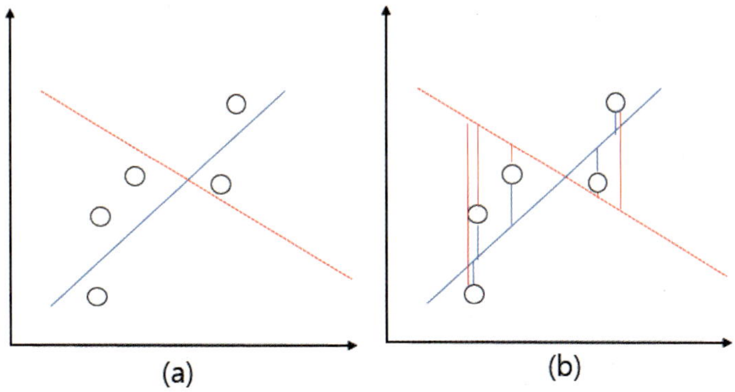

(그림 11.4) 선형회귀직선 생성의 예

직관적으로 알 수 있듯이 주어진 데이터에 대해 파란색 직선이 붉은색 직선(점선)보다 더 잘 매칭 되는 것을 알 수 있다. 그렇다면 이렇게 판단하는 근거는 무엇일까? 다음과 같은 방식으로 최적의 직선을 선택하는 방법을 생각해 보자.

- 데이터들과 직선상의 한 점 사이에 거리를 구한다.
- 데이터들과 파란색 직선과 붉은색 직선(점선)사이의 거리를 각각 누적한다.
- 직선과 점들 사이의 거리를 '오차(error)'라고 표현 할 수 있다.
- 각 직선들의 오차 합중에서 그 값이 최소인 하나의 직선을 최적의 직선으로 선택 한다.

이러한 방법을 최소제곱법(least squares approach)라고 한다. 이제부터 최소제곱법을 이용해서 최적의 회귀직선을 구하기 위한 파라미터 a와 b를 추정하는 방법을 알아보도록 하자. 우선 한 점의 값을 (x, y)라고 할 때, 직선위의 한 점을 (x, f(x))라고 하자. 이렇게 될 경우 만약 주어진 점이 4개라면 아래와 같이 오차의 제곱을 모두 더한 것을 목적함수 err라고 하면 수식 (11.2)와 같이 표현 할 수 있다.

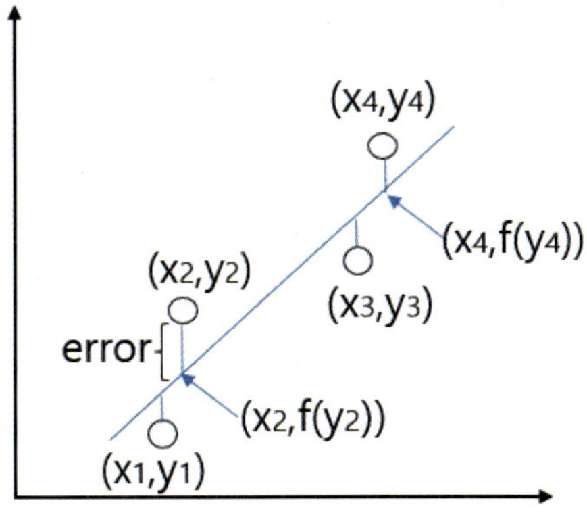

(그림 11.5) 4개의 점들과 직선상의 점들 사이의 오차 계산

$$err = \sum_{i=1}^{n}(d_i)^2 = (y_1 - f(x_1))^2 + (y_2 - f(x_2))^2 + (y_3 - f(x_3))^2 + (y_4 - f(x_4))^2 \tag{11.2}$$

(11.2)는 (11.3)으로 간략하게 표현 할 수 있다. 수식에서 n은 데이터 점들의 개수이다.

$$err = \sum_{i=1}^{n}(y_i - f(x_i))^2 \tag{11.3}$$

우리는 직선의 방정식을 f(x)=ax+b로 정의하였음으로 수식 (11.3)은 (11.4)와 같이 변경 가능하다.

$$err = \sum_{i=1}^{n}(y_i - (ax_i + b))^2 \tag{11.4}$$

최적의 직선은 직선과 데이터 점들 사이에 오류가 가장 적은 직선임으로 최소제곱법에의해 에러를 구하고 여러 직선 중에서 이것이 최소화 되는 직선을 선택하면 된다.

$$minimize\, err = \sum_{i=1}^{n}(y_i - (ax_i + b))^2 \tag{11.5}$$

err의 최솟값을 구하기 위해 err에 대해 직선의 방정식 계수 a, b에 대해 미분을 취하고 이 값을 0과 같다고 설정한 후 아래와 같이 계산한다. 즉, 수식 (11.5)의 a와 b에 대해 편미분을 취하고 이를 0으로 하는 a와 b를 구하면 된다. 이것을 수치해석을 통해 근사해를 구하면 아래와 같다.

$$\frac{\partial err}{\partial a} = -2\sum_{i=1}^{n}x_i(y_i - ax_i - b) = 0 \tag{11.6}$$

수식 (11.6)을 전개해서 다시 풀어보면 (11.7)과 같이 쓸 수 있고

$$a\sum_{i=1}^{n}x_i^2 + b\sum_{i=1}^{n}x_i = \sum_{i=1}^{n}(x_i y_i) \tag{11.7}$$

수식 (11.7)을 전개해서 err를 b에 대해 미분하여 풀어보면 (11.9)와 같이 쓸 수 있다.

$$\frac{\partial err}{\partial b} = -2\sum_{i=1}^{n}(y_i - ax_i - b) = 0 \tag{11.8}$$

$$a\sum_{i=1}^{n}x_i + b^* n = \sum_{i=1}^{n}y_i \tag{11.9}$$

수식 (11.7)과 (11.9)를 행렬식 형태로 표현하면 (11.10)과 같이 표현 가능하다.

$$\begin{bmatrix} n & \sum x_i \\ \sum x_i & \sum x_i^2 \end{bmatrix}\begin{bmatrix} b \\ a \end{bmatrix} = \begin{bmatrix} \sum y_i \\ \sum (x_i y_i) \end{bmatrix} \tag{11.10}$$

수식 (11.10)에서 우리가 알고자 하는 파라미터 a, b를 구하기 위해 역행렬[34)]을 이용하여 아래와 같이 간단하게 표현 할 수 있다.

$$A = \begin{bmatrix} n & \sum x_i \\ \sum x_i & \sum x_i^2 \end{bmatrix},\ X = \begin{bmatrix} b \\ a \end{bmatrix},\ B = \begin{bmatrix} \sum y_i \\ \sum (x_i y_i) \end{bmatrix} \tag{11.11}$$

수식 (11.11)을 다시 기호로 표현하면

$$AX = B \tag{11.12}$$

로 쓸 수 있고 양변에 A의 역행렬을 취하면

$$X = A^{-1}B \tag{11.13}$$

와 같다.

다음 예제 11.1을 통해 지금까지 배운 알고리즘을 토대로 선형회귀함수를 만들어 보자.

(예제 11.1) 선형회귀함수 만들기

6개의 샘플 데이터가 주어지고 각 샘플데이터의 x 특징값에 대해 y의 결과값을 얻었을 경우 최소 제곱법을 이용해 최적의 선형회귀함수를 만들어 보자

34) 선형대수에서 배운 것처럼 역행렬이 3x3 이상일 경우 가우스 소거법(Gaussian elimination)을 이용하여 계산하는 것이 효율적이다.

i	1	2	3	4	5	6
x	0	0.5	1.0	1.5	2.0	2.5
y	0	1.5	3.0	4.5	6.0	7.5

표의 샘플데이터 값을 수식 (11.10)을 적용하면

$A=\begin{bmatrix} n & \sum x_i \\ \sum x_i & \sum x_i^2 \end{bmatrix}$, n=6, $\sum x_i = 7.5$, $\sum y_i = 22.5$, $\sum x_i^2 = 13.75$, $\sum x_i y_i = 41.25$의

값을 갖는다.

이제 수식 (11.13)에 적용해 보자.

$\begin{bmatrix} b \\ a \end{bmatrix} = \begin{bmatrix} 6 & 7.5 \\ 7.5 & 13.75 \end{bmatrix}^{-1} \cdot \begin{bmatrix} 22.5 \\ 41.25 \end{bmatrix}$, 역행렬을 계산하여 곱셈 연산을 하면

$\begin{bmatrix} b \\ a \end{bmatrix} = \begin{bmatrix} 0 \\ 3 \end{bmatrix}$의 값을 얻을 수 있다.

a와 b의 파라미터가 결정되었음으로 우리는 선형회귀함수 $f(x)=3x+0$를 구할 수 있다.

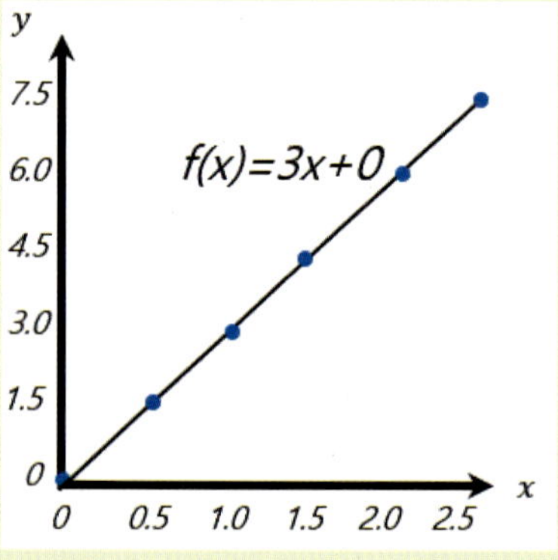

예제 11.1에서 계산된 선형회귀함수는 모든 샘플을 지나는 직선으로 에러가 0인 직선이다. 하지만 실제 데이터는 잡음이 섞여 있는 경우가 많음으로 이렇게 완벽하게 일치되는 경우는 거의 없다. 연습문제에서 보다 복잡한 선형회귀 함수를 다루어 보기로 한다.

11.3. 비선형 회귀함수 만들기

11.2장에서 우리는 선형회귀함수를 만드는 방법에 대해 살펴보았다. 관측데이터 x와 예측 결과 y사이에 상관관계가 크고 일정한 패턴을 보인다면 주로 직선형태의 선형회귀함수로도 데이터가 모델링 될 수 있지만 실제 데이터에는 상관관계가 일정하지 않은 경우가 많다. 예를 들어 노동시간당 기업의 이율을 모델링할 경우, 노동시간이 증가할수록 이윤이 상승하지만 어느 일정 시간 이상이 되면 노동자들의 집중도가 저하되고 노동 효율성이 떨어져 이윤이 오히려 저하되는 현상이 발생한다. 이러한 현상을 선형회귀함수로는 표현할 수 없다. 따라서 복잡도가 증가하는 문제일수록 비선형 회귀함수로 설명해야 하는 경우가 많다. 본 장에서는 여러 가지 비선형 회귀함수 중에서 다항식을 이용한 비선형 회귀함수 만드는 방법에 대해 살펴보도록 한다.

11.3.1 비선형회귀 함수

비선형회귀함수는 다항식을 기본으로 하고 있기 때문에 1차식과 다르게 j항을 갖는다고 가정하면 아래와 같이 표현 가능하다.

$$f(x) = a_0 + a_1 x + a_2 x^2 + a_3 x^3 + \dots + a_j x^j = a_0 + \sum_{k=1}^{j} a_k x^k \qquad (11.14)$$

선형회귀 함수와 마찬가지로 샘플데이터가 주어졌을 경우 어떻게 데이터에 최적인 비선형 함수를 만들 수 있을까? 여기서 최적이라는 의미는 주어진 예측값 y와 함수 f(x)의 출력값 사이에 오차가 최소화 된다는 의미로 선형회귀에서 사용한 최소제곱법을 사용할 수 있다.

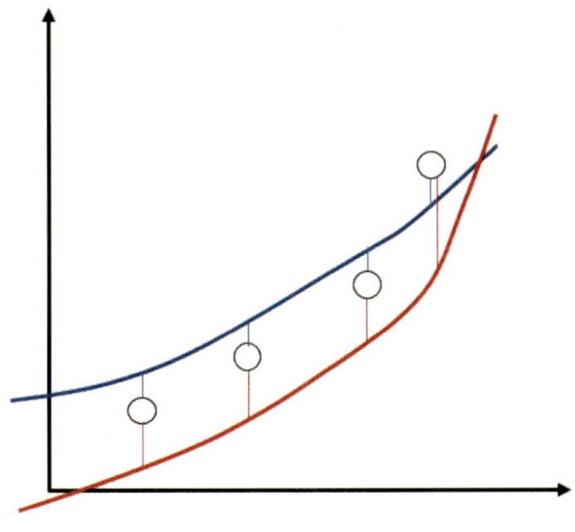

(그림 11.6) 4개의 샘플에 대해 최소 제곱법을 이용한 비선형 회귀 함수 선택

최소제곱법을 이용해서 에러를 측정하기 위한 기본 식은 수식 (11.15)와 같이 표현 할 수 있다.

$$err = \sum (d_i)^2 = (y_1 - f(x_1))^2 + (y_2 - f(x_2))^2 + (y_3 - f(x_3))^2 + (y_4 - f(x_4))^2 \qquad (11.15)$$

수식 (11.14)를 수식 (11.15)에 대입하면 수식 (11.16)과 같이 표현 할 수 있다.

$$err = \sum_{i=1}^{n} \left(y_i - \left(a_0 + a_1 x_i + a_2 x_i^2 + a_3 x_i^3 + \dots + a_j x_i^j \right) \right)^2 \qquad (11.16)$$

수식에서 n은 샘플 데이터의 개수이고 j는 다항식의 차원이다. 수식 (11.16)는 다시 (11.17)로 간단하게 줄일 수 있다.

$$err = \sum_{i=1}^{n} \left(y_i - \left(a_0 + \sum_{k=1}^{j} a_k x^k \right) \right)^2 \qquad (11.17)$$

이제 함수와 주어진 샘플 데이터 사이의 거리가 최소화 되는 최적의 함수를 찾으면 된다. 이것은 결국 수식 (11.17)을 최소화시킴으로써 계수 a_k, a_0를 찾을 수 있다. 최소화 시키는 방법은 역시 각각의 계수 a_0부터 $a_k(k=1\dots j)$에 대해 미분을 취하고 이 값을 0과 같다고 설정한 후 아래와 같이 계산할 수 있다.

$$\frac{\partial err}{\partial a_0} = -2 \sum_{i=1}^{n} \left(y_i - \left(a_0 + \sum_{k=1}^{j} a_k x^k \right) \right) = 0$$

$$\frac{\partial err}{\partial a_1} = -2 \sum_{i=1}^{n} \left(y_i - \left(a_0 + \sum_{k=1}^{j} a_k x^k \right) \right) x = 0$$

$$\frac{\partial err}{\partial a_2} = -2 \sum_{i=1}^{n} \left(y_i - \left(a_0 + \sum_{k=1}^{j} a_k x^k \right) \right) x^2 = 0$$

$$\dots\dots$$

$$\frac{\partial err}{\partial a_j} = -2 \sum_{i=1}^{n} \left(y_i - \left(a_0 + \sum_{k=1}^{j} a_k x^k \right) \right) x^j = 0$$

미분식을 전개해서 행렬식 형태로 표현하면 수식 (11.18)과 같이 표현 가능하다.

$$\begin{bmatrix} n & \sum x_i & \sum x_i^2 \dots & \sum x_i^j \\ \sum x_i & \sum x_i^2 & \sum x_i^3 \dots & \sum x_i^{j+1} \\ \sum x_i^2 & \sum x_i^3 & \sum x_i^4 \dots & \sum x_i^{j+2} \\ \dots & \dots & \dots & \dots \\ \sum x_i^j & \sum x_i^{j+1} & \sum x_i^{j+2} \dots & \sum x_i^{j+j} \end{bmatrix} \begin{bmatrix} a_0 \\ a_1 \\ a_2 \\ .. \\ a_j \end{bmatrix} = \begin{bmatrix} \sum y_i \\ \sum (x_i y_i) \\ \sum (x_i^2 y_i) \\ .. \end{bmatrix} \tag{11.18}$$

수식 (11.18)에서 우리가 알고자 하는 계수 a_0부터 $a_k(k=1...j)$를 구하기 위해 역행렬을 이용하여 아래와 같이 간단하게 표현 할 수 있다.

$$A = \begin{bmatrix} n & \sum x_i & \sum x_i^2 \dots & \sum x_i^j \\ \sum x_i & \sum x_i^2 & \sum x_i^3 \dots & \sum x_i^{j+1} \\ \sum x_i^2 & \sum x_i^3 & \sum x_i^4 \dots & \sum x_i^{j+2} \\ \dots & \dots & \dots & \dots \\ \sum x_i^j & \sum x_i^{j+1} & \sum x_i^{j+2} \dots & \sum x_i^{j+j} \end{bmatrix}, X = \begin{bmatrix} a_0 \\ a_1 \\ a_2 \\ .. \\ a_j \end{bmatrix}, B = \begin{bmatrix} \sum y_i \\ \sum (x_i y_i) \\ \sum (x_i^2 y_i) \end{bmatrix} \tag{11.19}$$

수식 (11.19)를 다시 기호로 표현하면

$$AX = B \tag{11.20}$$

로 쓸 수 있고 양변에 A의 역행렬을 취하면

$$X = A^{-1}B \tag{11.21}$$

와 같다.

다음 예제 11.2를 통해 지금까지 배운 알고리즘을 토대로 선형회귀함수를 만들어 보자.

(예제 11.2) 비선형회귀함수 만들기

6개의 샘플 데이터가 주어지고 각 샘플데이터의 x 특징 값에 대해 y의 결과 값을 얻었을 경우 최소 제곱법을 이용해 최적의 2차 다항 비선형회귀함수를 만들어 보자

i	1	2	3	4	5	6
x	0	0.5	1.0	1.5	2.0	2.5
y	0	0.25	1.0	2.25	4.0	6.25

2차 다항식임으로 (11.18)의 행렬식에 대해

n=6, $\sum x_i = 7.5$, $\sum y_i = 13.75$, $\sum x_i^2 = 13.75$, $\sum x_i y_i = 28.125$, $\sum x_i^3 = 28.125$, $\sum x_i^2 y_i = 61.1875$, $\sum x_i^4 = 61.1875$ 의 값을 갖는다.

이제 수식 (11.21)에 적용해 보자.

$\begin{bmatrix} a_0 \\ a_1 \\ a_2 \end{bmatrix} = \begin{bmatrix} 6 & 7.5 & 13.75 \\ 7.5 & 13.75 & 28.125 \\ 13.75 & 28.125 & 61.1875 \end{bmatrix}^{-1} \cdot \begin{bmatrix} 13.75 \\ 28.125 \\ 61.1857 \end{bmatrix}$, 역행렬을 계산하여 곱셈 연산을 하면

$\begin{bmatrix} a_0 \\ a_1 \\ a_2 \end{bmatrix} = \begin{bmatrix} 0 \\ 0 \\ 1 \end{bmatrix}$ 의 값을 얻을 수 있다.

a_0, a_1, a_2의 계수가 결정되었음으로 우리는 비선형회귀함수 $f(x) = 1 \cdot x^2 + x \cdot 0 + 0$를 구할 수 있다.

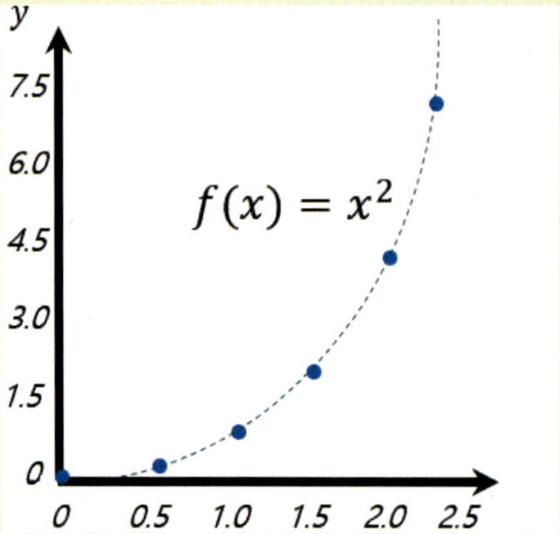

예제 11.2에서 계산된 비선형회귀함수도 예제 11.1과 마찬가지로 모든 샘플을 지나는 2차 함수로 에러가 0인 곡선이다. 하지만 실제 데이터는 잡음이 섞여 있는 경우가 많음으로 이렇게 완벽하게 일치되는 경우는 거의 없다. 연습문제에서 보다 복잡한 비선형회귀 함수를 다루어 보기로 한다.

11.4. 회귀분석의 응용 예

회귀분석은 금융변화 예측, 날씨 예보, 지진 관측 등 다양한 분야에 사용 될 수 있다. 본 교재에서는 다양한 응용 분야 중에서 인공위성 영상을 이용한 하천의 오염도를 자동으로 예측하는 알고리즘에 대해 소개하도록 한다.[35)]

11.4.1 인공위성 영상의 소개

최근 지구 온난화의 영향으로 매년 강, 저수지, 호수 등을 포함하는 하천의 오염도가 증가하고 있다. 특히 하천의 수온이 상승하면서 부영양화의 가장 큰 원인이 되는 엽록소(클로로필)의 증가는 식수원의 오염뿐만 아니라 수중 생태계를 교란 시키는 큰 원인으로 지적되고 있다. 현재 하천의 수질은 한국 환경 공단 및 각 지자체에서 주요 하천 영역에 측정기기를 설치하고 측정소에 원격으로 측정된 정보를 전달하여 오염도를 감시하는 방식으로 운영되고 있다. 이러한 시스템은 하천 수계로부터 정확한 측정값을 얻을 수 있다는 장점이 있지만, 광범위한 하천의 모든 위치에 측정기기를 설치할 수 없고, 측정기기의 오작동이 빈번하여 유지비용이 많이 든다는 단점이 있다. 따라서 이러한 문제점을 해결하기 위해 최근에는 인공위성 영상을 이용한 하천 오염도 감지 방법이 연구되고 있다. 인공위성은 넓은 지역의 감시가 가능하고, 다양한 센서 정보를 통해 현장에 가지 않고도 넓은 범위의 하천의 오염도를 효과적으로 측정할 수 있다는 장점이 있다. 표 11.1은 지리정보시스템(GIS) 구축, 해양 유류사고, 화산 폭발 같은 재난 감시 등과 같이 다목적으로 사용되고 있는 인공위성의 종류 및 특성을 보여 주고 있다.

(표 11.1) 인공위성의 종류 및 특성

인공위성 이름	해상도	재방문주기	스펙트럼
IKONOS(USA)	1~4m	140 days	Band1~4
SPOT5(France)	10 m	26days	Band1~4
ERS(EU)	1km	35days	Band1~4
EapidEye	6.5m	5.5days	Band1~5
Landsat 5, 7, 8(USA)	15~30m	16days	Band1~7/ 8/11
Kompsat 5(S.KOREA)	1m	28days	1 (x-band)
Terra/Aqua(USA)	250~1000	16 days	36-bands

35) Hyeong Hun Kim, ByoungChul Ko, Jae Yeal Nam, "Predicting Chlorophyll-a using Landsat 8 OLI Sensor Data and Nonlinear RANSAC Method - A Case Study of Nakdong River, South Korea," International Journal of Remote Sensing, Vol. 37, Issue 14, pp. 3255-3271, 28 Jun, 2016

한국에서는 2013년 8월 아리랑 5호(Kompsat 5) 위성이 발사되었다. Kompsat 5는 아리랑 1호와 아리랑 2호와는 달리 SAR(synthetic aperture radar)가 부착되어 있어 날씨에 상관없이 전천후로 지구 관측이 가능하지만 스펙트럼 밴드가 제한적이어서 많은 연구에서는 미국의 다목적 탐사위성인 Landsat 8의 영상을 사용하고 있다. Landsat 8은 OLI(Operational Land Imager) 센서와 TIR(Thermal InfraRed)센서로 구성되며 실제 하천 감지에서는 (그림 11.7)와 같이 OLI센서에서 제공하는 9개 밴드의 영상만을 사용한다.

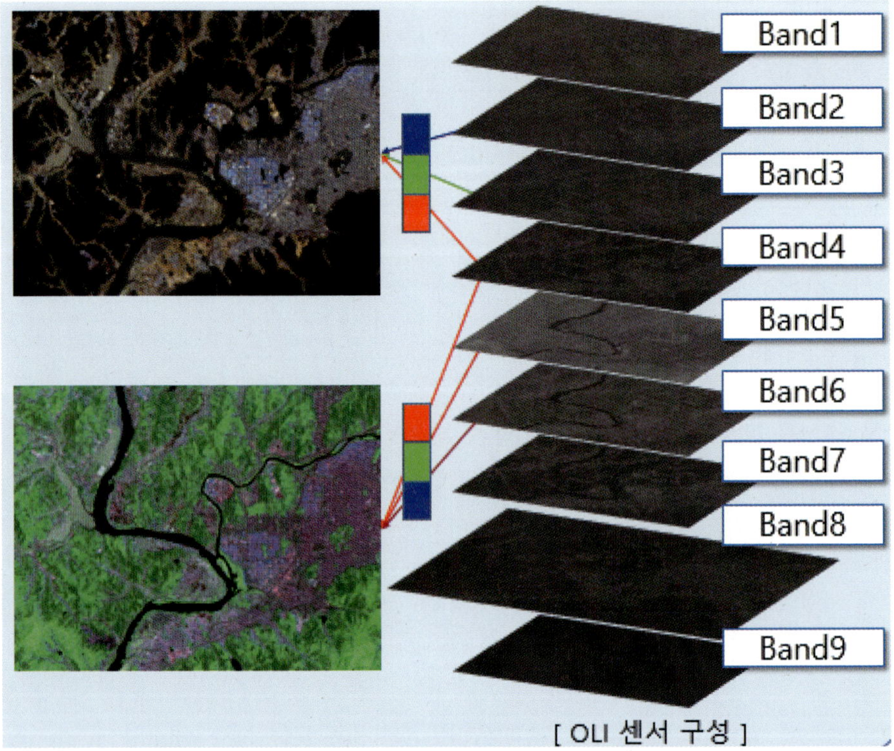

(그림 11.7) Landsat 8 인공위성과 제공되는 채널별 영상

미국의 Landsat-8 위성의 OLI 센서에서 전송받은 9개 채널 영상 중에서 3, 4번 채널 영상을 사용하며 하천의 오염도 중 클로로필 농도를 자동으로 예측하도록 한다.

11.4.2 비선형 회귀 다항식을 이용한 클로로필 측정

Landsat 8 OLI 센서 중에서 클로로필 농도를 측정하기 위한 수치 값으로 blue값을 나타내는 2번 채널과 red값을 나타내는 3번 채널, 근적외선을 나타내는 4번 채널을 이용하여 TOA 반사율($\rho\lambda$)[36]값을 얻을 수 있다. Kim등의 연구에서는 2014년 클로로필 농도가 가장 높았던 7월 낙동강 강정보 주변지역에서 관측된 실제 클로로필 농도와 해당 달에 Landsat

8호로부터 촬영된 OLI센서 영상을 TOA 반사율로 변형시켜 회귀 다항식 계산을 위한 샘플 데이터로 사용 하였다.

클로로필 농도를 예측하는 문제에서, 관측된 데이터를 사용하는 통계적 분석법에 기반한 회귀분석 방법이 일반적으로 사용된다. 특히 최소 제곱법은 회귀 분석에서 가장 일반적인 방법이다. 위에서 배운 바와 같이 최소 제곱법은 샘플 데이터와 하나의 모델 사이에 에러를 최소화 시킬 수 있는 모델을 선택하는 방법이지만 이 방법은 아웃라이어(outlier)가 많은 경우 잘못된 회귀 함수를 예측할 수 있는 문제점이 있다. 이러한 문제점을 해결하기 위해 RANSAC(Random SAmpling Consensus)알고리즘을 미리 적용하여 아웃라이어를 제거할 수 있다. RANSAC 알고리즘은 아웃라이어를 포함하는 샘플들의 집합으로부터 수학적 모델의 파라미터들을 예측할 수 있는 반복적 알고리즘이다. RANSAC알고리즘은 입력 샘플들의 일부만을 반복적으로 선택하고 나머지 샘플들을 이용하여 예측된 수학적 모델을 반복적으로 평가하고 오류가 가장 적은 모델을 최적의 모델로 결정하는 방법을 사용함으로써 아웃라이어에 의한 예측의 오류를 최소화하는 방법을 이용한다. 하지만 고전적인 RANSAC알고리즘에서 사용하는 선형 모델은 하천 오염 수치와 같이 비선형적 패턴을 보이는 데이터에는 적합하지 못하다. 따라서 관측소에서 측정된 클로로필 수치와 동일한 위치에서 계산된 Landsat 센서 정보를 이용하여 두 정보를 최적화 할 수 있는 비선형 RANSAC알고리즘 사용한다. 측정된 클로로필 오염도가 급격한 커브를 보이지 않음으로 비선형 모델로는 수식 (11.22)와 같은 2차 다항식을 사용한다.

$$f(x) = a_0 + a_1 x + a_2 x^2 \tag{11.22}$$

수식 (11.22)의 다항식에서 파라미터 a_0, a_1, a_2는 수식 (11.23)의 행렬식에 의해 구할 수 있다.

$$\begin{bmatrix} a_0 \\ a_1 \\ a_2 \end{bmatrix} = \begin{bmatrix} n & \sum x_i & \sum x_i^2 \\ \sum x_i & \sum x_i^2 & \sum x_i^3 \\ \sum x_i^2 & \sum x_i^3 & \sum x_i^4 \end{bmatrix}^{-1} \cdot \begin{bmatrix} \sum y_i \\ \sum (x_i y_i) \\ \sum (x_i^2 y_i) \end{bmatrix} \tag{11.23}$$

최적의 2차 다항식을 추정하기 위한 비선형 RANSAC의 주요 알고리즘은 다음과 같다.

36) 각 OLI 센서의 영상들은 인공위성에 의해 대기권 밖에서 촬영한 것으로 촬영 시차에 따른 태양각 및 지구와 태양거리 간의 변동과 대기권 안팎의 스펙트럼의 차이에 의해 왜곡이 발생한다. 발생한 왜곡을 보정하기 위하여 TOA(Top Of Atmosphere) 반사율 변환을 입력 영상에 적용한다.

알고리즘 11.1 비선형 RANSAC

지정된 회수만큼 a) ~ c)단계를 반복

a) 3개의 샘플을 무작위로 선택하고 수식 (11.22)와 (11.23)를 이용하여 2차 다항식 모델을 추정

b) 추정된 모델에 다른 샘플데이터를 테스트

b-1) 2차 다항식으로부터 모든 샘플 점 x_i 과의 거리(오차) $d(x_i)$를 계산

b-2) 거리 $d(x_i)$가 임계값 t를 만족하는 경우 샘플을 인라이어(inlier)로 간주

$$d(x_i) < t$$

c) 선택된 총 인라이어 개수가 이전의 인라이어 개수보다 많을 경우

c-1) 현재 다항식 모델과 총 인라이어 개수를 저장

2. 저장된 모델과 인라이어를 이용하여 2차 회귀 다항식 생성

그림 11.8의 (a)그림은 주어진 샘플 데이터에 대해 가능한 2차 다항식 회귀 함수의 후보들을 보여주고 있다. (b)그림은 후보 함수들 중에서 RANSAC을 이용하여 아웃라이어를 제거하고 인라이어(inlier)에 대해서만 2차 다항식 회귀 함수를 생성한 결과를 보여준다. 그림에서 보는 것처럼 생성된 회귀함수는 아웃라이어에 덜 영향을 받고 인라이어를 최적으로 반영하는 회귀함수를 생성한 것을 알 수 있다.

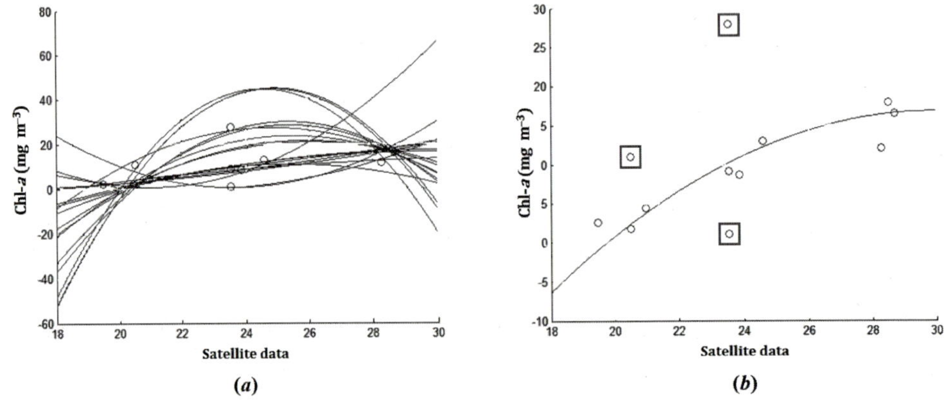

(그림 11.8) 관측된 데이터 샘플로부터 RANSAC알고리즘을 이용하여 아웃라이어를 제거하고 최적의 2차 다항식 회귀함수를 생성한 예 (사각형 박스는 아웃라이어)

그림 11.9는 샘플 데이터에 대해 1) RANSAC알고리즘을 적용한 결과와 그렇지 않을 결과의 차이, 2) 함수의 차수에 따른 회귀함수의 결과의 차이를 보여주고 있다. (a)그림들은 RANSAC을 적용하지 않았기 때문에 회귀함수의 결과가 차수와 상관없이 사각형으로 표현된

아웃라이어의 영향을 많이 받는 것을 알 수 있다. 하지만 (b)그림의 회귀함수들은 RANSAC을 통해 아웃라이어를 배제하고 차수를 변경시켜가며 회귀함수를 구한 경우로 각각의 회귀함수들이 아웃라이어에 영향을 덜 받는 것을 알 수 있다. 또한 차수의 변화에서 1차와 3차보다는 2차 다항식이 주어진 샘플데이터에 적합하게 생성된 것을 확인 할 수 있다. 선형 또는 비선형 회귀함수 중에서 어떤 함수를 선택할지 여부와, 비선형일 경우 차수를 어떻게 결정해야 할지의 문제는 실제 샘플데이터를 통해 각각의 함수를 생성하고 검증 집합 데이터(validation set)를 통해서 함수와 검증 데이터간의 에러를 측정하여 결정한다.

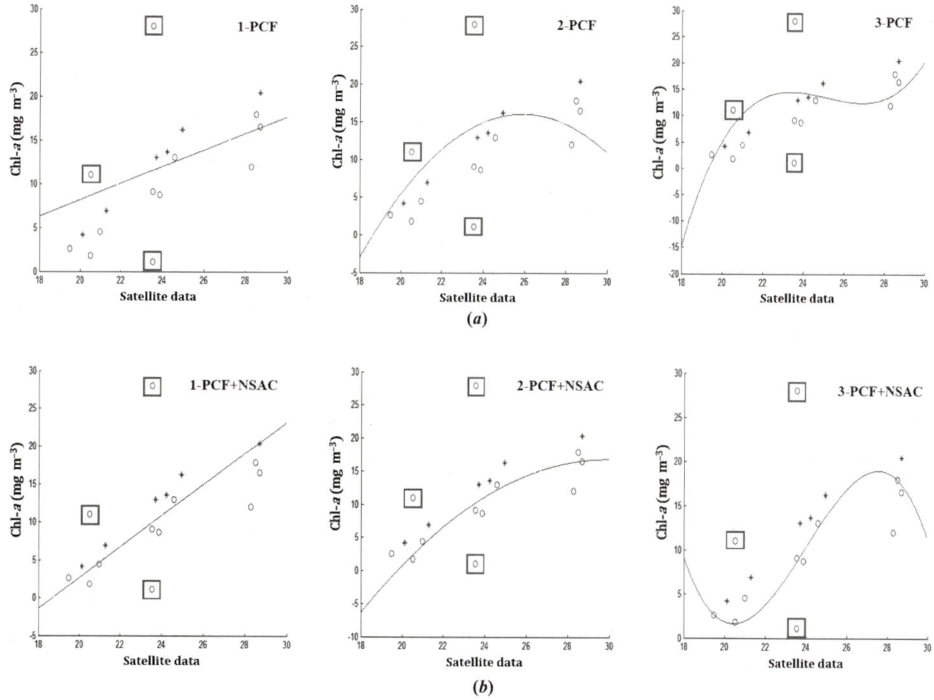

(그림 11.9) 샘플 데이터를 이용한 회귀함수 생성 (a) RANSAC알고리즘을 적용하지 않고 생성된 선형, 비선형 회귀함수, (b) RANSAC알고리즘 적용 후에 생성된 선형, 비선형 회귀함수

그림 11.10은 실제 대구 지역의 낙동강 유역에서 촬영된 Landsat 8 인공위성 영상에 대해 2차원 회귀함수를 적용한 경우에 예측된 클로로필 농도를 표시한 그림이다. 그림에서 보듯이 보가 있거나 공단 근처의 소하천이 합쳐지는 부분, 다리가 있는 부분에서 클로로필 농도가 높게 나옴을 알 수 있다. 이렇게 인공위성 영상으로 예측된 클로로필 농도는 실제 계측기로 측정된 클로로필 농도와 크게 오차가 나지 않아, 인공위성과 회귀함수를 가지고도 빠르고 간단하게 하천의 오염도를 측정할 수 있음을 확인하였다.

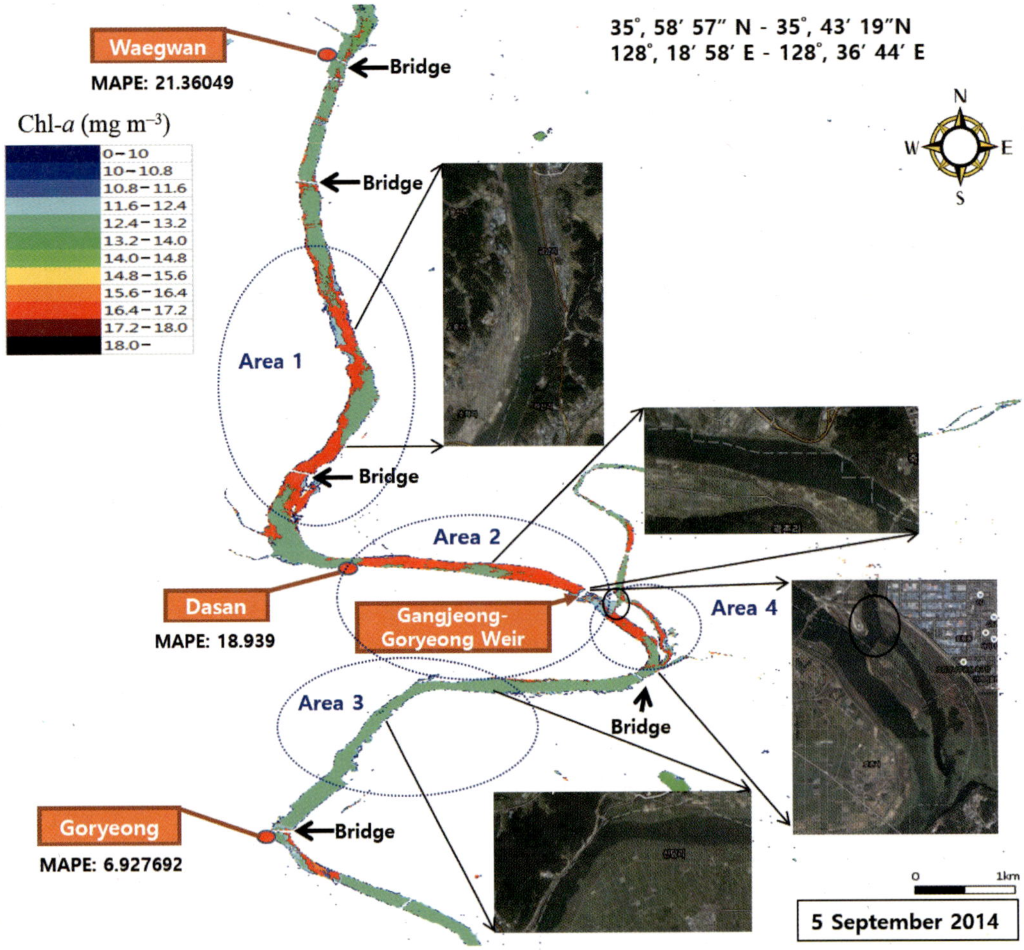

(그림 11.10) 생성된 2차 다항식 회귀함수를 이용하여 대구 인근의 낙동강을 촬영한 Landsat 8 인공위성 영상에 회귀함수를 적용한 예. 빨간색일수록 클로로필 오염정도가 심하고 파란색일수록 오염정도가 약하다.

11장 정 리

1. 회귀분석이란 둘 또는 그 이상의 변수들 간의 상관관계를 모델링하여 어떤 특정한 변수(종속변수, dependent variable) y의 값을 다른 하나 또는 그 이상의 변수(독립변수, independent variable) x 들로부터 설명하고 예측하는 통계적 기법이다.

2. 회귀분석은 선형 회귀분석(linear regression)과 비선형 회귀분석(non-linear regression)으로 나눌 수 있다. 선형 회귀분석은 두 변수간의 데이터 분포를 직선의 식으로 표현한 것으로 독립변수가 1차항으로 되어 있다는 의미이다. 따라서 독립변수와 종속변수의 관계가 2차원에서는 직선으로, 3차원에서는 평면으로 나타난다. 비선형 회귀분석은 직선의 관계가 아닌 곡선의 관계가 있는 데이터를 2차, 3차, 4차의 다항식으로 표현한 것을 말한다.

3. 회귀분석 함수를 만들 때 함수와 샘플 점들 사이의 거리를 '오차(error)'라고 하고, 함수들의 오차 합중에서 그 값이 최소인 하나의 함수를 최적의 함수로 선택 한다. 이러한 방법을 최소제곱법(least squares approach)라고 한다.

4. 회귀분석은 금융변화 예측, 날씨 예보, 지진 관측 등 다양한 분야에 사용 될 수 있다.

5. 선형 또는 비선형 회귀함수 중에서 어떤 함수를 선택할지 여부와, 비선형일 경우 차수를 어떻게 결정해야 할지의 문제는 실제 샘플데이터를 통해 각각의 함수를 생성하고 검증 집합 데이터(validation set)를 통해서 함수와 검증 데이터간의 에러를 측정하여 결정한다.

연습문제

1. 아래와 같이 총 6개로 구성된 데이터 샘플이 있다고 하자. 아래 표를 이용하여 예제 1과 같이 선형회귀함수를 만들어 보자.

i	1	2	3	4	5	6
x	0	0.5	1.0	1.5	2.0	2.5
y	−0.4326	−0.1656	3.1253	4.7877	4.8535	8.6909

* 회귀함수를 구하는 과정을 프로그램하고 이를 통해 필요한 파라미터 a, b와 최종 선형함수식을 구해보자.
* 샘플데이터를 2차원 공간 안에 표현하고 계산된 회귀 함수를 표시해보자.
* 역행렬은 가우스 소거법에 관련된 코드를 웹 검색을 통해 다운받아 사용하자.
* MatLab을 사용할 경우 보다 쉽게 프로그램을 작성할 수 있음으로 MatLab을 활용하여도 무방하다.

2. 아래와 같이 총 6개로 구성된 데이터 샘플이 있다고 하자. 아래 표를 이용하여 예제 2와 같이 비선형회귀함수를 만들어 보자.

i	1	2	3	4	5	6
x	0	0.0	1	1.5	2.0	2.5
y	0.0674	−0.9156	1.6253	3.0377	3.3533	7.9409

* 회귀함수를 구하는 과정을 프로그램하고 이를 통해 필요한 파라미터 a_0, a_1, a_2와 최종 비선형함수식을 구해보자.
* 샘플데이터를 2차원 공간 안에 표현하고 계산된 회귀 함수를 표시해보자.
* 역행렬은 가우스 소거법에 관련된 코드를 웹 검색을 통해 다운받아 사용하자.
* MatLab을 사용할 경우 보다 쉽게 프로그램을 작성할 수 있음으로 MatLab을 활용하여도 무방하다.

3. 아래 그림은 다양한 종류의 농어(sea bass)를 보여주고 있다. 각 농어의 길이를 관측 값으로 하고 농어의 무게를 예측 값으로 했을 때 6개의 샘플 데이터로부터 1차 혹은 다항 회귀함수를 만들고 새로 입력되는 테스트 농어의 길이를 이용해서 무게를 자동 예측하는 프로그램을 작성해 보자

* 농어의 무게는 위에서부터 아래로 다음과 같다.

15 Kg, 20 Kg, 12 Kg, 16 Kg, 19 Kg, 18 Kg

* 인터넷으로부터 유사한 농어 사진을 다운받아 길이에 따라 임의로 무게를 지정하여 사용해도 무방하다.

학습농어 영상

테스트 농어 영상

참고문헌

[1] 위키피디아 ,선형회귀,
https://ko.wikipedia.org/wiki/%EC%84%A0%ED%98%95_%ED%9A%8C%EA%B7%80

[2] Leo Breiman, Random Forests, Machine Learning, 45, 5-32, 2001

[3] http://www.stat.berkeley.edu/~breiman/RandomForests/cc_home.htm

[4] J. Shotton, T-K Kim, B. Stenger, "Boost & Randomized Forests for visual recognition," ICCV 2009 Tutorial

[5] 김의중, "알고리즘으로 배우는 인공지능,머신러닝,딥러닝 입문," 위키북스, 2016

[6] Chapra and Canale, "Numerical Methods for Engineers", Fourth Edition, McGraw-Hill

[7] K. R. Gurley, CGN 3421 - Computer Methods, course document, http://www.essie.ufl.edu/~kgurl/

[8] Hyeong Hun Kim, ByoungChul Ko, Jae Yeal Nam, "Predicting Chlorophyll-a using Landsat 8 OLI Sensor Data and Nonlinear RANSAC Method - A Case Study of Nakdong River, South Korea," International Journal of Remote Sensing, Vol. 37, Issue 14, pp. 3255-3271, 28 Jun, 2016

영상처리 기반의 인공지능입문 INDEX

(A)

AI 11
aliasing 61
Artificial Intelligent 11
Artificial Neural Network 12

(B)

Bayes' theorem 151
bias 225
Binarization 33
binary tree 202
Biometrics 23

(C)

CART 203
chain code 115
Chain Rule 180
classification 16
clustering 125
CNN 13
Compactness 107
complete search 118
connected component 81
convolution 46
Convolutional neural networks, CNN 250
Covariance Matrix 154
curse of dimensionality 18, 99

(D)

Deep Learning 249
Defuzzification 186
dendrogram 138
dependent variable 17, 259
determinant 154
dropout 251

(E)

edge 202
Elongation 107
Entropy 207
entropy 102
epoch 236

(F)

feature 18
feature extraction 93
feature generation 94
feature selection 93
feedforward neural network 227
filtering 46
Fixed thresholding 33
Fuzzification 174
Fuzzy 13
Fuzzy inference 179
Fuzzy Logic 167
fuzzy proposition 180

(G)

Gaussian distribution 153
general plane splitting 209
generalization 19
Gini impurity 207
Global thresholding 34
gradient 55

(H)

hidden layer 229
Histogram 100

(I)

implication 179
independent variable 17, 259
Information gain 207
information gain 118
intelligent system 167
Internet of Things 12
interpolation 60
Invariant Moment 109
IoT 12

(K)

kernel 71

(L)

Labeling 81
law of syllogism 179
layer 202
leaf 202
learning rate 239
least squares approach 263
linear regression 261
logistic 261

(M)

Machine Learning 12
MAP, Maximum A Posteriori 158
mapping 59
max pooling 252
ML, Maximum Likelihood 158
modus ponens 179
modus tollens 179
Morphology 71
Multi- Layer Perceptron, MLP 236
multi-layer NN 228

(N)

neural network 223
neuron 223
node 202
non-linear regression 261
normalization 119

(O)

over-fitting 214
overfitting 19

(P)

Pattern Recognition 12
PCA 116
Perceptron 13, 229
Principal Component Analysis 116
probability 147

(R)

Random Forest 216
random search 118
RANSAC 273
regression 17
regression analysis 259
Reinforcement Learning 17
RGB 29
root 202
Roundness 107

(S)

segmentation 81
sequential search 118
sigmoid 262
single layer NN 227
skew 101
Sobel edge detector 56
split function 203
supervised learning 15

(T)

terminal 202
Texture 102
Turing test 12

(U)

underfitting 19
unsupervised learning 15

(W)

weight sharing 251
Wrapper 118

(ㄱ)

가중치 공유 251
강화학습 17
결정트리 202
결정함수 203
계단 현상 61
고정 임계값 33
공분산 행렬 154
과소적합 19

과잉적합 19
과적합 214
군집화 125
그래디언트 55
기계학습 12

(ㄴ)

노드 202
뉴런 223

(ㄷ)

다층 신경망 228
다층 퍼셉트론 236
단층 신경망 227
덴드로그램 138
독립변수 17, 259
드랍아웃 251
딥 러닝 13, 249

(ㄹ)

랜덤포레스트 216
레이블링 81

(ㅁ)

매핑 59
맥스 풀링 252
머신러닝 12
모폴로지 71

(ㅂ)

바이어스 225
베이즈 정리 151
보간법 60
분류 16
분할 81
불변 모멘트 109
비선형 회귀분석 261
비지도 학습 15

(ㅅ)

사물인터넷 12
삼단논법 179
색상 히스토그램 30
생체인식 23
선형 회귀분석 261
소벨 에지 검출기 56
순차탐색 118
시그모이드 함수 262
신장율 107
심층신경망 13

(ㅇ)

암시 179
에폭 236
엔트로피 102, 207
역퍼지화 186
연쇄규칙 180
영상 검색 20
영상 이진화 33
왜도 101
원형율 107
은닉층 229
음성인식 21
의료진단 24
이진트리 202
인공 신경망의 발전 과정 224
인공신경망 12, 223
인공신경망의 발전 과정 14
인공지능 11
일반평면 209
일반화 능력 19
임의탐색 118

(ㅈ)

자동 판매 시스템 21
자율주행 22
전역 임계값 34
전역탐색 118
전향추론 179
정규 분포 153
정규화 119
정보이득 118, 207
종속변수 17, 259
주성분 분석 116
지능 시스템 167
지니 불순도 207
지도학습 15
질감 102

(ㅊ)

차원의 저주 18, 99
체인코드 115
최대 사후확률법 158
최대 우도법 158
최소제곱법 263

(ㅋ)

커널 71
컨벌루션 뉴럴 네트워크 250
컨볼루션 연산 46

(ㅌ)

튜링 테스트 12
특징 18
특징 선택 93
특징 추출 93
특징생성 94

(ㅍ)

패턴인식 12
퍼셉트론 13, 229
퍼지 13
퍼지 로직 167
퍼지 명제 180
퍼지 추론 179
퍼지화 174
피드포워드 신경망 227
필터링 46

(ㅎ)

학습률 239
행렬식 154
확률 147
회귀 17
회귀 분석 259
후향추론 179
히스토그램 100

저자 프로필

고병철

2004년 2월	연세대학교 컴퓨터과학과 박사
2004년 3월~2005년 8월	삼성전자 통신연구소 책임연구원
2005년 8월~현재	계명대학교 컴퓨터공학부 교수

도서출판 **그린**

영상처리 기반의
인공지능 입문

Green Pub.

초 판 발행	2018년 5월 21일
저 자	고병철
발행처	도서출판 **그린**
발행인	윤 덕 우
출판등록	제8-161호(1995. 5. 3.)
주소	서울특별시 서대문구 연희로5길 50(연희동) (우) 03716
전화	02)333-2574, 2575
Fax	02)333-2561
E-mail	greenpress@greenpress.co.kr
Homepage	http://www.greenpress.co.kr

정가 : 18,000원

ISBN 978-89-5727-266-4

무단 복제를 금함. 잘못된 책은 바꾸어 드립니다.